秦始皇全史

秦始皇全史

目次

序章

秦始皇的基礎知識

插畫：秦始皇（諏訪原寬幸）

插畫：呂不韋（腑貌篤史）

秦始皇人物形象

介紹秦始皇的形象、成長背景，以及登基為秦王後的豐功偉業。

始皇帝

姓	嬴	氏	趙	名	正

前259年生～前210年沒
（在位期間：前247年～前210年）

※姓：家族族號
氏：姓的分支，用以區別家系支派
名：名字

突破逆境，成功統一天下的男人

秦始皇為戰國時代的人物，他滅了趙、魏、韓、楚、燕、齊六國，自號為皇帝，也是中國史上第一位皇帝。趙正生於趙國首都邯鄲，父親子楚選擇趙正為太子，並以此為契機返回秦國。秦王趙正十三歲時即位，但因年幼而無法治理國家政務，直到二十二歲才開始親政（君主親自處理政事），在此之前他是沒有實權的君王。

在秦王趙正迎來二十二歲前後，秦國內部發生動亂。秦王成功除掉可能阻礙其親政、甚至與其母后私通的嫪毒，以及在秦王年幼時，替他把持國政的相邦（※編註：戰國時代與秦朝，對擔任宰相之人敬稱「相邦」）呂不韋。自此秦王趙正開始正式侵略他國，他於公元前二二一年殲滅秦國以外的戰國七雄，是中國歷史上第一位實現天下大一統之人。

秦始皇的人格魅力

年僅13歲即位

秦始皇的祖父秦孝文王即位3日後即去世，父親秦莊襄王即位3年後去世。秦王趙正（嬴政）13歲即位，但直到22歲以前，國政皆交由擔任相邦的呂不韋掌管。

呂不韋

以韓、衛、趙三國為據點往來經商的富商，協助本是人質的子楚登上秦王之位。

徹底排除內憂

秦王趙正親政後，對發起叛亂的嫪毐處刑，並幽閉趙太后（皇太后）。針對將嫪毐收入府中的呂不韋，不僅奪其官職亦處以流放，掃蕩可能阻礙秦王親政的人物。秦王藉此整頓出得以專注於統一大業的環境。

趙太后

秦王趙正之母。丈夫秦莊襄王死後，與呂不韋、嫪毐等人私通。

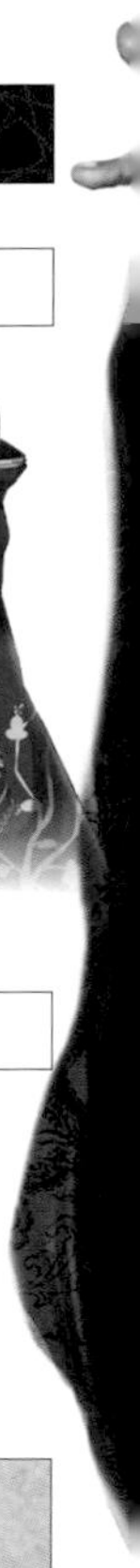

中國首次實現統一，造就多項豐功偉業

秦王趙正親政後，持續擴大秦國勢力，正式開始侵略他國，先後滅掉韓、趙、魏、楚、燕、齊國，首次實現了中國天下大一統。秦王趙正以「皇帝」取代「王」的稱號，自稱始皇帝。

秦始皇在位期間，採用郡縣制度，強化中央集權，並且下令統一度量衡（長度、體積、重量的單位）、整頓交通等等，留給後世許多遺產。

■秦國統一天下的過程

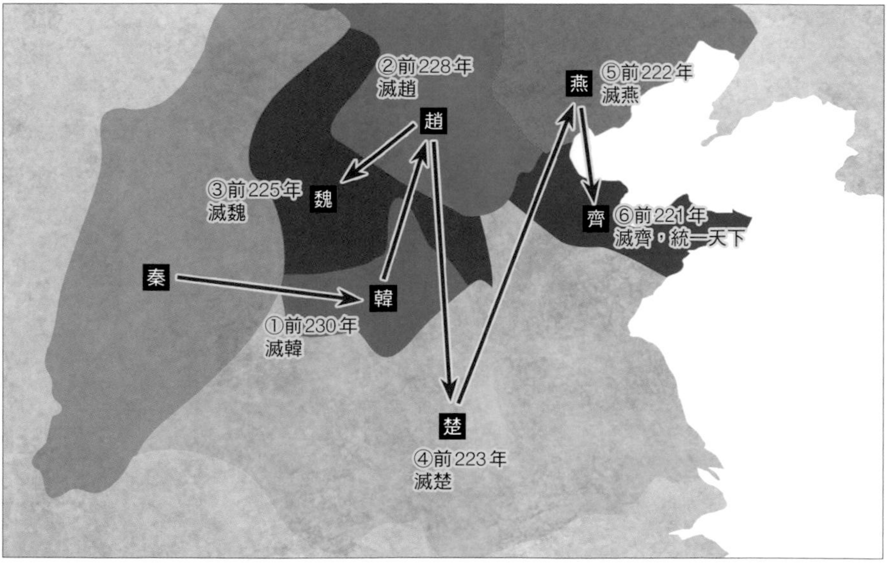
秦
韓
①前230年
滅韓
趙
②前228年
滅趙
魏
③前225年
滅魏
楚
④前223年
滅楚
燕
⑤前222年
滅燕
齊
⑥前221年
滅齊，統一天下

春秋戰國時代 ~秦始皇前史~

秦始皇身處的戰國時代，包含秦國在內，共有七大國，各國的特徵有哪些呢？

■戰國時期（前453年～前221年）形勢圖

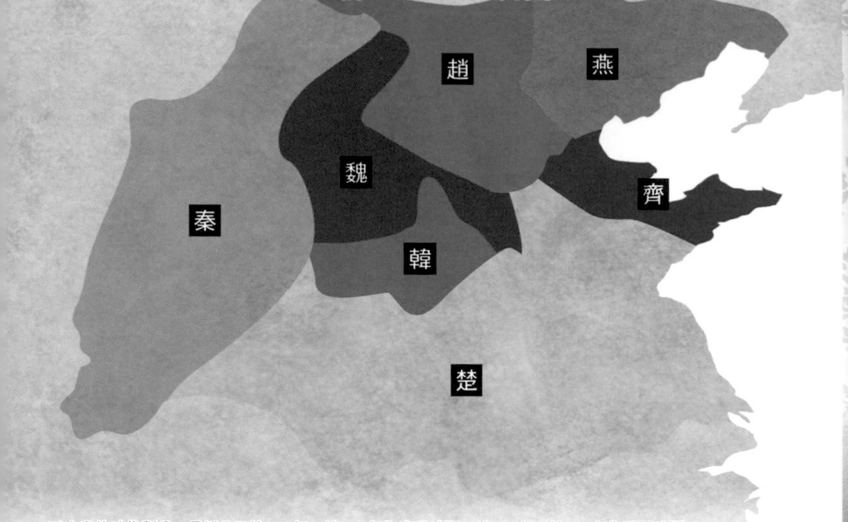

※本書的時代劃分，是以公元前770年～前468年為春秋時期，前453年～前221年為戰國時期。

七國逐鹿中原，謀求一統天下的霸業！

春秋時期（公元前七七〇年～），魯、齊、晉、秦、楚、宋、衛、鄭、陳、蔡、曹、燕、吳等大小諸國，正處於紛亂對峙的情勢。

隨著時間流逝，諸侯群雄持續互相侵略，期間有些國家成為附屬國，有些則滅亡，國家數量逐漸減少。後來晉國遭趙、魏、韓三家瓜分，自此揭開紛亂的戰國時期（公元前四五三年～）序幕。公元前四〇三年，周天子冊封趙、魏、韓三家為諸侯國，也就意謂其地位被認可，因此形成上圖的齊、秦、楚、韓、燕、趙、魏七大諸侯國，史稱「戰國七雄」。

戰國時期，各方勢力為爭奪領土而戰火四起，七雄勢力範疇變化頻繁。雖然上方形勢圖標示出固定的勢力範圍，但也僅是漫長的兩百多年間的其中一例。

戰國時期自揭幕兩百一十五年後，公元前二三八年，秦王趙正開始親政，加速擴張秦國領土，積極侵略周邊諸國。公元前二三〇年，以韓國滅亡為開端，秦國趁勝追擊，依序滅掉其餘的五大國。到了公元前二二一年，上圖勢力範圍全數成為秦國領土，迎來秦始皇的大秦帝國。

七雄略史與活躍的風雲人物

秦

建於公元前777年，滅於公元前206年。周平王為嘉獎秦襄公勤王之功，賜以周朝原本的領土「岐」，並封為秦為諸侯之列。公元前221年秦統一中國，然而當秦始皇逝世後，隨即爆發陳勝吳廣之亂，國家陷入混亂。公元前206年，項羽於咸陽殺害秦王子嬰，並且焚燒秦國宮殿，秦國走向滅亡。

李斯
王翦
呂不韋的舍人，後成為秦王趙正的客卿。
從年輕時開始侍奉秦王趙正，秦國出身的軍人。

韓

建於公元前403年，滅於公元前230年。公元前231年趙國發生大地震、前230年發生嚴重飢荒，秦國遂趁機攻打韓國。韓王安遭俘，韓國成為戰國七雄中最早滅亡的國家。

聶政
受嚴遂雇用，執行暗殺俠累的任務。

魏

建於公元前403年，滅於公元前225年。范雎提出「遠交近攻」策略，刺激秦國進攻魏國。隨後國家愈來愈衰敗，公元前225年，被秦國將軍王賁攻破而滅亡。

信陵君
戰國四公子之一，魏安釐王同父異母的弟弟。

趙

建於公元前403年，滅於公元前228年。公元前260年趙國於長平之戰中大敗，軍事實力因此大幅減弱。公元前228年，王翦與羌瘣率秦軍攻破邯鄲，趙國滅亡。

李牧
趙國名將。兩度擊敗秦國，阻礙秦國的統一大業。

楚

建國時間不明，滅於公元前223年。楚將項燕敗於秦國的王翦，最後一位楚王負芻也遭到俘虜。秦國的昌平君被擁立為楚王，公元前223年卻遭秦國消滅。

春申君
戰國四公子當中，唯一一位非王室血統的公子。

燕

建於公元前1100年，滅於公元前222年。公元前226年荊軻刺秦王未遂，秦國以此為口實進攻，攻陷燕國首都薊城。公元前222年，燕王喜遭王賁俘虜，燕國滅亡。

樂毅
統率燕、秦、韓、趙、魏五國聯軍進攻齊國，齊國差點因此滅亡。

齊

建於公元前386年，滅於公元前221年。公元前284年，燕國樂毅率五國聯軍攻打齊國，田單用計逼退聯軍，收復失地。公元年221年齊王建遭秦軍俘虜，齊國滅亡。

田單
運用火牛陣與離間計，收復齊國領土。

春秋戰國時代～歷史年表～

介紹秦始皇誕生前後，中國發生的重要歷史事件。本節分成春秋時期與戰國時期兩部分介紹。

A 春秋時期開始

周朝第12代君王周幽王放蕩不羈，最終引發叛亂。隨後即位的周平王於公元前770年向東遷都雒邑，是為東周。

B 首位霸主・齊桓公

齊桓公
借助宰相管仲之力，使齊國成為強國。

所謂霸主，是指代表周天子集結諸侯、主持會盟，解決諸侯間的問題以及討伐異族等事宜的人。而第一位霸主正是齊國第16代君主齊桓公。

C 稱霸西戎・秦穆公

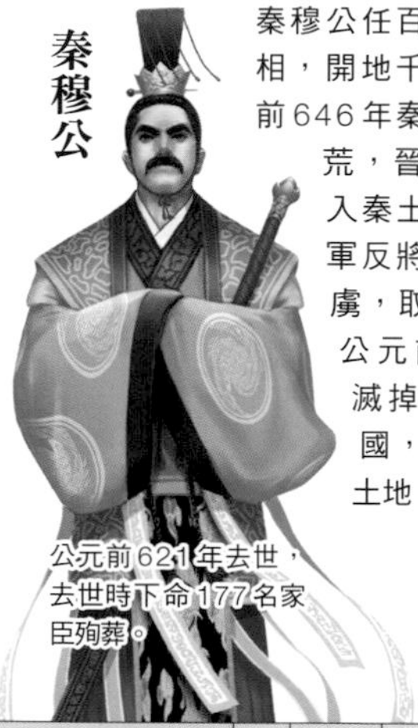
秦穆公
公元前621年去世，去世時下命177名家臣殉葬。

秦穆公任百里奚為宰相，開地千里。公元前646年秦國發生飢荒，晉國趁機攻入秦土，但是秦軍反將晉惠公俘虜，取得勝利。公元前641年滅掉衰弱的梁國，擴張秦國土地。

年	春秋時期年表
前770年	A 周平王東遷雒邑
前759年	周平王殺攜王，周朝王室歸一
前685年	齊桓公即位，任管仲為相
前679年	B 齊桓公會盟諸侯，成為盟主
前656年	晉獻公得驪姬，驪姬與弄臣合謀陷害太子申生，申生自殺
前651年	夷吾返回晉國，即位為晉惠公
前646年	秦、晉爆發韓原之戰。晉惠公遭俘虜
前645年	C 晉惠公攻打秦國，卻敗給秦穆公
前638年	宋、楚爆發泓水之戰。宋襄公大敗於楚國
前636年	重耳返回晉國，即位為晉文公
前632年	晉、楚爆發城濮之戰。楚國敗於晉文公
前627年	秦晉殽之戰。秦穆公攻打鄭國
前623年	秦穆公攻打異族、討伐西戎

年	戰國時代年表
前453年	D 韓、魏、趙與智氏爆發晉陽之戰。智氏滅亡，三家分晉。
前403年	周天子承認韓、魏、趙為諸侯國
前386年	周天子封齊國田和為諸侯
前386年	趙國遷都至邯鄲
前384年	秦獻公下令禁止「人殉」
前375年	韓滅鄭，遷都至鄭國故都新鄭
前369年	趙與韓聯合滅晉
前367年	周室王畿內亂，分裂成東周國與西周國
前357年	E 秦國開始實施商鞅變法
前356年	齊威王即位。稷下創立學宮，又稱稷下之學
前353年	魏、齊爆發桂陵之戰。魏國敗於田忌與孫臏
前349年	秦國遷都咸陽
前341年	魏、齊爆發馬陵之戰。魏國敗於田忌與孫臏

D 三家分晉

公元前453年，智氏遭滅，趙、魏、韓瓜分晉國。公元前403年，周天子承認三國為諸侯國。

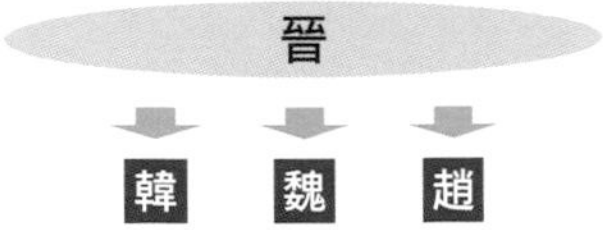
晉
韓
魏
趙

E 秦國持續壯大勢力

公元前357年，秦國商鞅為強化君主專制、中央集權，改革國政實施變法，史稱「商鞅變法」。秦國整頓吏治，施行重農政策，以及可直接傳達君王命令的「什伍連坐制度」，因此日漸強盛。

F 趙國一躍為軍事大國

趙武靈王參考遊牧民族的作戰方式（士兵騎乘一匹馬，用弓箭射擊），推行胡服騎射。趙國因此迅速成長為軍事大國。

趙武靈王
推行胡服騎射，強化國家力量。公元前295年去世。

G 秦統一天下，秦始皇誕生

趙正即位為秦王，於公元前221年實現統一天下的霸業。之後秦王改用「皇帝」稱號，自稱「始皇帝」。秦始皇在公元前210年，於第五次出巡時逝世。

前621年	秦穆公去世，177名家臣殉葬
前613年	楚莊王即位
前606年	楚莊王陳兵雒邑，詢問周鼎的大小輕重
前598年	楚莊王攻打陳國，討伐夏徵舒
前597年	晉、楚爆發邲之戰。晉國敗於楚莊王
前575年	晉、楚爆發鄢陵之戰。楚國敗於晉國
前551年	孔子於魯國出生
前536年	鄭國子產將成文法鑄於鼎上
前515年	吳國公子光暗殺吳王僚，即位為吳王闔閭
前512年	吳王闔閭任命孫武為將軍
前506年	吳、楚爆發柏舉之戰。楚國敗於吳王闔閭
前496年	吳、越爆發檇李之戰。吳國敗於越王勾踐，吳王闔閭去世。吳王夫差即位
前494年	越王勾踐敗給吳王夫差
前479年	孔子去世
前473年	越王勾踐滅吳國
前468年	魯哀公遭三桓驅逐出魯國

前334年	蘇秦於燕國提出合縱之計
前318年	楚、燕、趙、魏、韓五國合縱，攻打秦國失敗
前307年	F 趙武靈王施行胡服騎射
前284年	樂毅統帥燕、秦、漢、魏、趙五國聯軍，攻打齊國首都
前279年	齊燕爆發即墨之戰。田單收復過去遭燕國奪取的失土
前278年	秦國白起攻打楚國首都郢
前273年	秦與趙、魏之間爆發華陽之戰。白起包圍魏國國都
前260年	秦、趙爆發長平之戰。白起活埋40萬趙軍
前259年	秦國趙正（後來的秦始皇）出生
前230年	秦滅韓
前228年	秦滅趙
前227年	荊軻刺秦王未遂
前225年	秦滅魏
前223年	秦滅楚
前222年	秦滅燕
前221年	G 秦滅齊，完成天下統一。秦王趙正自稱「始皇帝」

秦始皇的偉業

秦始皇留給後世無數的制度與事蹟，本節將提供相關照片，介紹多位相關人物。

■郡縣制（咸陽）

中央為防止諸侯發起獨立或造反等叛變，將全國劃分為36郡，各郡皆設長官、負責軍事面的輔佐，以及監察官員。

■「廿六年詔權量銘」全文

秦始皇下令統一各國混亂的文字與度量衡。當時的標準度量衡器具或銅版上，刻有銘文以茲證明。

秦始皇

統一天下後經常出巡。第五次出巡南方至東方，行經範圍十分廣，然而秦始皇卻於此次出巡途中病倒。

■秦朝的青銅箭矢（打造金人）

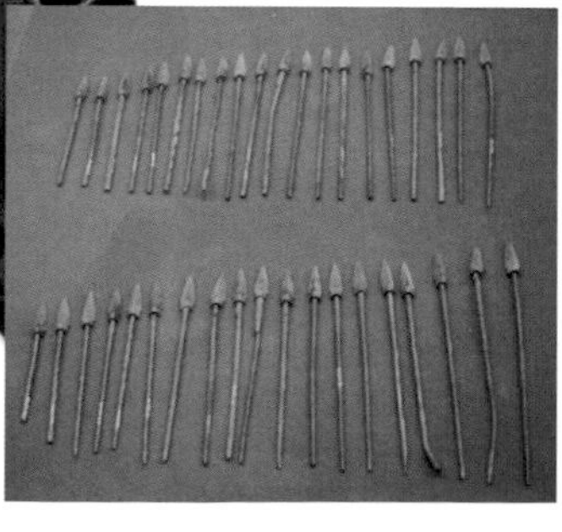

沒收富人的武器削弱其勢力，並利用打造出十二金人，每尊金人約有31噸重。

■建靈渠

秦征服百越的戰爭發生於南部的山岳地帶，靈渠正是開鑿於戰爭期間。靈渠連接揚子江的支流湘江，以及流向廣東地區西江的灕江，36 個陡門可調節運河的水位。

陳勝

對不合情理的秦朝律法十分不滿，憤而號召農民起義。於陳地稱王，國號為「楚」，或稱「張楚」。

吳廣

與陳勝一起發動判變的人物。受徵召於北方保衛國境，期間與陳勝相遇。

■修馳道，咸陽直道通天下

馳道為皇帝專用道路，不過軍事車輛亦可於緊急狀況時通行。直道為通往北方長城的軍用道路，建造目的是為了對抗匈奴。

■萬里長城・明長城（遠景）

各國為了抵禦北方異民族如匈奴等外敵，為了保護國家領地而築起綿延數里的城牆。明朝時，將散落的城牆聯繫起來並加以修補。全長達6千公里。

■萬里長城・明長城（步道）

1987年聯合國教科文組織登錄為世界文化遺產。城牆由磚瓦所砌，外側牆壁每隔一段距離設有一個垛口，且外牆高於內牆，具有抵禦外敵的防護功能。

■阿房宮圖
袁耀（清代）

原本預計要在渭水之南興建大宮殿。雖然秦始皇死後興建工程仍持續進行，但後來因秦朝滅亡而未完成。

項羽

陳勝吳廣起兵後，項羽與農民出身的劉邦響應反秦，成為新一波民變的領袖。後來項羽率領楚軍與劉邦對峙，敗給劉邦。

Photo by ©Tomo.Yun (http://www.yunphoto.net)

秦始皇的遺跡

秦始皇的遺體埋葬於驪山陵（秦始皇的陵墓），本節介紹設址於陵墓附近的兵馬俑遺跡。

■兵馬俑一號坑

一號坑有步兵、戰車部隊；二號坑有步兵、戰車、騎兵混合部隊。三號坑則是指揮部。四號坑裡空無一物。

■兵馬俑二號坑

8千具陶俑埋藏於此。

■兵馬俑三號坑

兵馬俑一號坑到三號坑，開放大眾參觀。

趙高

偽造秦始皇的遺詔，陰謀計劃讓自己一手栽培的胡亥登上皇位。

■立射俑

手握弓箭或弩弓的兵馬俑。於二號坑東部出土。

■跪射俑

二號坑東部出土，手握弩弓的兵馬俑。頭頂左側紮有髮髻。

■銅車馬

4匹馬與雙輪馬車，運用上千片的青銅碎片修整復原。比例為真實馬車的二分之一。

Photo by ©Tomo.Yun (http://www.yunphoto.net)

第1章

秦始皇的誕生

插畫：莊襄王（aohato）

插畫：趙太后（せいあ）

秦的歷史

活躍於這個時代的帝王將相，他們與秦始皇統一中國息息相關

秦王趙正在位期間，得以滅掉六國，實現中國大一統並於歷史上留名。但秦國之所以能完成統一天下的偉業，是由於歷代君王將相活躍，為日後的統一霸業打下基礎。漫長的秦國歷史中，究竟有哪些人物替統一天下奠定礎石？本節就讓我們一探究竟吧。

首先要介紹為秦國構築根基的秦非子。秦非子於公元前九〇〇年侍奉周孝王，因畜養馬匹有功而獲封領地，並賜封「嬴姓」。自此開啟秦王嬴姓的家系，直至後來趙正（未來的秦始皇）誕生。

秦穆公在位期間，百里奚成功幫助秦國拓展領土。百里奚是晉獻公之女穆姬出嫁給秦穆公的陪嫁奴僕，秦穆公的家臣發覺百里奚的才華，認為若以百里奚為相，有望替秦國開闢千里，於是便推舉百里奚。百里奚成為宰相後實施政策，慰勞諸國，使周邊國家歸順於秦。雖然具體實行什麼策略，目前仍不明，但是正如秦穆公家臣原先的預想，秦國果真因此開地千里。

商鞅變法是促使秦國的國力更加強盛的轉捩點。秦孝公任用商鞅，廢除封建世襲制下的貴族特權，按軍功大小授予爵位；也規定凡家中有兩個兒子，必須分家獨立謀生，藉此增加自耕農，促進拓荒。此外，百姓五家編成一伍，十家編成一什，在徵稅和徵兵方面採連坐法，制定「什伍連坐法」。自此開始，秦國逐漸走向中央集權，影響後來秦始皇的統一大業。

- 秦非子為秦朝打下基礎
- 百里奚獻策，秦國開闢千里
- 商鞅變法，使秦國日漸強盛

開拓並鞏固秦國基業的前人

■秦王家譜列表

非子（公元前900年）	周孝王賜與秦國領地與嬴姓
秦仲（公元前823年）	前823年，為周天子攻打西戎，戰死
莊公（公元前823年）	秦仲因功受封為諸侯
穆公（第9代：公元前660年～前621年）	任用百里奚，開闢秦國疆土
孝公（第25代：公元前362年～前338年）	任用商鞅，整頓秦國法規
昭襄王（第28代：公元前307年～前251年）	人才雲集，使秦國發展為強國
孝文王（第29代：公元前251年～前250年）	立趙正之父子楚為太子
莊襄王（第30代：公元前250年～前247年）	設三川郡，擴大秦國領土
始皇帝（第31代：公元前247年～前210年）	滅六國，完成天下統一

商鞅

整頓法規，富國強兵。商鞅變法的改革奠定了秦國的基礎，使秦始皇時代得以蓄威施力。

■商鞅變法

百姓以5家編成1伍，10家編成1什，在徵稅與徵兵制度上採取連坐法，制定「什伍連坐法」。

當一個家庭有超過2名男性成員時，強制分家，藉此增加自耕農戶數。

不論血統，依實際從戰功績授與爵位，制定實力至上的「爵位制度」。

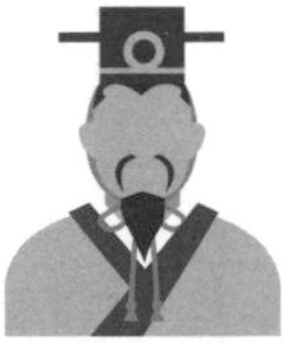

百里奚

協助秦國開闢千里領土的宰相。百里奚受命為宰相時，已是年過七十的老人家。

■百里奚開闢千里的過程

晉獻公之女嫁給秦穆公，百里奚是陪嫁家奴

↓

秦穆公的家臣發現其才華，百里奚逃亡

↓

成為楚國奴隸，秦穆公家臣贖回，百里奚成為秦國宰相

↓

百里奚慰勞周邊諸國，使諸國歸順秦國

↓

周邊十國歸順秦國（一國相當於百里），總共開闢了千里國土

秦與趙的關係

・戰國規模最大的戰爭——長平之戰
・秦將白起活埋40萬趙軍
・秦大勝，趙國力大幅衰退

秦國持續增強國力，秦趙兩國決戰於長平

商鞅變法，使秦國成為七雄數一數二的強國，且持續壯大勢力，成為足以壓倒周邊諸國的存在。公元前三〇六年，秦昭襄王即位後，迅速提升國勢。公元前二六五年，秦國攻陷野王（※編註：古代地名，亦作「野」），成功孤立了韓國的領土上黨郡。上黨郡守馮亭為了防止秦國侵略，決定將上黨郡獻給趙國。趙孝成王接受馮亭的請求，接收上黨郡，然而秦昭襄王得知後大為震怒。公元前二六二年，王齕率領秦軍攻占上黨，隔年秦國進攻趙國長平，爆發長平之戰。

長平之戰初期，趙軍指揮官廉頗採取固守堡壘的策略，以期令秦軍疲乏。秦國宰相范雎的因應之道則是放出流言——若改由名將趙奢之子趙括指揮，秦軍就無計可施了，但眼下要繼續對抗廉頗卻是輕而易舉。同時范雎啟用白起為大將軍。趙孝成王對廉頗的守城之策焦躁不安，聽信傳言，將指揮權交給毫無實戰經驗的趙括。趙括立刻要求軍隊停止守城，不顧其他將領反對，下令全軍主動出擊。與此同時，白起也命令秦軍撤退。趙軍欲趁此一舉突擊，殊不知秦昭襄王率領奇兵藏於後方，對趙軍發動突襲。節節敗退的趙軍逃往長平城，然而秦軍卻包圍城外，徹底阻斷趙軍的軍糧補給。而後趙括戰死，趙軍向秦軍投降，這場圍繞長平的大規模戰事最終由秦國拿下勝利。長平之戰結束後，據說白起活埋了四十萬名的趙軍俘虜。

范雎獻策，對長平之戰影響深遠

■長平之戰的始末

秦昭王42年（公元前265年），白起率軍攻打韓國，攻陷野王

↓

韓國為防秦國侵略，將北方領地上黨郡獻給趙國

↓

趙孝成王猶豫是否接受，最後聽取平原君的建議，接收上黨郡

↓

秦昭襄王得知上黨郡成為趙國領地，十分憤怒

↓

秦昭王45年（公元前262年）王齕率秦軍攻占上黨郡

↓

秦昭王46年（公元前261年）攻打趙國，
秦軍在長平與廉頗統率的趙軍對峙，長平之戰爆發！

白起

秦國出身的將軍。在秦昭襄王麾下，指揮秦軍攻打韓、魏、趙。於長平之戰擊潰趙括率領的趙軍，打了一場漂亮的勝仗。

■長平之戰的始末

廉頗欲使秦軍疲憊，固守長平

廉頗固守城池，以期削弱秦軍士氣。持續堅守2年，成功消耗秦軍勢力。

↓

秦國宰相范雎放出流言

范雎利用反間計，放出「趙括領軍反而更難對付」的傳言，藉此更換趙軍統帥。

↓

趙孝成王輕信謠言為真

趙孝成王惱怒廉頗只會堅守營壘，因而聽信傳言，將指揮權轉交給趙括。

↓

趙軍全軍主動出擊，轉守為攻

經驗不足的趙括打算速戰速決。秦將白起則下令秦軍撤退。

↓

秦軍發動奇兵突襲後方

秦昭襄王率領別動部隊，對全面進攻的趙軍發動突襲。遭襲擊的趙軍逃回長平城。

↓

秦軍阻斷軍糧補給，趙軍投降

秦軍包圍城外，徹底阻斷趙軍的後勤補給。趙括戰死後，趙軍投降，秦軍勝利。

范雎

秦昭襄王的宰相。利用流言蜚語攻破廉頗固守堡壘之策，助秦國取得長平之戰勝利的關鍵人物。

廉頗

採取守城策略，成功削弱秦軍士氣。然而范雎利用反間計，促使趙孝成王將大軍指揮權轉交經驗不足的趙括，導致趙軍大敗。

趙括

趙國名將趙奢之子。雖擁有豐富的兵法知識，但毫無作戰經驗，最後戰死於長平之戰。

秦王「正」誕生

- 前259年，趙正於趙國首都出生
- 子楚為其父，趙姬為其母
- 趙正於日後統一中國，成為著名的秦始皇

趙國首都迎接新生兒誕生，揭開天下大一統傳奇的序幕

秦始皇實現了統一中國天下的偉業，其事蹟流芳百世，至今仍留下許多傳說。然而秦始皇年幼時期十分艱苦，過著隨時都可能不幸遇難的生活。秦國與趙國為保持和睦關係，秦國將太子姬妾所生之子——子楚送到趙國首都邯鄲，作為質子（人質）。在趙國的期間，子楚的兒子誕生，並於日後成為秦始皇。

公元前二五九年，誕生於敵國首都邯鄲的子楚之子，被取名為「正」（或政）。嬴姓為秦國王族的姓，亦稱為趙氏，趙氏始祖可追溯至嬴姓先祖造父。造父曾受過周繆王賞賜，受封趙城，因此以趙為氏。趙正的父親子楚，是秦國儲君安國君（秦孝文王）之子，母親趙姬是趙國望族之女，本是一名邯鄲的歌姬，姓名皆不詳。

趙正出生前一年，秦國於長平之戰大敗趙國，大批的俘虜死亡造成趙國國力大幅衰弱。秦國持續進攻趙國，而在趙正年幼時期，王齕將軍正率領秦軍包圍邯鄲。趙國平原君等待魏國信陵君的援軍到來，以三千名士兵迎戰秦軍。然而受到秦國威脅的魏國，無法派兵支援趙國。於是魏國的信陵君在門客的幫助下，從魏王身上奪走將軍的虎符，成功地調派八萬魏軍前往邯鄲，援救趙國。接著楚國春申君的援軍也趕到邯鄲，三君的聯合軍隊成功擊退秦軍，守住了邯鄲。趙正在此危急情勢之下倖存，之後回歸秦國。

未來的秦始皇、趙正的誕生與家庭成員

趙正

中國史上首位實現大一統的君王，史稱「秦始皇」（始皇帝）。嬴姓，趙氏，名正。

■趙正出生之際，戰國時期的形勢圖

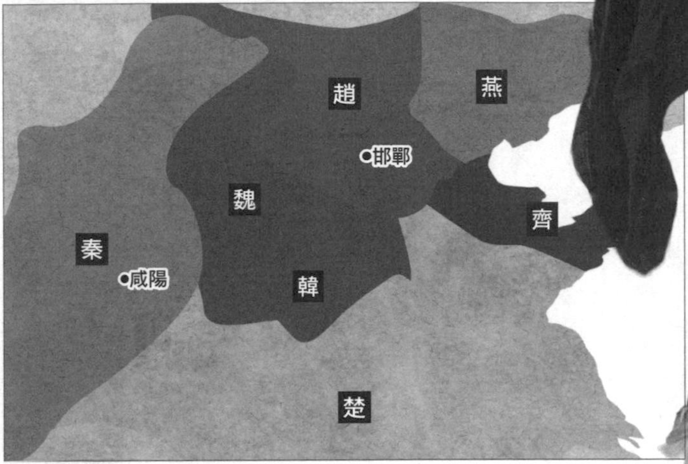

戰國時期，燕、齊、楚、趙、魏、韓、秦七國相爭。
趙正出生於邯鄲，距離秦國咸陽十分遙遠。

■趙正出生至死亡的概況

秦昭襄王48年（前259年）	出生於趙國首都邯鄲（趙正1歲）
秦莊襄王3年（前247年）	秦莊襄王去世，趙正即位為秦王（趙正13歲）
秦王政9年（前238年）	開始親政（趙正22歲）
秦始皇37年（前210年）	於平原津染病去世（趙正50歲）

子楚

秦王趙正之父。作為質子被送至趙國邯鄲。華陽夫人的養子，後即位為秦莊襄王。

趙姬

秦王趙正之母，趙國望族之女。名不詳，史稱趙姬。後來成為皇太后。

秦始皇冷知識

「正」與「政」，充滿謎團的名諱

《史記》記載秦始皇的本名為「嬴政」或「趙政」，但後來有了新發現，與《史記》同時期的出土文獻裡，趙政被記載為「趙正」。《史記集解》引述徐廣的《史記音義》的內文，其中提到徐廣曾看過記載著「趙正」的文獻。秦二世在位時期，為始皇帝避諱，將正月改為同義的端月，更加強了「趙正」一說。本書統一稱呼為「趙正」。

關於父親子楚

- 子楚擁有20多名異母兄弟，排行較後
- 為維持兩國和睦，子楚作為人質送往趙國邯鄲
- 後來的秦莊襄王

與一名商人邂逅，從此逐步於史冊留名傳世的男人

子楚的父親安國君，雖然是秦昭襄王的兒子，但子楚此時卻並非王位繼承人。安國君膝下有二十多名兒子，子楚僅是其中一人，即使身為王室一員，身分地位卻很低。春秋戰國時代，大多數的國家會交換質子以換取信任。質子人選通常會從太子以外的其他公子之中挑選，而子楚正是作為其中一名質子，被送往趙國。當時質子的生活起居必須由質子出身的國家來負責，生活上的必要物資本來應該由秦國運送，但當時秦國為了擴張勢力，正在積極地攻打周邊國家。想當然爾，這時的秦國根本顧不上質子在他國的待遇如何，因此送往趙國給子楚的必要物資便停滯了。子楚雖貴為王族，卻過著比趙國平民還貧窮困苦的生活。

過著谷底般殘喘求生的子楚，自從與呂不韋相遇後，人生隨即展開一百八十度的轉變。在呂不韋的安排下，子楚成為秦孝文王正妻華陽夫人的養子，安國君即位為秦孝文王後，子楚便被立為太子。而後，秦孝文王即位三日便去世，子楚繼位為孝文王，登上秦王之位。子楚身為王室成員，卻被視為可拋棄的棋子，過著隨時都可能死去的生活；毫無疑問，呂不韋正是子楚得以成為一國之君的一大推手。秦莊襄王在位時間雖只有短短的三年，但他不僅發兵滅了東周國，還攻下上黨，十分活躍。秦莊襄王即位三年後，於公元前二四七年走入人生的終點。

秦始皇之父，子楚的一生

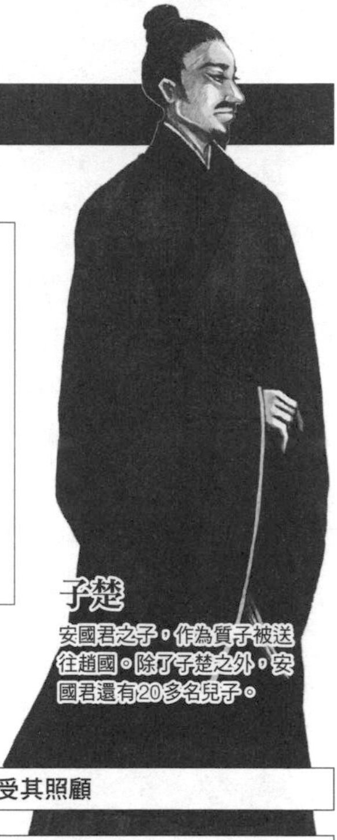

子楚

安國君之子，作為質子被送往趙國。除了子楚之外，安國君還有20多名兒子。

■子楚家譜簡圖

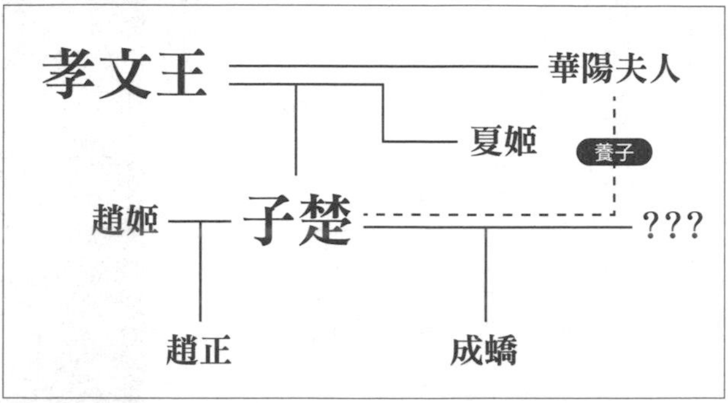

其實子楚和另一女子有一個名為「成蟜」的兒子，他是趙正同父異母的兄弟。成蟜後來對趙正發起叛變。

■前往趙國，子楚的人生變化

秦昭王42年（前265年）	呂不韋看上身為質子的子楚，子楚受其照顧
秦昭王46年（前261年）	子楚接受呂不韋的金援，利用這些金錢款待趙國人（呂不韋則入秦國，得到子楚將繼承安國君的承諾）
秦昭王47年（前260年） 秦昭王48年（前259年）	子楚迷上呂不韋的姬妾趙姬並納為妻。而後趙姬生下趙正，子楚成為父親
秦昭王49年（前258年）	秦國攻打邯鄲
秦昭王50年（前257年）	在呂不韋的策劃下，子楚從戰亂中逃出邯鄲
秦孝文王元年（前250年）	子楚即位為秦莊襄王
秦莊襄王3年（前247年）	秦莊襄王去世

秦始皇冷知識

安國君被選為太子的經過

事實上，秦昭襄王過去曾以質子的身分在燕國度日，秦昭襄王的悼太子也作為質子待在魏國。後來，秦悼太子死於魏國，遺體埋葬於秦國王族之墓。兩年後，子楚的父親安國君代替悼太子被選為太子，後來即位成為秦孝文王。若不是秦悼太子早逝，子楚也無法在後來成為秦莊襄王。

呂不韋這號人物

・呂不韋是往來韓衛的大商人
・戰爭時期以韓、衛、趙三國為經商據點而致富
・策劃利用子楚，以確保日後能攀上高位

呂不韋的野心正是秦始皇誕生的契機

呂不韋在各國相互攻伐時期，以韓、趙、衛三國為經商據點，是一名富有的大商人。呂不韋在年輕時發現商人必須縮著肩、駝著背，活得十分卑微，他認為商人之所以會如此，是因為他們「無法仰望天空」。為了抬頭挺胸地活下去，他有一股想要將天下納入手中的野心。

當時像呂不韋這樣的商人，主要的工作是供應往來各地的軍用物資，他們販賣並運送這些軍需品給需要的國家，並從中獲利致富。然而這種交易方式絕對稱不上有效率，因為運送途中始終少不了盜賊襲擊等風險憂慮。

公元前二六五年，呂不韋見到趙國邯鄲的質子子楚（安國君的公子），他評價子楚：「此人奇貨可居（這個商品未來會愈來愈高價，應該先買下來）。」於是他開始照顧子楚，幫助子楚取得王位。呂不韋這些作為應該是打算藉此取得財富與權力。

呂不韋的計畫是提供子楚資金，提高趙國人對子楚的評價。接著，他接近安國君的正妻華陽夫人，慫恿華陽夫人將風評良好的公子子楚收為養子。或許乍聽之下這項計策根本不可能順利進行，不過呂不韋坐擁足以成功達成計畫的資金。呂不韋將千金分半，一半用來當作子楚款待趙國人的資金，另一半則用作接近華陽夫人的資金，展開了一生一次的大豪賭。

野心勃勃、馳騁天下的大商人

呂不韋

以韓、趙、衛國為經商據點，藉此致富的大商人。看上子楚的未來發展，策劃子楚登上秦王的寶座。

■呂不韋年輕時對商人的印象

・卑微・頭和腰身都壓得很低・縮著肩膀、駝著背

那是因為……「無法仰望天空」

年少時期的商人呂不韋，決心挺直腰桿地活下去。為了達成目的，他有一股想要將天下納入自己手中的野心。

■呂不韋等商人的主要工作

・往來於中國，購買軍需物資

・賣給處於戰爭或準備打仗、需要軍需物資的國家

戰爭中！　戰爭中！　戰爭中！

・但缺點是……

走遍遼闊的中國，買賣軍需物資，絕對不是一種有效率的貿易方式。而且運送物資的過程中，還可能會發生盜賊襲擊的問題。

一場千載難逢的大豪賭

成語故事筆記本

奇貨可居

這是呂不韋在邯鄲與秦國公子子楚相遇時所說的話，意思是「看到珍貴的貨物，應該先買下來」。呂不韋的考量是，計劃未來將子楚推向秦王寶座，從中獲得巨大財富與權力。

■呂不韋的動向

對子楚循循善誘

照顧生活困苦的質子子楚，並且將當時的姬妾趙姬贈與子楚。

金援子楚

提供子楚接待客人的資金，讓子楚款待趙國人。目的是塑造子楚慷慨大方的優秀形象，並將這些好評流傳出去。

接近華陽夫人

華陽夫人與安國君膝下無子，呂不韋接近華陽夫人並極力推薦子楚，建議她「將名聲頗佳的子楚收為養子」。

讓子楚成為太子，以達到確保自身地位的目的

「奇貨可居」之策

- 奇貨可居的意思是「買下珍異的貨品，等待高價賣出」
- 運用資金，讓子楚成為太子
- 呂不韋後來成為相邦

壓倒性的資金與策略將子楚推上太子之位

子楚打理好衣著，運用呂不韋提供的五百金宴請趙國人，努力提高自己的知名度。

呂不韋運用剩餘的五百金購買珍稀貨品，前往秦國進獻華陽夫人。這是考量到如果直接帶五百金，大部分的金錢會因為關稅而減少，所以呂不韋決定將五百金換成物品。呂不韋意欲接近的對象——華陽夫人，是子楚的父親安國君的正室。華陽夫人沒有子嗣，十分憂慮地位終將不保，而呂不韋正是利用這一點。他透過華陽夫人的姐姐得到謁見機會，並且告訴夫人：「子楚是個賢能之人，與天下諸侯的賓客互相來往。而且他總是將華陽夫人視為天，日日夜夜因思念太子與夫人而哭泣。」接著進一步動搖華陽夫人的心意：「憑藉美貌得到的寵愛，有朝一日若失去姿色，感情便會隨之動搖。」提醒夫人安國君對她的寵愛可能會消失。華陽夫人果然被煽動，呂不韋又進言：「要不要從太子的兒子當中，挑一個既賢能又有孝心的人，收為養子，成為夫人的嫡子？有了養子後，夫人於太子在世期間能獲得尊重；太子去世後，養子亦能繼位成為君王，夫人直到最後都不會失勢。」他強調，若收子楚為養子，便能鞏固夫人的地位。華陽夫人接受提議，對安國君提到子楚是個賢能之人，在趙國聲名遠播，安國君隨即同意請求。事情果真依照呂不韋的計畫發展，公元前二五〇年，子楚登基為王。

唯有呂不韋，才負擔得起如此龐大的投資！

■呂不韋準備
兩筆流動的資金

| 呂不韋總共準備了1000金

| 他將資金分半，一半投資子楚，另一半作為接近華陽夫人的資金

呂不韋

協助子楚成為太子，為了在日後攀上高位，他將至今累積的財產一分為二。

投資子楚的資金

替子楚打理服裝儀容，宴請趙國人，提高子楚的知名度。

接觸華陽夫人的資金

為了避開關稅，以五百金購買珍貴貨品，並於謁見時獻給華陽夫人。

子楚

曾以質子身分在趙國生活，透過呂不韋出謀劃策，成為華陽夫人的養子。後來即位為秦莊襄王。

華陽夫人

安國君的正妻，因未能替安國君懷上子嗣，對未來隱隱感到不安。

呂不韋對秦始皇的祖父母施展話術

①
「子楚是個賢能之人，與天下諸侯的賓客互相來往。他總是將華陽夫人視為天。」

子楚賢能睿智，來往賓客無不是秀逸之士，而且始終重視夫人與太子，是十分合適的繼任人選。夫人調查子楚的背景後，果真發現他在趙國的名聲良好。

②
「憑藉美貌得到的寵愛，有朝一日若失去姿色，感情便會隨之動搖。」

雖然夫人現在受到安國君的寵愛，但人一旦變老，愛情就會跟著消失。」呂不韋這番話，讓膝下無子的夫人感到強烈不安，內心十分動搖。

③
「要不要從太子的兒子當中，選一名既賢能又有孝心的人，收為養子作為夫人的嫡子？收了養子後，夫人便能於太子在世期間獲得尊重；太子去世後，養子亦能成為君王，夫人直到最後都不會失勢。」

夫人對自己將來的地位感到十分不安，內心非常動搖。呂不韋趁機提議夫人，將一直十分重視夫人的子楚收為養子，就無須再憂慮。於是子楚成為華陽夫人的養子。

秦始皇冷知識

西漢劉向編纂，《戰國策》的呂不韋與子楚

《戰國策》記載，呂不韋看出子楚的未來具有可觀的發展性後，曾為此和父親討論關於子楚之事。他的父親告訴他，耕田的利潤有十倍，經營珠玉利潤有百倍，但擁立國家君主的盈利卻是無法數計，呂不韋由此體認到擁立子楚為王的好處。《戰國策》還有另一段小故事，提及呂不韋偕子楚謁見華陽夫人時，提醒夫人的故鄉是楚國，要求他穿著楚國服裝謁見。

呂不韋與趙姬

·趙國豪族之女趙姬，原本是呂不韋的姬妾
·秦軍包圍邯鄲時，趙姬躲在豪族娘家，獲得庇護
·趙姬後來成為皇太后

謎團滿布的秦始皇之母，趙姬究竟是怎麼樣的人物？

趙姬雖然是秦始皇的母親，真實姓名卻不可考，充滿傳奇性。趙正即位為秦王以前，一般稱作趙姬；趙正即位後，因身為秦王的母親，而被稱作皇太后；秦始皇統一天下後，自稱皇帝，趙姬死後也被追封為帝太后。趙姬面貌姣好、擅於舞蹈，呂不韋對她相當著迷而頗為寵愛。後來，子楚在呂不韋家中見到趙姬，愛上了她，於是呂不韋便將趙姬送給子楚。

趙正出生後，秦國展開邯鄲包圍之戰，趙國打算殺掉身為質子的子楚及其妻小。呂不韋以金六百斤賄賂看守的官吏，協助子楚逃出趙國。順利出逃的子楚返回秦國後，成為華陽夫人的養子，可是他的妻小卻留在趙國，幸好趙姬是趙國名門豪族出身，靠著家族庇護躲藏起來，在子楚成為太子之前保住人身安全。

劉向編纂的《戰國策》中提到，呂不韋曾說服某個趙國人協助子楚返回國：「華陽夫人膝下無子，她已許諾將子楚收為養子。如果你放他回去，他將來就是太子，所以你不應該扣留他，而是為了趙國，反過來利用他。」無論是哪一種說法，子楚都是靠著呂不韋的幫助才得以保命，並且走向王位之路。安國君將子楚立為嫡子後，為了保證其他兒子無法繼承王位，他為華陽夫人在玉符上刻下承諾，約定子楚為繼承人。自此便確立安國君的繼承人僅有子楚一人，後來也果真按照約定發展，子楚被立為太子。

趙姬 與呂不韋相遇而成為王室一員

趙姬
趙正之母。得到呂不韋的寵愛，後來成為子楚的妻子。子楚逃出趙國後，與趙正一起藏匿於趙國豪族之中。

■關於趙姬

- **出身趙國豪族，姓、名皆不可考。**
- **面容姣好，善於舞蹈。**
- **呂不韋迷上趙姬的舞姿，於是納為姬妾。**
- **呂不韋在家中安排趙姬伺候子楚，隨後許給子楚。**
- **趙姬與子楚生下趙正，為趙正之母。**
- **趙正即位為皇帝後，趙姬成為皇太后，秦始皇死後被尊稱為帝太后。**

呂不韋、子楚與趙姬之間的關係

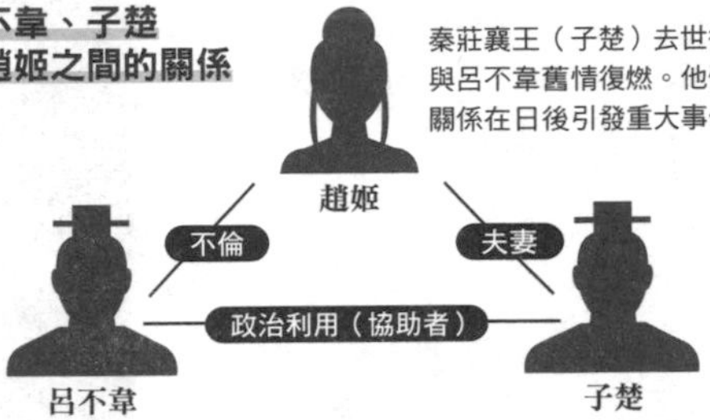
趙姬
不倫
夫妻
政治利用（協助者）
呂不韋
子楚

秦莊襄王（子楚）去世後，趙姬與呂不韋舊情復燃。他們之間的關係在日後引發重大事件。

子楚逃出趙國，母子得到庇護

呂不韋
迷上趙姬的美貌和舞姿，納為姬妾。後來子楚看上趙姬，於是將趙姬送給子楚。

子楚逃出趙國

呂不韋為幫助子楚逃離趙國，以金600斤賄賂負責監視的官吏。

藏匿趙正與趙姬

子楚逃出趙國後，留下來的母子二人躲藏在趙姬娘家豪族中。

秦始皇冷知識

當時的女性

司馬遷在《史記・貨殖列傳》提到「趙國、鄭國的姑娘，講究化妝，彈著鳴琴，穿著尖頭的舞鞋，跳起長袖舞蹈，眉目傳情挑逗，即便外出千里也不辭勞苦，不分老者年少，都為了財利而奔忙」。秦始皇的後宮有許多這樣的女性，尤其是美麗婉約的趙國女子相當受歡迎。

曾祖父秦昭襄王

- 名稷，原是燕國的人質
- 紮實穩固統一天下的基礎
- 身邊有許多優秀的臣子

借助臣下之力 打穩天下大一統基礎的重要人物

秦國的歷代君王與臣子為國家奠定基礎，而趙正的曾祖父秦昭襄王，更是鞏固秦國的實力。秦昭襄王於公元前三〇六年即位，前一任的秦武王與人比賽舉鼎（※編註：古代一種金屬器具，原先為烹調之用，後來象徵傳國寶器），結果折斷脛骨而亡。秦武王死前尚未決定他的繼承人，魏冉（秦惠文王的太后之弟）不顧反對，堅持擁立在燕國當質子的稷（秦昭襄王）繼任。魏冉這麼做，是為了替年輕的秦昭襄王掌握大權。通常在這種情況下，君王一旦開始親政便會將有權力的人斬草除根，不過魏冉文武雙全，多次被任為宰相，漸次擴大秦國的領土。

魏冉任命白起為將軍，白起輾轉攻打韓、魏、楚、趙等地，華陽之戰更大幅削弱魏國。在魏冉與白起等優秀人才協助之下，秦國國力更為雄厚。後來，秦昭襄王任用范雎，范雎認為魏冉對秦國而言是個阻礙，秦昭襄王也採信范雎的建言，免除魏冉的職權。范雎成為宰相後，因懼怕白起而逼其自殺。秦國失去白起一大良將，勢力開始衰弱。直到公元前二五五年，秦國擊潰背叛秦國的西周國周王，周朝正式滅亡。

秦昭襄王啟用范雎，范雎徹底掃蕩阻撓者的作為，卻導致秦國無法在昭襄王一代達成天下一統。不過，這些經歷都將延續至秦始皇時代，助秦國實現統一中國的偉業。

秦昭襄王——秦國走上強國之路的關鍵

■秦昭襄王

秦武王之死與秦昭襄王即位

前任武王折斷脛骨而亡。魏冉企圖掌握政治實權，策劃擁護稷繼任秦國王位。

魏冉與白起的崛起

魏冉文武全才，多次被任用為宰相，擴張秦國領土。魏冉起用白起為將，白起展現優秀的軍事實力，十分活躍。

秦王親政，重用范雎

秦昭襄王任用范雎，范雎視專權的魏冉為阻礙。
范雎除掉政敵魏冉，以及可與他匹敵的白起。

周朝滅亡

秦國失去魏冉、白起後，秦昭襄王以西周國周王背叛秦國為由，攻打西周國，周朝正式滅亡。

秦昭襄王

繼承秦武王，即位為秦王。在魏冉、白起等優秀臣子的協助之下，快速擴張秦國領地。

■秦昭襄王的優秀臣子

魏冉

對擴張的領土專橫跋扈，還做過許多有爭議的行為。但在國力擴張方面，對秦國貢獻良多。

白起

魏冉提拔為將軍。輾轉征伐魏、韓、楚、趙國，逐漸擴大秦國的勢力範圍。

范雎

為長平之戰取得勝利的關鍵人物。但執著於排除政敵，導致秦國勢力減弱。

■其他優秀的部下

王齕

協助秦國於長平之戰取得勝利。秦昭王41年（公元前257年）進攻魏國，斬獲6千魏軍首級，2萬名魏軍淹死於黃河。

王齮

《史記．秦本紀》並未提及此人，有些學者認為王齮和王齕可能為同一人。

胡傷

在華陽之戰打敗魏國將領芒卯，斬殺15萬敵軍的首級。

司馬錯

秦惠文王22年（公元前316年），討伐消滅古蜀國，十分活躍。

將軍摎

秦昭王42年（公元256年）與韓國一戰，拿下4萬敵軍的首級。

秦始皇冷知識

動漫中的秦昭襄王及其部下

日本連載漫畫《王者天下》描寫的秦昭襄王，在位55年期間，大部分精力都投注戰爭，是被稱為「戰神」的武之王。王齮認為「他是一名懷抱統一中國夢想，擁有少年般雙瞳的奇特君王」。秦莊襄王的臣子白起、王齕、王齮、胡傷、司馬錯、摎，在《王者天下》中被描寫為六大將軍，被授與發動戰爭的權力。順帶一提，漫畫設定王齕和王齮並非同一人。

回歸秦國

・趙正9歲返回秦國
・秦孝文王即位3日後去世
・子楚即位為秦莊襄王

趙正與趙姬返回秦國 秦國在位君王相繼去世

公元前二五七年，子楚在呂不韋的安排下逃出趙國，後來得到秦軍的保護，順利返回秦國。返國後，子楚成為華陽夫人的養子。公元前二五一年，秦昭襄王去世，安國君即位為秦孝文王，子楚成為太子。然而，秦孝文王即位僅僅三日便去世，子楚隨即登基為秦莊襄王，趙正也就成了太子。

趙姬與趙正兩人留滯趙國期間，被趙國豪族藏匿了起來。趙國雖然對秦國的動向不得而知，但一聽聞子楚成為秦王的消息後，便趕緊安排讓秦莊襄王之子趙正，以及秦王之妻趙姬返回秦國。趙正直到九歲才終於回到故鄉，踏上秦國的土地。

子楚成為秦莊襄王後，呂不韋處心積慮的奇貨可居之策——長期投資子楚——終於獲得回饋，於公元前二四九年任命為秦國相邦。相邦是朝廷大臣中職權最高者，相當於現代英國、日本等內閣制首相。呂不韋欲將天下收入手中的野心正穩穩地向前邁進。

秦莊襄王在位期間，呂不韋身為輔佐君王的相邦，助秦國擴張領土，表現活躍。呂不韋也憑藉屢屢立下的功績，受封文信侯，得到河南、洛陽十萬戶封地。

秦莊襄王去世後，趙正於公元前二四七年即位，但此時秦王尚年幼，呂不韋代為治理國政，手中握有國家實權。對趙正而言，直到公元前二三八年親自執政以前，他始終處在一個十分艱苦的階段。

人質趙正成為太子，返回秦國

■當時的秦王

秦昭襄王
在位期間：前307年～前251年

持續侵略周邊諸國，強化秦國勢力的人物。於公元前251年去世。

秦孝文王
在位期間：前251年～前251年

在呂不韋的精心策劃下，承認子楚為嫡子。公元前251年即為，但在位僅3日便去世。

秦莊襄王
在位期間：前250年～前247年

趙正之父。呂不韋協助他從質子身分登上王座。在位時間雖然比秦孝文王還長，但也只有3年。

■趙正歸秦前後的重大事件

秦昭王50年（前257年） 趙正3歲	・呂不韋於戰亂中協助子楚逃出邯鄲 ・趙正與趙姬在趙國豪族庇護下倖存
秦昭王56年（前251年） 趙正9歲	・秦昭襄王去世 ・秦孝文王即位3日後去世 ・趙正與趙姬返回秦國
秦孝文王元年（前250年） 趙正10歲	・趙正之父子楚，即位為秦莊襄王
秦莊襄王元年（前249年） 趙正11歲	・呂不韋成為秦國相邦

秦始皇冷知識

白起──秦始皇幼年即逝世的當代猛將

功績卓越的白起陸續擊敗周邊諸國，並於長平之戰取得生平最好的戰績。邯鄲包圍戰時，秦昭襄王與范雎命令白起赴任參戰，但白起以秦軍在長平之戰犧牲過多為由拒絕。秦昭襄王聽了怒不可遏，派使者賜給白起一把劍，命其自盡。白起仰天長嘆：「我何罪於天？」接著又想：「長平戰役，我坑殺四十萬趙國降兵，確實罪該萬死。」於是飲刃自盡。

信陵君率反秦聯軍

・秦莊襄王滅東周
・信陵君率合縱軍，大敗秦國
・秦軍撤退至函谷關

秦莊襄王的擴張成為導火線 信陵君擊退秦國攻勢

秦莊襄王繼承了秦昭襄王與秦孝文王的戰略方針，繼續擴張秦國勢力，開始進攻侵略魏、韓、趙等國。最著名的事蹟，就是滅東周國與占領上黨。

秦昭襄王在位期間，周朝威望衰退並失去王室的權威，秦莊襄王於公元前二四九年討伐周朝王室，滅掉東周國，並於舊領地設立三川郡。呂不韋因指揮戰役有功，秦莊襄王授與河南、洛陽十萬戶封地。

秦莊襄王同時占領長平之戰的主戰場——上黨，並設立上黨郡，持續擴大領土。秦國這時正穩穩地走在大一統的路上，然而周邊各國不能容許這種事發生。趙、魏、韓、燕、楚五國組成聯軍，推舉信陵君為上將軍，合縱攻秦。秦軍出面迎擊，卻被信陵君率領的聯軍氣勢逼退，被迫撤退至函谷關。

信陵君是魏安釐王（第四任魏王）的異母弟弟；而戰國四公子之一的趙國平原君，正是信陵君的姐夫。信陵君待人不分貴賤，是個仁德之士，受人景仰，因此門下有許多食客投靠。當邯鄲被秦軍包圍時，信陵君在食客提議下，未經魏王許可而擅自動用虎符，調兵拯救正陷入危機的趙國。然而信陵君也因為假傳君令，為防魏王咎責而流亡趙國。

後來信陵君得知秦國攻打魏國，便急忙趕回魏國。各個反對秦國擴張勢力的諸侯組成合縱聯軍，並推舉信陵君率領盟軍，將進犯的秦軍逼退至函谷關。

明君的豐功偉業

■秦莊襄王的事蹟

設置三川郡

秦昭襄王在位期間，周朝王室衰退並失去權威，秦莊襄王征討周朝王室，滅掉東周，併吞領地。後來，秦莊襄王在新取得的領地上設置三川郡。

占領上黨

成功占領曾是長平之戰戰場的上黨一地，並且設置上黨郡、太原郡，擴大秦國領土。

趙、魏、韓、燕、楚五國反抗秦國擴張
由信陵君領軍，聯軍合縱攻秦

信陵君與五國合縱，令秦軍吞下敗仗

■關於信陵君

魏國第四任魏王——魏安釐王同父異母的弟弟

待人不分貴賤，是個寬厚的仁德之人。戰國四公子之一，據說握有凌駕於魏安釐王之上的情報能力。

秦軍包圍邯鄲，違抗王命出兵

信陵君的姐姐嫁給趙國平原君，收到姐姐的求援信之後，信陵君從魏王身上盜走領軍的虎符，調派軍隊前往邯鄲，擊退秦軍。

魏國窮途之境，率領聯軍合縱攻秦

信陵君違反君命、竊取虎符，不得不滯留趙國。後來魏國陷入險境，信陵君得知後便回國，率領五國聯軍，將秦軍逼退到函谷關。

■信陵君率聯軍，逼退秦軍

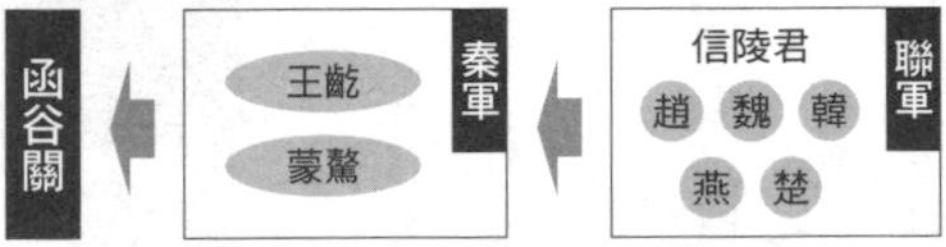

信陵君率領五國聯軍，壯大的氣勢成功壓制王齕與蒙驁率領的秦軍，最後秦軍撤退函谷關。

信陵君

門下食客雲集，當秦軍包圍邯鄲時，接受食客侯嬴的提議，展開竊符救趙的計畫。

秦始皇冷知識

食客是什麼樣的存在？

食客（門客）是才華受到君王或貴族認可的人才。貴族供養食客，食客則為主子效命，貢獻他們五花八門的能力。門下擁有許多食客的人，可以藉此誇耀自己的社會地位或財力，因此在各國間都握有強大的話語權優勢。其中，戰國四公子（信陵君、平原君、春申君、孟嘗君）與呂不韋，正是以養士眾多而著稱於世。

趙正即位

- 年僅13歲即登基為王
- 實權仍由呂不韋掌握
- 趙正繼承先王陸續征伐擴張的大片領土

新任秦王尚處弱齡，相邦呂不韋手握大權

秦孝文王即位僅三日便去世。秦孝文王之子，也就是日後的秦莊襄王子楚，即位時間也就大幅提前。但秦莊襄王在位也僅止於三年，短暫治理國政後去世。此時趙正返回秦國僅過四年，公元前二四七年，趙正即位為秦王。這時的趙正年僅十三歲，在歷代秦王即位年齡中算是特別年輕。想當然耳，如此年幼的秦王無法親政（君王親自執政，處理國事），趙正只能等到二十二歲舉行成年禮後，才能名正言順地親政。

這段期間呂不韋把持國政，他除了擔任朝廷最高職務的相邦一職，更得到「仲父」的稱號。仲父是君王對重臣的尊稱，意指「君王的父親」。這表示呂不韋不僅握有秦國最高權力，而且地位形同君主之父，君臨秦國。呂不韋的門下還有將近一萬名奴僕與食客，權勢聲望傳遍周邊諸國。秦國自從商鞅變法，強化君王專制的體制後，歷代秦王無不鞏固這套體制。即使年幼的秦王不理國政，國家體制也成熟到可自行運作的程度。對於剛成為秦王的趙正而言，這段時光雖然與身處趙國不同，但也算是一段不幸的歲月。

秦國的平民是以身高區分孩童與成人，不全然以年齡來區別。男性身高若是矮於六尺五寸（約一五〇公分）則為男孩，女性身高矮於六尺二寸（約一四〇公分）則為女孩；未滿十四歲者，便被視為未成年。此時十三歲的秦王趙正，也不過只是個男孩罷了。

年僅13即位為王的幼主

■秦王的即位年齡

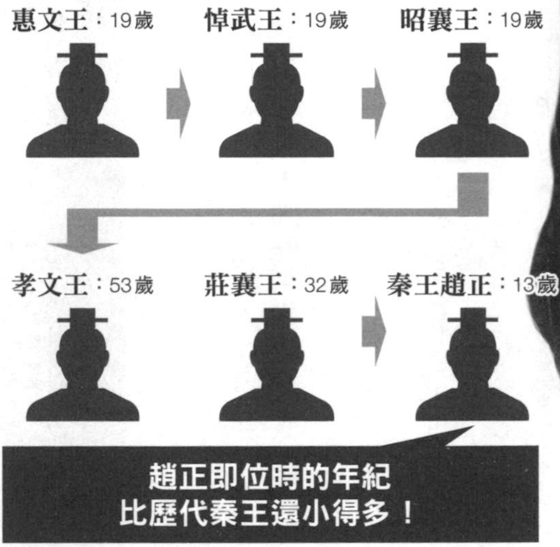

惠文王：19歲
悼武王：19歲
昭襄王：19歲
孝文王：53歲
莊襄王：32歲
秦王趙正：13歲
趙正即位時的年紀
比歷代秦王還小得多！

秦王趙正

年僅13歲就登上秦王之位。即位後因年紀太小，無法管理政治，是個沒有實權的君王。

■當時秦國對於成人與男性的評判標準

如何區別小孩與大人

平民以身高作為判斷標準。男性身高低於6尺5寸（約150公分）、女性身高低於約6尺2寸（約140公分），就會被視為未成年的小孩。

成年男性登記戶籍

男性年滿17歲就能登記戶籍，被認定為成年男人。秦始皇則遲至22歲才被認可為成年人。

■幕後的秦國君王——呂不韋

相邦一職與秦王仲父

呂不韋除了擔任朝廷大臣最高職務的相邦之外，還被尊稱為仲父（表示尊其為君王的第二個父親），呂不韋因此掌握了國家實權。此外，皇太后也會代替秦王下達政令。

壓倒性的權威

呂不韋擁有相邦與仲父身分，門下還有將近1萬名奴僕與食客，權勢名聲甚至遠播周邊諸國。此時的呂不韋握有壓倒性的權威。

歷代君王累積奠定的基礎

自商鞅變法後，歷代君王傳承的基業與改革舉措，使得秦國得以鞏固國家體制，強化君主專制的體制臻於完備。

即位疑雲與謎團

・秦孝文王與秦莊襄王有可能死於暗殺？
・兩任君王接連去世，呂不韋得利
・趙正可能是呂不韋的兒子？

呂不韋企圖要推上王位的人其實不是子楚，而是趙正？

趙正即位前，兩任先王接連去世，這個現象不僅十分異常，也謎團重重。秦孝文王和秦莊襄王是否被呂不韋暗殺？這個陰謀論至今仍不斷為後人探討。雖然沒有證據可以證明，但是只要論及兩位秦王死後得到最多利益的人，我們自然會聯想到呂不韋。

安國君即位為秦孝文王，子楚也就順理成章地確立為太子，可是呂不韋的地位不會因此而改變。不過，一旦身為太子的子楚在秦孝文王死後繼位，呂不韋就能獲得官職。秦孝文王即位時年過五十，確實年事已高，但才繼任三天就去世，怎麼說都實在太快了。

秦莊襄王死後，又會如何發展？由於秦王年幼，呂不韋會以相邦身分輔佐趙正，掌握秦國的實權。對呂不韋來說，秦莊襄王的死，可以讓他得到比相邦這個職務還要多的好處。《史記・呂不韋列傳》記載一段史實，間接揭露趙正是呂不韋的兒子一事，更是加深了傳聞的真實性。當中記載，子楚在呂不韋家中見到趙姬時，趙姬早已懷上呂不韋的子嗣。若這個說法屬實，那麼呂不韋暗殺秦王的說法也有可能是真的。不過，《史記》不僅特別記載子楚得到趙姬後，趙姬經過十二個月才生下趙正一事，還有另一段關於楚國宰相春申君（與秦始皇同時期）向帝王獻出有孕之女的軼事。從上述兩點來看，有些人認為這段史料可能是為了貶低秦始皇的歷史評價而捏造的。

缺少證據的秦孝文王和秦莊襄王暗殺論

■充滿暗殺疑雲的兩位君王

秦始皇的祖父 **孝文王**	・在呂不韋的策劃下，立子楚為太子 ・在位僅3天便去世
秦始皇的父親 **莊襄王**	・透過呂不韋的協助，從一介質子成為秦王 ・立趙正為太子 ・繼承秦昭襄王的戰略方針，滅東周國並設置三川郡 ・在位時間3年

■假設呂不韋暗殺兩任秦王，能得到什麼好處？

子楚成為秦王
獲得相邦職位

呂不韋一旦坐上相邦之位，便能鞏固自己的地位。秦孝文王即位僅3天便去世，也成了暗殺論的理由之一。

趙正成為秦王
掌握政治實權

只要秦莊襄王一天在位，呂不韋就很難掌握實權。但如果是讓年幼而無法執政的趙正成為秦王，呂不韋就能以輔佐君王的名義，掌握實權。

■子楚的家譜簡譜

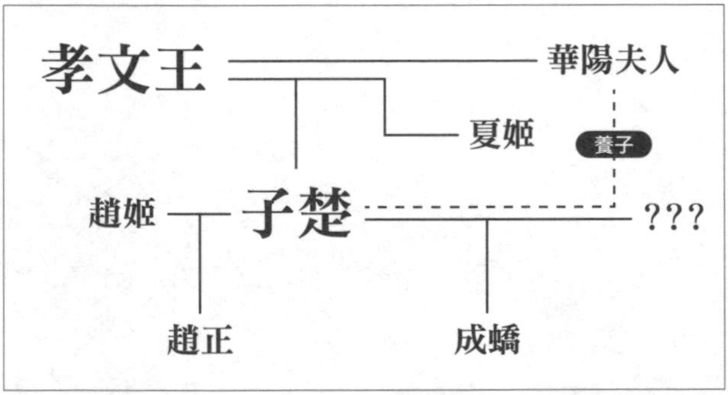

若呂不韋是趙正的親生父親，成蟜就成了子楚唯一的兒子，趙正和成蟜也就不是同父異母的兄弟。這會讓他們的家族關係圖變得更複雜。

趙姬

無論趙正的生父是子楚還是呂不韋，趙姬確實是趙正的親生母親。

秦始皇冷知識

呂不韋生父論，亦充滿矛盾？

中國歷史學家郭沫若認為，《史記・呂不韋列傳》中關於趙姬的身世有兩種記載，而且互相矛盾。再者，假如趙姬送給子楚已有身孕，過了12個月才生下趙正，那麼她的孕期未免太長，實在不合常理。

第2章
秦王即位

插畫：成蟜（桑乃あやせ）

插畫：嫪毐（長內佑介）

秦的王權專制

- 商鞅變法，促使秦國確立中央集權體制
- 呂不韋才是實質上的君王
- 秦始皇企圖建立絕對的權力

趙正以弱齡繼任王位，採取徹底的蟄伏隱忍

趙正繼位為秦王時，秦國已打穩國家的基礎，下一步就是進攻他國，擴張領土。秦國的體制之所以如此堅如磐石，商鞅變法影響甚大。當時針對一國之君的統治主要有兩種體制，一是君主專制，另一則是貴族寡頭統治，秦國自古以來便經常混用兩者。秦孝公任用商鞅後，公元前三五七年，為了強化君主的權力，開始施行變法。內容包括徹底執行重農政策、廢除貴族世襲特權、講究實力至上，依軍功授與爵位，以及強化中央等政策。此外，還制定「什伍連坐法」，將人民五家編成一伍，十家編成一什，在徵稅和徵兵制度上採連坐法，建立可由上而下直接傳達君王命令的環境。經過這些制度的整頓，秦國開始崛起。

商鞅對秦國貢獻深遠，但卻在秦孝公去世、太子秦惠文王即位後失勢，於公元前三三八年處刑而死。可是歷代的秦王仍然依循商鞅的改革路線，使秦國成為戰國七雄中的強國。

對一代君王來說，趙正可說是處於絕佳的情勢，然而他當時年僅十三歲，實在太年輕了（先秦時男子必須年滿十七，才有資格擔任官吏）。於是，擔任相邦的呂不韋代替君王的父親，替秦王治理國政，對大臣或將軍下達命令，封蒙武之父蒙驁、王齮等名將為將軍。日後活躍於秦始皇在位期間的李斯，此時為呂不韋的舍人（※編註：左右親信或門客的通稱）。

君主專制的獨裁體制

■君主色彩濃厚的國家體制

秦國本來便混用兩種思想

- **強化君主專制**
- **君主並非絕對的王者，更重視寡頭統治**

秦孝公5年（前357年）	商鞅改革變法，確立君主專制的集權體制

■商鞅變法的內容

什伍連坐法

人民5家編成一伍，10家編成一什，在徵稅和徵兵方面採用連坐法，須負連帶責任。該制度可直接傳達君王命令，達到加強中央集權的目的。

擴充自耕農

家中凡有2名以上男丁的家庭，必須強制分家，藉此擴充自耕農。廢井田，開阡陌，整頓並劃分田地。

軍功爵位制度

廢除封建世襲，依軍功授與爵位，只要立下軍功就能得到爵位，有實力的人就能得到賞賜。

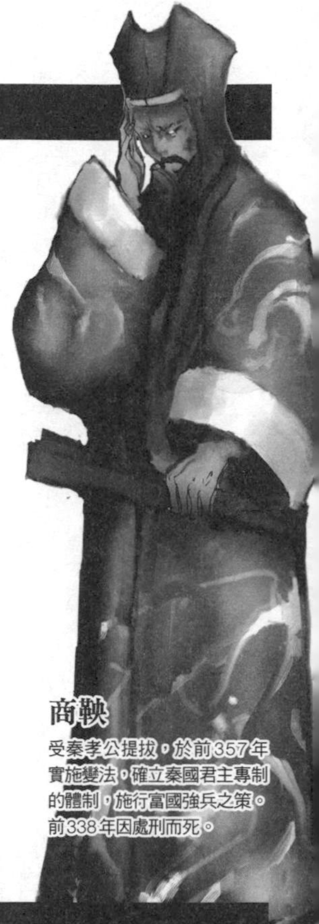

商鞅

受秦孝公提拔，於前357年實施變法，確立秦國君主專制的體制，施行富國強兵之策。前338年因處刑而死。

秦的王權專制

年少的君王與幕後的君王

■趙正即位時的制度

君主不握有絕對權力的寡頭統治思想，在商鞅變法後逐漸式微。趙正即位時，國家是由秦王、呂不韋、大臣與將軍共同整治，但由於秦王年紀太小，因此由相邦呂不韋指揮大臣或將軍，呂不韋可說是實質上的君王。

秦王 趙正

- 父親秦莊襄王：秦莊襄王3年（前247年）去世
- 同年，年僅13歲繼承王位
- 年紀太小，無法掌握實權

相邦 呂不韋

- 助子楚登上秦王，秦莊襄王元年（前249年）成為相邦
- 趙正繼任王位後，代替年輕的秦王治理朝政
- 被尊稱為仲父

大臣／將軍

- 蒙武之父蒙驁、王齮等人受封將軍。此時李斯只是一名舍人。

相國呂不韋

- 相國與相邦的意義相同
- 相邦相當於現代君主立憲制國家的首相
- 呂不韋在對外戰爭中也十分活躍

代替年輕的君王挺身而出，呂不韋加強擴張秦國版圖

呂不韋運用從商累積的財產，謁見安國君（也就是後來的秦孝文王）的正室華陽夫人，並得到認子楚為養子的承諾。呂不韋想要擁有高於商人的權力，策劃讓子楚成為秦王，渴望一舉提升政治地位。子楚成為華陽夫人的養子後，被安國君選為太子，成為日後的秦莊襄王。此時的呂不韋，則被授與朝廷大臣最高的職務「相邦」一職。憑著「奇貨可居」一句話，呂不韋做了一生一次的豪賭，贏得這場大賭局。相邦這個官職擁有極大的權力，相當於現代君主立憲制國家的首相。「相邦」這個詞是從出土文獻中發現，在此之前，歷史學界都稱這個職務為「相國」。兩個詞意義相同，但後來漢朝為了避諱（因忌諱而避開使用君主或尊長的名號）漢高祖劉邦的「邦」字，於是換成具有相同意義的「國」字。

呂不韋在擴張秦國版圖方面亦有極大的貢獻。公元前二四二年，呂不韋命令蒙驁攻打魏國，攻下山陽、長平等共計二十至三十座城池，並且設置東郡。楚、趙、魏、韓、衛等國為了阻止秦國，在東郡設立後的隔年組成聯軍，進攻秦國。秦軍於蕞地迎擊，成功逼退聯軍。經此一役後，便不再有各國合縱攻打秦國。後來，呂不韋再次發兵攻打魏國，進占朝歌、濮陽。曾加入合縱聯軍的衛國（魏國附屬國）成為秦國的附庸，秦國更一舉擴張版圖。

朝中最高職務——相國

呂不韋

負責輔佐君王處理國政。呂不韋當時的職位稱作「相邦」，後來因避諱「邦」字，於是改稱「相國」。

■呂不韋的職位

相國是朝廷大臣當中最高的職務。

權力相當於現代君主立憲制國家的首相。

學者於新出土的史料文獻中得知，當時稱為「相邦」，而非「相國」。

相邦是相國的別稱，意義相同。

■改稱「相國」的緣由

為了避諱漢高祖劉邦的「邦」字，於是換成具有相同意義的「國」字。

魏國因對外戰爭而衰弱

■呂不韋攝政時期的對外戰爭

秦王政5年（前242年）	攻打魏國，設立東郡

呂不韋命令蒙驁攻打魏國，攻下山陽、長平等共計20～30座城池，並且設立東郡。但後來卻發生叛亂。

秦王政6年（前241年）	蕞之戰

面對秦國持續擴大勢力的威脅，楚、趙、魏、韓、衛國組成聯軍，合縱攻秦。秦軍於蕞地迎擊，爆發蕞之戰。秦軍氣勢滂薄，聯軍撤退。

秦王政6年（前241年）	衛國成為秦國附庸

蕞之戰結束後，再次進攻魏國，占領朝歌、濮陽等地。魏國附屬國的衛國成為秦國附庸，秦國削弱魏國勢力，加強擴張領土。

秦始皇冷知識

《王者天下》的蕞之戰

趙國宰相李牧提議楚、魏、燕、韓、趙五國組成聯軍，合縱攻秦。另一方面，秦國的蒙驁、張唐、桓騎、麃公、王翦等人，在軍事要衝函谷關迎戰聯軍。函谷關戰役爆發期間，李牧率軍攻蕞，展開蕞之戰。秦王嬴政等人雖然堅守城池，卻仍遭到李牧軍突破。這時，楊端和率領山民逼退李牧軍，成功守住蕞。

呂不韋與食客

・名聲響遍天下的戰國四公子
・戰國四公子之中並無秦國人
・呂不韋與戰國四公子較勁，編纂《呂氏春秋》

集結門下能人異士的知識，先秦雜家代表作《呂氏春秋》

呂不韋擔任相邦一職，並代替秦王趙正的父親，成為相當於國家之父的存在，號稱仲父。不僅如此，他財力雄厚，門下有一萬名奴僕。曾是一介商人的呂不韋，竟能將戰國七雄中最強之國「秦」收入囊中。

然而渴望權力與財富的呂不韋並未滿足於此，他後來召集門下食客，編纂一本類似百科全書的散文彙編《呂氏春秋》。呂不韋運用經商時期累積的人脈，集結號召大約三千名優秀的食客，並將這些食客所擁有的知識整理成冊，完成這部篇幅二十六卷、共計一百六十篇的驚人巨著。呂不韋對此等成果非常滿意，他將《呂氏春秋》置於市場，甚至誇下海口：「若有人能夠增減書中一字，便懸賞千金。」（此即成語「一字千金」的典故由來）從呂不韋的這番話中，可想而知他對這部著作成果相當有自信。

話說回來，為什麼呂不韋會編纂《呂氏春秋》呢？有一派說法認為，因為呂不韋意識到戰國四公子的名聲，四公子因挽救家國免於危機，名聲傳遍天下。戰國四公子分別為齊國的孟嘗君、趙國的平原君、魏國的信陵君，以及楚國的春申君。

呂不韋和戰國四公子門下的食客，是一群才華得到君主或貴族認可的人才。養士眾多的人，可以藉此誇耀自己的社會地位或雄厚財力，而且出外遊走各國之間，他們也都擁有相當大的話語權。

呂不韋的較勁對象——戰國四公子

■戰國四公子與封「君」文化

古代中國，功績卓越的人會得到「●●君」的稱號，但大多只會在死後才受封為君。

封君的人當中，有四人被稱為戰國四公子他們挽救國家於水火之中，因而聲名遠播

孟嘗君
齊國宰相田嬰之子，齊湣王的堂兄弟。用人不論身分才華，廣招各種食客。

平原君
趙武靈王之子，趙惠文王之弟。偏愛有地位、教養的人才，門下食客數千。

信陵君
魏安釐王的異母弟。為了派援軍趕往邯鄲協助平原君而偷盜虎符，後來因此流亡趙國。

春申君
戰國四公子當中唯一不具有王室血統的人。儒家學者以性惡論聞名的荀子，正是其門下食客。

呂不韋傾注全力編纂的百科全書——呂氏春秋

成語故事筆記本

一字千金

出自呂不韋為誇耀《呂氏春秋》而誇下海口的故事。意思是一個字價值千金，用以指稱文辭精當，價值極高。可想而知《呂氏春秋》的內容應該深得呂不韋的心吧。

■編纂過程與概要

戰國四公子不包含秦國人

優秀的戰國四公子，門下有許多食客，名聲響遍天下。呂不韋可能是意識到戰國四公子的威脅性，想與之抗衡，於是主持編纂《呂氏春秋》。

動用眾多食客，提供龐大資訊

呂不韋運用從商時期累積的人脈，集結約3千名優秀的食客。他將這些食客擁有的知識整理成冊，完成共26卷、160篇的《呂氏春秋》。

令人滿意的成果

《呂氏春秋》涵蓋的知識廣泛，呂不韋對成果非常滿意。他將著作置於市場，並誇下海口：「若有人能夠增減書中一字，便懸賞千金（一字千金）。」

呂不韋與《呂氏春秋》

・《呂氏春秋》成書共有26卷、160篇
・呂不韋以老莊思想為主幹
・老莊思想主張清淨無為，崇尚自然

先秦典籍呂氏春秋揭開呂不韋若隱若現的真面目

呂不韋從天下賢人志士當中，集結約三千名優秀食客，將他們的知識整理成冊，於公元前二三九年完成《呂氏春秋》一書。這部作品成果豐碩，呂不韋甚至誇耀「若有人能夠增減書中一字，便懸賞千金」。這段故事後來便成為成語「一字千金」的由來。

《呂氏春秋》共分十二紀（孟春、仲春、季春、孟夏、仲夏、季夏、孟秋、仲秋、季秋、孟冬、仲冬、季冬）、八覽（有始、孝行、慎大、先識、審分、審應、離俗、恃君）、六論（開春、慎行、貴直、不苟、似順、士容）三大部分，總共二十六卷，一百六十篇。全書以儒家和道家思想作為中心，以中立視角闡述名家、法家、陰陽家等諸家學說的特色。此外，十二紀是將一年分為四季，從老莊思想切入，說明身處自然之中的人們應該做的事。我們從這點來看，或許呂不韋信奉的其實是老莊思想。

老子著有《道德經》，莊子主張無為而治，老莊思想正是結合了老子與莊子的學說，提倡順應自然，自由地活出自己的人生。

除此之外，《呂氏春秋》中亦記載了反對君主專制的言論。「統治天下的王者眾多，他們能得天下都是因為待人公正，而失去天下都是因為偏私不公。」「天下並非某一人的天下，而是天下人的天下。」這番論調也與日後秦始皇統治天下的目標背道而馳。

老莊思想對後代的佛教影響甚大

■道家的老莊思想

■老子之「道」

道可道，非常道！

道是萬物的根源，是自然原本的面貌。老子說：「道生天地萬物。」

老子

道家學派的創始者。老子出身於楚國苦縣厲鄉的曲仁，曾擔任周朝王室的書記官。

莊子

道家經典《莊子》的作者。莊子出身於宋國蒙縣，著名論點為「莊周夢蝶」。

■莊子「齊物論」

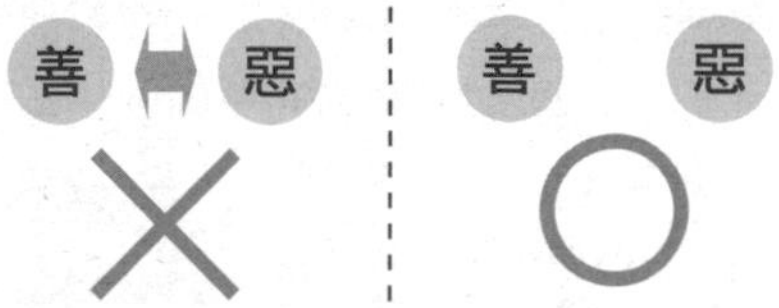

萬物齊一，沒有區別

只要達到「無」的境界，分歧、對立、差異的概念便會消失，一切萬物皆為一體。

呂不韋是雜學家嗎？

呂不韋有可能以老莊思想為中心，《漢書》便是將呂不韋分類為雜學家。

嫪毒其人

・趙太后與呂不韋舊情復燃
・呂不韋將嫪毒獻給趙太后
・趙太后受到嫪毒誘惑，進而淪陷

趙姬深居宮中飢渴難耐，呂不韋另請他人「代勞」

趙姬原本是呂不韋的姬妾，後來子楚娶趙姬為妻，兩人關係就此結束。然而秦莊襄王死後，兩人再燃私情，開始頻繁地私通。隨著年齡增長，趙姬的性慾不減反增，呂不韋感到十分苦惱。呂不韋擔心自己的身體無法負荷趙姬旺盛的需求。而且，若他們之間的關係遭人發現，自己有可能會陷入危機。呂不韋為了滿足趙太后，決定找一個人來代替自己。

呂不韋開始尋找能夠代替自己承受趙太后性需求的男人，他從食客當中找到了嫪毒。嫪毒擁有堅硬又巨大陽具，他可以在宴會的餘興節目中，用自己的陽具轉動馬車輪，於是呂不韋便將嫪毒獻給了趙太后。

但趙太后身處後宮，只允許女性或宦官（被閹割的官吏）進入，所以呂不韋剃掉嫪毒的鬍子，竄改閹割手術紀錄，讓嫪毒偽裝成宦官混入後宮。

趙太后果然被嫪毒驚人的陽具所誘惑，開始與嫪毒私通。後來，後宮裡出現嫪毒是男性的傳聞。一般來說，閹割過的男性體毛會變少且聲音會變尖銳，但嫪毒卻完全沒有這些特徵。

趙太后與嫪毒不把傳聞掛在心上，繼續夜夜笙歌，甚至生下了兩個兒子。得到趙太后寵幸的嫪毒被封為長信侯，他的權力甚至大到足以廣納眾多食客。

呂不韋與趙太后舊情復燃

■呂不韋與趙太后的關係

趙太后原是呂不韋的姬妾，然而子楚看上趙太后後，呂不韋隨即將她獻給子楚。

秦莊襄王去世後，兩人關係復燃，開始私通。

呂不韋唯恐兩人的私通關係會惹禍上身，而且趙太后性需求旺盛，他擔心自己的身體無法負荷。

呂不韋祕密找到嫪毐，代替自己滿足趙太后。

代替呂不韋的男人——嫪毐

■嫪毐其人

擁有巨大的陽具

嫪毐擁有巨大堅挺的陽具，據聞足以拖曳並旋轉馬車輪。呂不韋注意到嫪毐的能力，將他獻給趙太后。

假宦官

趙太后身處的後宮禁止男性進入，因此嫪毐剃掉鬍子，竄改手術紀錄，假扮成宦官混入後宮。

權力日漸壯大

嫪毐得到趙太后的寵幸，受封長信侯，得到足以廣納眾多食客的權力。

■子楚家譜簡圖

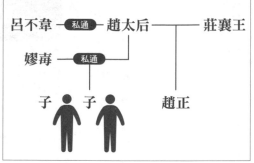

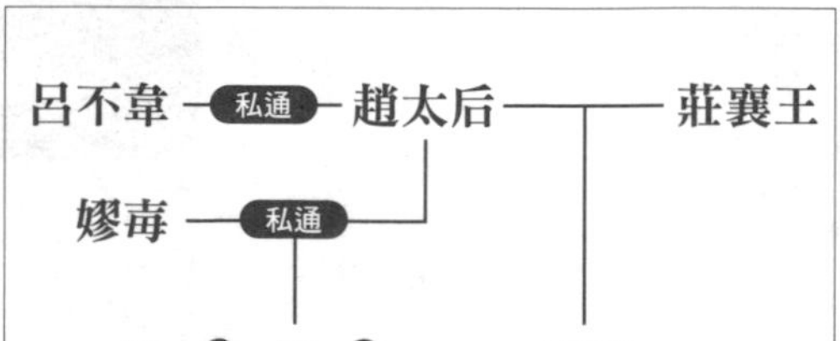

趙太后與嫪毐私通頻頻，因此生下兩個兒子。這兩個兒子是秦王趙正異父同母的弟弟。

成蟜之亂

- 成蟜是趙正的同父異母兄弟
- 受封長安君
- 秦國攻打趙國時，成蟜趁機發動政變

歷史文獻相關記載甚少，生平動機成謎的秦王趙正之弟

公元前二三九年，嫪毐之亂（詳見第60頁）發生的前一年，有個男人發起叛變，企圖拿下秦王趙正的首級。叛亂的主謀是長安君成蟜，但令人意外的是，關於成蟜的史料竟然少之又少。他的父親是秦莊襄王，母親不詳。成蟜是秦王趙正同父異母的兄弟，目前僅知他被封為長安君。

秦王之弟發動政變，背叛趙正。話說回來，秦王趙正的一生中接連遭親人背叛。公元前二五七年，趙正三歲時，秦國罷免王陵，改以王齕為主將進攻邯鄲。此時華陽夫人早已決定將子楚收為養子，子楚在呂不韋的策劃下逃出重重包圍，就這樣一個人返回秦國。被留在趙國的趙正和趙太后可能遭到趙軍殺害，但幸好趙太后是趙國豪族之女，獲得家族庇護免於一死。不過，如果秦軍在包圍邯鄲的作戰中攻陷趙國，被捲入其中的趙正和趙太后很可能就死於這場戰亂。

秦王趙正的母親也曾背叛他。趙太后不僅與兩個男人通姦，還牽涉嫪毐發起的叛亂。趙太后的私通對象是呂不韋和嫪毐，在秦莊襄王去世後開始和這兩個男人私通，犯下通姦罪。嫪毐因趙太后寵幸，權力愈來愈大，竟發動政變，偽造秦王與趙太后的印璽，調軍隊進攻雍城（當時秦王趙正停留於此）。趙正不僅在年輕時遭到雙親背叛，後來還遭到弟弟背叛。

弟弟成蟜對秦王趙正露出獠牙

成蟜

秦莊襄王之子，秦王趙正同父異母的兄弟。受封為長安君。於公元前239年秦國攻打趙國時發動政變。

■成蟜其人

成蟜是與趙正關係匪淺的歷史人物，但是關於他的史料卻少之又少。

父親是秦莊襄王，母親不詳。他是秦王趙正同父異母的兄弟。

受封為長安君。

秦軍攻打趙國期間，成蟜趁機起兵發動政變。

■趙正接連遭家人背叛

父：子楚身在趙國，獨自逃亡

子楚在呂不韋的策劃下，獨自一人逃出趙國並返回秦國。趙正和趙太后則躲藏在趙國豪族之中。

母：與嫪毐私通，促成嫪毐之亂

趙太后在秦莊襄王去世後，開始和呂不韋和嫪毐私通。趙太后十分寵愛嫪毐，促成嫪毐之亂的發生。

■子楚家譜簡圖

秦王趙正和成蟜兩人的父親，都是子楚。子楚可能是在成為秦莊襄王後，才有了成蟜這個兒子。

秦始皇冷知識

《王者天下》中的成蟜①

成蟜的初登場是以嬴政異母兄弟的身分現身。他不但是徹底的王室主義者，堅決否定且十分厭惡平民。母親不過是平民出身的嬴政卻奪走王位繼承權，因此對嬴政的憎恨日益加劇，串通相邦竭氏發動政變。嬴政得到楊端和他所率領的山民，以及信等人的協助，大敗叛軍。雖然成蟜被嬴政訓斥一番後，和家臣一起囚禁，然而他卻在日後成為嬴政可靠的同伴。

秦王趙正果斷決策，火速鎮壓反叛軍的氣焰

根據《史記．秦始皇本紀》記載，公元前二三九年，秦軍正進攻趙國之際，成蟜命令屯留、蒲鶮的士兵叛變，他立下誓言並發動政變：「焚燒咸陽，討伐可恨的趙正，拿下他的首級！」秦國得知成蟜叛變後，隨即派兵前往屯留討伐成蟜。成蟜討伐軍與叛軍在屯留展開激烈戰鬥，成蟜最終死於這場戰爭。參與叛變的成蟜部下皆遭斬首處死，屯留的百姓則被流放到臨洮。

成蟜軍隊有哪些武將，又是採用何種作戰策略，相關文獻裡都查無資料。事實上，成蟜之亂的細節在不同史書的記載中，過程略有差異，因此前述的叛亂始末未必是真實情況。例如《史記三家注》的《史記正義》就記載成蟜是在屯留自殺身亡。

由於有關成蟜與成蟜之亂的資料實在太少，因此衍生出各種說法或創作。首先是「嫪毐呼應成蟜之亂」一說。據說成蟜之亂和隔年爆發的嫪毐之亂有關聯，嫪毐呼應成蟜的叛變，在咸陽發動政變。

除此之外，由清代蔡元放改編而成的長篇歷史小說《東周列國志》的故事中，成蟜之亂的幕後主謀其實是樊於期。故事描述與成蟜同行的軍吏樊於期，唆使成蟜發動政變。樊於期是後來秦王（秦始皇）暗殺事件的相關人物。秦國的樊於期流亡燕國，荊軻預謀行刺秦王，於是帶著樊於期的首級謁見秦王，但計畫失敗，荊軻反遭秦王所殺。暗殺計畫仍在規劃階段時，樊於期為向秦王復仇，決定自刎，並將自己的人頭交給荊軻（詳見第116頁）。

讀過這些說法與故事後，再用自己的方式推敲關於成蟜的重重謎團，以及他引發叛亂的真相，應該是十分有趣的一件事。

立即平定的成蟜之亂

成蟜

成蟜之亂的始作俑者。秦軍討伐成蟜，鎮壓叛亂，成蟜則在戰鬥中身亡。

■成蟜之亂的過程

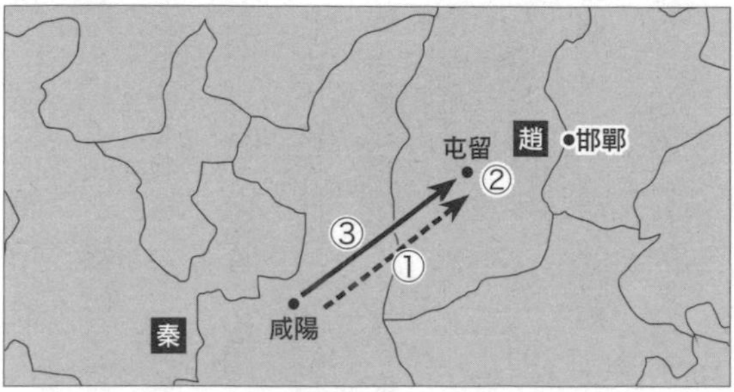

① **成蟜率軍前往咸陽**

② **成蟜於屯留發動政變**

成蟜命令屯留、蒲鶮的士兵叛一同舉兵，他在發動政變時立下誓言：「焚燒咸陽，討伐可恨的趙正，拿下他的首級！」

③ **秦軍討伐成蟜**

秦王趙正下令出兵討伐成蟜，參與叛變的官吏一律斬首處死，屯留的百姓被流放到臨洮。

眾說紛紜的臆測

■成蟜之亂的諸多異說

嫪毐呼應成蟜之亂

據傳嫪毐曾呼應成蟜的叛變，計劃擾亂咸陽。傳說其計畫相當縝密。

幕後主謀是樊於期

這個說法出自長篇歷史小說《東周列國志》。小說描述軍吏樊於期唆使成蟜，發動政變。

樊於期

曾是秦國的將軍，但因得罪秦王而流亡，寄身在燕國太子麾下。後來參與荊軻刺秦王的計畫。

秦始皇冷知識

《王者天下》中的成蟜②

成蟜兵敗被俘囚禁後，暫時沒有戲分，直到後來趙國李牧率領合縱聯軍與秦軍交戰之際，成蟜才又再次登場。秦王嬴政為了守住蕞而離開王座，他將無人掌管的王座託付給成蟜。而當呂不韋想趁機坐上王座時，成蟜大聲喝斥道：「非王室之人，不准坐王位！」秦王嬴政和成蟜之間也因為這個插曲而加深羈絆，此後成蟜便成為秦軍不可或缺的重要存在。

嫪毒之亂

- 嫪毒偽造秦王與趙太后的印璽，企圖誅殺秦王
- 趙正調兵反擊，嫪毒失敗
- 嫪毒遭車裂之刑

權勢如日中天的面首嫪毒最終發動叛變襲擊宮中

飢渴縱慾的趙太后讓呂不韋十分苦惱，於是呂不韋獻上嫪毒以代替自己。嫪毒擁有又堅挺又巨大的陽具，不僅能撐起馬車輪，甚至還能旋轉車輪。呂不韋讓嫪毒假扮成宦官，並在禁止男性進入的後宮與趙太后私通。趙太后著迷於嫪毒異於常人的陽具，對他十分寵愛。嫪毒獲封長信侯，他就像呂不韋一樣，權力大到足以擁有眾多養士。

成蟜之亂發生後隔年，公元前二三八年，就在秦王趙正即將邁向二十二歲的時刻，成蟜發動政變。關於叛亂的經過，不同史料的記載各不相同。根據《史記》記載，有人曾向趙正告發嫪毒為假宦官。《說苑》則記載，嫪毒酒後吐真言：「我是秦王的假父（義父）！」另外還有一個傳聞，呂不韋在一場晚宴上，不慎說出自己想廢掉趙正，安排嫪毒的兒子登上王位的計畫。

嫪毒引發叛變，偽造秦王與趙太后的印璽。當時秦王趙正依傳統於雍城舉行成年加冠禮，嫪毒派兵前往雍城攻擊趙正。秦王趙正收到消息後，命令昌平君與昌文君反擊，兩方秦軍展開戰鬥。然而，嫪毒不曾指揮過軍隊，因此遭昌平君與昌文君鎮壓，但他企圖逃亡。秦王趙正下令：「生擒嫪毒者賜錢百萬，殺死嫪毒者賜錢五十萬。」趙正祭出高額懸賞，士兵百姓相繼呼應，嫪毒馬上遭擒獲，並且被帶回秦國。

兩方秦軍爆發衝突！嫪毐叛軍迅速潰敗

■嫪毐之亂的前因

《史記》

有人向趙正告發：「嫪毐為假宦官！」

《說苑》

嫪毐與近臣賭博飲酒，酒後吐真言：「我是秦王的假父（義父）！」

呂不韋在一場晚宴上不慎公開自己打算廢黜趙正，並將嫪毐之子推上王位的計畫。

■嫪毐之亂的經緯概要

偽造假印璽

一旦秦王趙正開始親政，嫪毐認為自己絕對會立刻遭到肅清。於是他偽造了調動軍隊的必要物品「印璽」，下令軍隊誅殺秦王。

粗糙的戰略

嫪毐率領的叛軍，與昌平君、昌文君率領的軍隊展開激戰。但沒有指揮過軍隊的嫪毐一步步遭秦軍壓制，最後徹底被鎮壓。

嫪毐

原為呂不韋門下食客。擁有又強壯又巨大的陽具，因此成為趙太后的男寵。與趙太后私通，並讓趙太后懷上自己的孩子。

嫪毐事件的發生時間早於加冠禮？

■《史記・秦始皇本紀》中的嫪毐之亂

① 彗星出現，布滿天空（意指彗星的頭部朝下，尾端則筆直地延伸至天上）。
② 4月，秦王於雍城，己酉（21日）佩劍、行冠禮。
③ 察覺長信侯嫪毐發動叛變。
④ 秦王得知消息後，派相邦昌平君和昌文君出兵討伐嫪毐，咸陽一役中叛軍數百人遭斬首。
⑤ 嫪毐敗走，秦王趙正下令全國搜捕，生擒嫪毐者賜錢100萬，殺死嫪毐者賜錢50萬。
⑥ 嫪毐與其黨羽全數遭捕，20名黨羽皆斬首示眾。
⑦ 4月大寒，凍死者眾多。
⑧ 彗星出現於西方，不久又出現於北方，從北斗往南，接連出現80天。

■事件發生順序可能有差異

時間不合理

②與⑦皆發生於「4月」，就表示從4月21日秦王冠禮開始，發現叛變、展開戰鬥、追捕嫪毐，直到處刑，只經過短短10天便發生一連串過程。從②發生在⑦前夕這點來看，或許嫪毐之亂的時間其實早於冠禮？

司馬遷可能改動事件順序？

以如此大規模的事件來說，整個過程的進展實在太快了。司馬遷有可能是依自己的解讀，認為叛亂事件是配合加冠禮而發生，於是調動了②的發生順序。

意圖先發制人的嫪毐與其黨羽最終下場淒慘

嫪毐偽造秦王與趙太后的印璽，派兵攻打秦王趙正，昌平君與昌文君立即鎮壓。嫪毐企圖逃亡，卻馬上遭到擒獲。嫪毐被送回秦國，被予以車裂之刑。車裂之刑是一種酷刑。罪人的四肢會被綁在馬車上，由馬引車前進以撕裂其身體。罪人的身體會被肢解成左臂、右臂、身體、左腳、右腳五個部分。人類的身體無法輕易解體，罪人的肉體會慢慢地撕裂、剝落，過程相當於拷問。從罪罰的輕重程度可想而知，嫪毐引發了非常嚴重的事件。而這時秦王趙正已開始親政，或許他也希望藉此向旁人展示自己的力量。

受到處分的可不只嫪毐一人，他與趙太后的兒子自然也遭殃。趙正將嫪毐的孩子裝進麻布袋裡，他們遭到拳打腳踢直至死亡。雖然不及車裂之刑，但處刑過程也相當殘忍。

寵愛嫪毐的趙太后當然也逃不過罪罰，不過畢竟是秦王的母親，所以只遭到囚禁。趙正下達「任何人不得為太后求情，違者杖責處死」的命令，多位進諫者接連遭到處刑。

然而，其中有一位進諫者成功地動搖了秦王趙正的心。正在等待處刑的齊國食客茅焦斥責秦王：「秦王的憤怒奪去了假父的性命，而且還撲殺孩子、幽禁自己的母親，做了暴君的行為。在秦國邁向天下之路時，做出這種事恐怕會導致秦國滅亡。」秦王聽了此番話，重新想了想，決定撤回命令，並且釋放遭捕人士。秦王停止囚禁趙太后，讓其返回秦國。但是，趙太后的名字並未出現在後來的史料中，因此她最後的經歷依然不詳。

嫪毐與兩個兒子遭處刑，趙太后被幽禁

趙太后

被嫪毐巨大又堅挺的陽具所俘虜，與嫪毐生下兩個孩子。十分寵愛嫪毐，授與嫪毐權力。

■嫪毐戰敗後的下場

逃亡的嫪毐被生擒處刑

車裂是將罪人的四肢綁在馬車上，由馬引車前進撕裂身體。罪人的身體會被肢解成左臂、右臂、身體、左腳、右腳五個部分。然而，人類的身體並非輕易就能解體，可想見罪人將長時間經歷難以想像的痛楚。

車裂之刑

嫪毐之子亦遭處刑

嫪毐的孩子雙雙被裝進麻布袋，隔著布袋反覆對他們拳打腳踢直到死亡。行刑過程中，孩子可能會做出護頭等抵抗的動作，可以想像需要經過一段時間才會死亡。

幽禁趙太后

雖然趙太后的情夫遭車裂之刑、孩子被殺，但她畢竟是秦王的母親，所以只遭到囚禁。與此同時，秦王下達了一條與趙太后有關的命令。

趙正擔心失去權威……

下令「任何人不得為太后求情！」

■客卿茅焦的建言

「秦王因憤怒奪去假父的性命，而且還撲殺其子、幽禁自己的母親，凡為太后求情者皆被處死，這些都是暴君的行徑，有損秦王名聲。在秦國邁向天下之路時，做出這些事恐怕會導致秦國滅亡。」

客卿茅焦為趙太后求情而成為處刑對象，他對趙正提出批判。秦王趙正聽了之後，為自己的言行感到羞愧，於是釋放進諫之人並款待茅焦。

秦始皇冷知識

趙太后未被問罪？

西漢初期的張家山漢簡當中，有一枚稱作《奏讞書》的竹簡書。其中記載一名女子於丈夫去世的服喪期間，在棺木前與其他男人私通。當時秦國有這麼一條法規，凡是犯下私通等違背倫常者都要處以斬首，行刑後還會將人頭曝曬於市場示眾。但是，文中這名女子卻沒有受到處罰。也就是說，秦莊襄王死後，與他人有不倫關係的趙太后並未被問罪。

呂不韋失勢

・罷免職務並下令謫居
・呂不韋無視禁令，趙正下令流放蜀地
・呂不韋遭放逐而放棄一切，飲酖自殺

嫪毒之亂牽連呂不韋，卻僅遭免職與幽禁懲處

嫪毒為了自保而發動叛變，最後卻遭到秦王趙正鎮壓，自己與兩個兒子都遭受嚴刑處分。而將嫪毒送進後宮的呂不韋當然在劫難逃，他也被視為連坐的處刑對象。或許，呂不韋自己也對這起事件感到十分震驚。嫪毒只是擁有異於常人的巨大陽具這麼一個優點罷了，竟然會得到和自己旗鼓相當的權力，呂不韋應該是做夢也沒想到。但由於史料記載的叛亂始末各不相同，我們無法看出呂不韋的真正想法。

雖然呂不韋被列為連坐懲處的對象，但他和僅靠過人陽具來攀權的嫪毒不同，呂不韋的功績可說是相當卓越。他扶持子楚從一介質子成為君王，更種下趙正成為秦王的契機。公元前二四九年，呂不韋輔佐秦昭襄王討伐還存續的周朝王室，滅東周，設三川郡。年幼的秦王即位後，他攻陷魏國二十至三十座城池，設置東郡。楚、趙、魏、韓、衛五國合縱攻秦時，他在幕成功擊退聯軍。撇開幫助子楚父子二人登上王位的私情不說，這番功績依然令人眼睛為之一亮。況且又有許多賓客辯士十分擁護能幹的呂不韋。

秦王趙正並未對呂不韋處刑，但他免除呂不韋的相邦職務並限制他的活動範圍。不僅如此，呂不韋在秦莊襄王時期受封的十萬戶封地，以及文信侯爵位也未遭沒收，最終被派回離故鄉較近的河南封地。學者推測此舉是秦王對呂不韋的手下留情。

呂不韋對秦國貢獻深遠

呂不韋
因嫪毐之亂失勢。雖然根據連坐法，呂不韋同樣需要被處刑，但他立功甚多，因此僅被免除官職，謫居封地。

■呂不韋的功績

將子楚父子推上秦王寶座

即便一切全是出於謀求官職的私慾，但呂不韋確實資助子楚，協助他成為秦王。而且子楚成為秦莊襄王後，趙正成為太子，趙正才得以和母親逃出與秦敵對的趙國。

併吞周室

公元前249年殲滅周朝王室。滅東周國、設三川郡。此功績讓呂不韋受封河南與洛陽十萬戶封地。

伐魏，設立東郡

公元前242年，呂不韋派蒙驁攻打魏國，攻陷魏國的山陽、長平等20～30座城池，設立東郡。

蕞之戰

東郡設立後隔年，楚、趙、魏、韓、衛五國合縱攻打秦國。秦軍在蕞迎戰聯軍，成功地擊退聯軍。

客卿辯士擁護

待在秦國的許多客卿辯士十分讚賞能幹的呂不韋。秦王趙正更加確信呂不韋功績豐碩，而且十分有才幹。

■呂不韋的連坐懲處

免除相邦職務（剝奪權力）

權力
好處
剝奪！

放逐至其領地（限制行動）

禁止外出！

■呂不韋被放逐至此

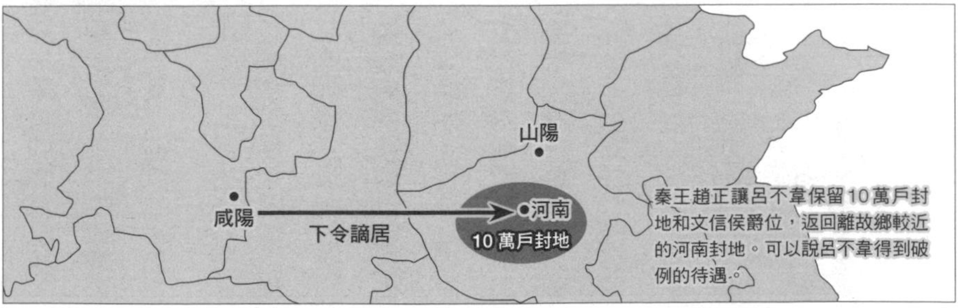
山陽
咸陽
下令謫居
河南
10萬戶封地
秦王趙正讓呂不韋保留10萬戶封地和文信侯爵位，返回離故鄉較近的河南封地。可以說呂不韋得到破例的待遇。

各國賓客使者絡繹不絕，呂不韋最後招致何種下場？

呂不韋雖然是處刑對象，卻因豐碩的功績而僅遭罷免與流放至封地。秦莊襄王授與的十萬戶封地及文信侯爵位並未遭沒收，他被派到離自己的故鄉很近的河南封地。呂不韋接下來只要謹慎度日，便能安然度過餘生。

然而，這段期間卻發生了問題。呂不韋和戰國四公子一樣在各國名聲顯赫，受到處罰後仍有許多賓客造訪。他被限制自由的期間，不僅不拒絕賓客的來訪，甚至還款待賓客。秦王得知消息後震怒。

公元前二三五年，秦王趙正向不斷款待賓客的呂不韋賜下一封敕書：「你與秦王家有何干係而被稱作仲父？我命你與你的家人遷往蜀地！」（君何親於秦？號稱仲父。其與家屬徙處蜀！）將呂不韋流放。當時的蜀地是蠻族居住的地方，屬於未開化的蠻荒之地，十分危險。呂不韋想著，到了蜀地之後不曉得會遭遇什麼樣的不幸，於是他在被送往蜀地之前飲酖（加有鴆鳥劇毒羽毛的毒酒）自盡。

就這樣，威脅秦王親政的王弟成蟜、母親的情夫嫪毒，以及相邦兼仲父的呂不韋都遭排除，秦國終於迎來由秦王趙正主導的時代。秦國藉由商鞅變法加強秦王的權力，塑造出君主專制的國家體制，完成以秦王為金字塔頂端的獨裁政體。在歷代秦王與臣下的努力之下，秦國領土年年擴大，周邊諸侯國日漸衰弱，秦王趙正統一天下的前期準備可說是近乎完善。自秦王趙正親政開始，秦國勢力迅速擴張。公元前二三〇年以滅韓為開端，前二二八年滅趙，前二二五年滅魏，前二二三年滅楚，前二二二年滅燕，前二二一年滅齊，完成中國史上第一次的大一統霸業。此後，秦王趙正改稱為始皇帝，秦國更加繁榮。

呂不韋無視謫居限令而遭流放

■呂不韋是怎麼死的？

① 呂不韋被限制不得擅自外出，卻持續有諸侯、賓客登門造訪。

② 得知呂不韋仍持續與外界往來後，秦王趙正震怒。秦王趙正下賜一封敕書給呂不韋，將其流放至蜀地。

書簡內容

「你與秦王家有何關而被稱作仲父？我命你與你的家人遷往蜀地！」

③ 當時的蜀地是蠻族居住的地方，屬於未開化的蠻荒之地，十分危險。

④ 呂不韋在被送往蜀地之前，飲酖自盡。

酖：鴆鳥的羽毛有劇毒，酖便是一種加入這種鴆鳥羽毛的毒酒。

秦始皇整頓國家體制

■君主專制體制完備

掃蕩內憂

為了完成中國天下大一統，首先必須解決秦國內部的問題。秦王趙正成功除掉王弟成蟜、母親的情夫嫪毐，以及相邦兼仲父的呂不韋，終於迎來由秦王主導的時代。

君主擁有絕對權力的國家體制

秦國自此完成以秦王為金字塔頂端的專制體制。一直掌握國家權力的呂不韋不再攪局，秦王趙正開始親政。歷代秦王與臣下協力共謀，領土年年擴大，周邊諸侯國變衰弱。

秦王趙正

13歲即位，經過8年終於迎來22歲，開始親政。親政後立即掃蕩內憂，扎穩基礎。

逐客令與鄭國

・雖知鄭國為間諜，卻依舊命他興建水渠
・外國人士引發事端，支持逐客令的聲浪日益高漲
・李斯說服秦王，阻止逐客令

驅逐各國客卿的逐客令，嚴重動搖秦國的實力根基

秦國順利地持續擴大領土，韓國為此十分憂慮，於是派技術師鄭國前往秦國。韓國打算讓鄭國在秦國展開大規模土木工程，以此消耗秦國的國力。公元前二四六年，也就是秦王即位隔年，事情一如韓國的預期，秦國開始進行水利工程。同一時期，秦王自己的陵墓興建工程也開始了。

鄭國順利地興建水利工程，但卻被發現他是韓國派來的間諜。秦王打算將他處刑，但鄭國在表明自己的身分後，說服秦王：「水渠修成以後，秦國的土壤會更加豐饒。」最後保住一命，出色地完成了水渠。正如他所說的，水渠使荒地變成富饒的農地，農產量大為提高。這道水渠便以鄭國命名，稱為「鄭國渠」。

據《史記・李斯列傳》記載，秦國因為鄭國的事件而在公元前二三七年下逐客令，驅趕外國人。呂不韋等人擁有眾多賓客食客，秦王趙正認為他們的權勢會超越自己，下令搜查聚集在他們門下的食客，並且驅趕外國人。就在這時，原是呂不韋門下舍人的李斯，為秦王趙正獻上《諫逐客書》，說明表現活躍的外來賓客為秦國立下功績的大量事實。秦王趙正讀完後，再次了解到外國賓客曾如何幫助秦國進步，於是便下令撤除逐客令。根據《史記・秦始皇本紀》記載，逐客令的頒布時間為嫪毐之亂的隔年，因此有些學者認為逐客令是針對嫪毐之亂而訂。

間諜鄭國，反而使秦國得利

■鄭國事件的發生經緯

韓國擔心秦國持續擴張勢力，派水利技術師鄭國前往秦國。

韓國策劃鄭國於秦國展開大規模的土木工程，藉此消耗秦國的國力。

鄭國的身分是間諜。

即將遭處刑的鄭國說服秦王：「水渠修成以後，秦國的土壤會更加豐沛。」

經過十多年，水渠終於完成。

水渠使大片荒地變成豐沛的農地。

這條水渠被稱為「鄭國渠」。

■當時的間諜

死間
做好送死的覺悟，將假情報帶進敵國。

生間
嚴守祕密生存，將敵國情報帶回本國。

因間
利用敵國的人民，藉以獲取情報。

內間
利用敵國官吏以獲取情報。

反間
利用敵國間諜以獲得情報。

逐客令與李斯的諫言

■關於逐客令

對外國人的不滿加劇

嫪毒之亂的隔年，秦王趙正認為呂不韋、嫪毒等人的權勢會超越自己，於是頒布逐客令，驅趕所有他國客卿。秦王調查登門拜訪呂不韋等人的食客，打算同樣驅逐這些外來人。

撤除逐客令

李斯原是呂不韋門下的舍人，自然也被列為驅逐對象。李斯向秦王趙正獻上〈諫逐客書〉，說明秦國至今因任用各地人才而國勢漸盛。秦王趙正被這番說詞打動，便撤除了逐客令。

李斯

李斯與韓非一起在荀子門下求學，之後離開楚國，成為呂不韋門下舍人。說服秦王趙正廢除逐客令。

逐客令與鄭國

第3章 秦王的對外戰爭

插畫：王翦（aohato）

插畫：李信（桑乃あやせ）

秦王的得力助手

・秦國開始侵略6國
・秦國以驚人速度一統中國
・多位賢臣助秦國實現霸業

秦王確立專制體制，朝天下大一統目標進擊

除掉內憂呂不韋等權臣之後，秦王正式開始侵略其他六國。

秦國在趙正成為秦王以前，就已經是首屈一指的強國。尤其是趙正的曾祖父秦昭襄王打贏趙、楚等大國，為秦國貢獻良多，使國家更加強盛。秦國擴大版圖，於戰國時期形成秦國對抗其他六國的情勢。如此一看，或許秦王趙正之所以能夠完成天下統一，也只是延續了秦昭襄王留下的偉業而已。

但是，即便有前人留下的功勞，還是不得不說，秦王趙正時期秦國對他國的進攻策略實在令人驚豔。秦王政十年（前二三七年）趙正確立了專制的國家體制，從這時開始直到滅掉其餘六國，僅花了十六年的時間。趙正集結了必要的人才以完成統一霸業，建立大秦帝國。能夠如此迅速地實現天下大一統，實在不是一般人能做得到的。

協助秦王趙正完成霸業的傑出文武官，有李斯、王翦、桓齮、王賁、李信等人。尤其是武官表現特別亮眼，他們在秦王政十七年（前二三〇年）滅韓，以此為開端接連征服其他國家。

本章首先要介紹在進攻六國方面有所貢獻的人物。他們都是我們在《王者天下》中相當熟悉的人物，那麼在史實當中他們又有哪些表現呢？就讓我們來看看，史書《史記》如何描述這些人物吧。

天下統一之際，秦王的周圍要角

■人物關係圖

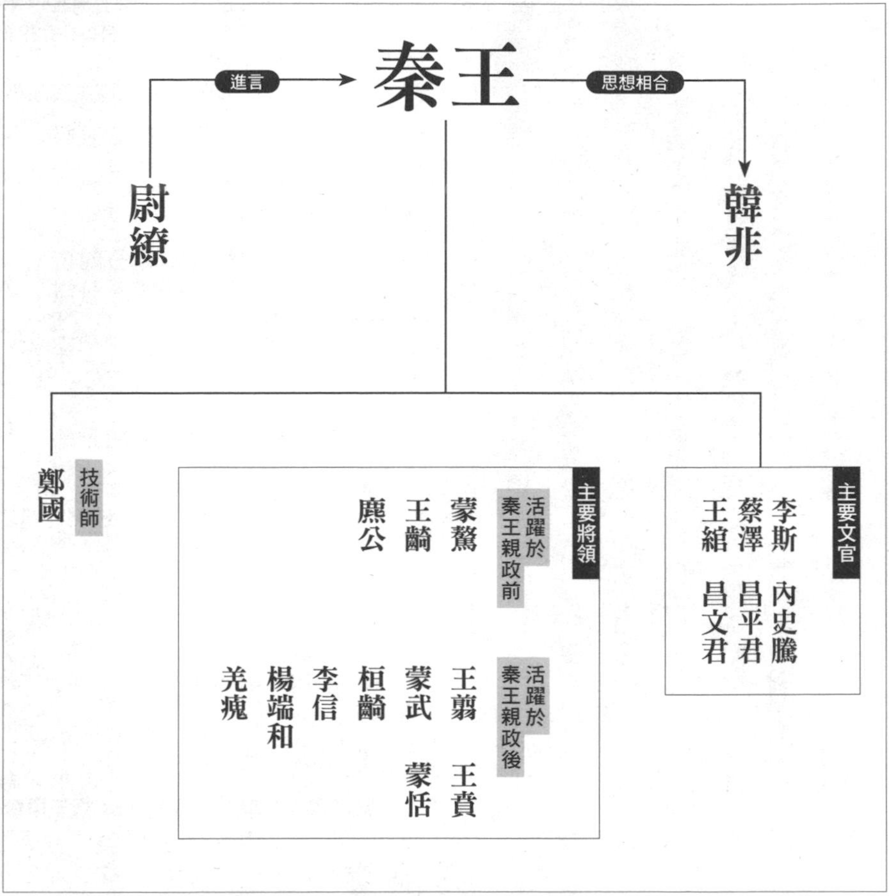
秦王
進言
思想相合
尉繚
韓非
鄭國
技術師
主要將領
活躍於秦王親政前
蒙驁
王齮
麃公
活躍於秦王親政後
王翦
蒙武
桓齮
李信
楊端和
羌瘣
王賁
蒙恬
主要文官
李斯
蔡澤
王綰
內史騰
昌平君
昌文君

眾多有才能的文官武將輔佐秦王完成霸業。趙正採用這些人才的手段實在高明。

秦始皇冷知識

趙齊使者出訪秦國

秦王政10年（前237年），秦王趙正已掌握實權，齊國與趙國使者造訪秦國。《史記・秦始皇本紀》記載了秦王被齊國茅焦說服，收回命令讓王太后回到咸陽一事。而《史記・田敬仲完世家》則記載，齊王建在這時造訪秦國，拜會秦王。《王者天下》為配合此段史實描述，展開一段戲劇化的劇情——秦王在咸陽迎接齊王與趙國李牧。

秦王的得力助手① 李斯

・秦始皇的智囊
・優秀的文章，成功說服秦王撤除逐客令
・主導秦國的大一統事業

輔佐秦王完成統一霸業，野心勃勃、師從荀子的當世俊才

秦王趙正開始親政後，李斯成為他的智囊。他曾和韓非師從荀子，韓非即是以著作《韓非子》而廣為人知的思想家。

希望在秦國發展的李斯得到呂不韋的賞識，被拔擢為「郎官」（君王身旁的侍從）。秦國內部鼓譟驅逐外國人時（逐客令），李斯向趙正進言，闡釋任用外國人才的意義，成功使秦王決定撤除逐客令。李斯獻上的〈諫逐客書〉因文筆優美而聞名，此文被收錄於歷代優秀詩文總集的《昭明文選》。得到秦王信賴的李斯晉升為最高司法官「廷尉」職務。當韓非代表韓國出使秦國時，李斯提出不應該讓韓非回國的進言。後來，李斯送毒藥給牢房中的韓非，逼他自盡。

秦始皇二十六年（前二二一年），秦王滅六國後，自稱秦始皇，丞相李斯主導秦國的統一大業。他提出各式各樣的建議，主張改行郡縣制，以及由上而下徹底執行法律、統一文字等。這些政策成為秦國推行專制體制的原動力。

身為秦始皇第一功臣的李斯，卻與趙高合謀計劃讓秦始皇最小的兒子胡亥繼任。李斯以為胡亥即位後，自己依然能保有丞相的地位。然而，趙高在胡亥即位後掌握實權，並且除掉李斯。趙高給李斯冠上謀反的罪狀，判處死刑。李斯雖然替秦始皇完成偉大志業，最後的下場卻相當淒慘。

李斯在秦國獲得拔擢以前的人生

■老鼠的人生啟示，讓李斯決心出人頭地

廁所之鼠
李斯還只是小吏時，看到官府廁所中的老鼠吃著髒東西，每逢有人或狗走來時，就受驚逃跑。

糧倉之鼠
李斯又在官府的糧倉裡看到老鼠吃著囤積的粟米，不用擔心人或狗驚擾，悠哉地過活。

「人之賢不肖譬如鼠矣，在所自處耳！」
明明都是老鼠，處境卻如此大不相同，李斯就慨然嘆息道：「一個人有沒有智慧，就如同老鼠一樣，取決於他所處的環境！」

一念之間決定拜荀子為師
當時只是一介小吏的李斯決定改變環境，向有名的思想家荀子學習帝王治理天下的學問。後來，他認為六國似乎不足以讓他建功立業，於是便決定前往獨強的秦國。

得到呂不韋的認可
更贏得秦王的信任

李斯
楚國上蔡人，師從荀子，在秦國任官。能力獲得秦始皇的認可，擔任秦國的丞相，負責執掌統一霸業。

■李斯的重要獻策

撤回逐客令（→68頁）
嫪毐之亂造成秦國國內許多人認為應該頒布「逐客令」，驅逐外國人。李斯向秦王趙正說明「秦國今日的隆盛正是因為重用外國人才」的道理，秦王也同意撤下逐客令。

侵略韓國（→108頁）
秦王撤除逐客令後，李斯隨後建議對外戰略「應該先攻下韓國，威嚇其他國家」。趙正採納李斯的建議，命他主掌進攻韓國之事。

推行郡縣制（→142頁）
丞相王綰進言，應依循舊制分封諸公子為王，李斯反對並主張徹底執行郡縣制。秦始皇聽從李斯的建議，將天下劃分為36郡，每郡設置郡守、郡尉、監御史，分別掌管郡的行政、軍事、監察職務。

焚燒詩書、百家語（焚書）（→176頁）
齊國學者淳于越主張恢復古代的封建制，由公族或功臣協助以拱衛君王。但李斯極力反對封建制。他認為以古非今的制度容易迷惑人民，應該焚燒所有《詩經》、《書經》及諸子百家之書。

蔡澤與尉繚

・老臣蔡澤，從秦昭襄王在位時便效命秦國
・尉繚向秦王獻策，卻無法信任秦王
・奠定後世對秦始皇的印象

輔佐年輕秦王的智者，與獻上統一之策的兵法家

年輕的秦王開始親政後，先後得到老臣蔡澤和初入秦國的尉繚在旁輔佐。

出身於燕國的蔡澤是一名遊說家。能言善道的蔡澤散布謠言：「蔡澤是世上少見的智謀之士，他應該會取代范雎。」接著便和宰相范雎會面。他告訴范雎，像商鞅或吳起如此忠誠為國家效命的能人，最終的下場卻十分淒慘，藉此勸范雎在全盛時期引退。接著，蔡澤請范雎推薦自己繼任宰相的職位。

蔡澤繼任後，先後輔佐過秦昭襄王、秦孝文王及秦莊襄王，並且在秦王趙正時期為秦國出使燕國，效命於秦國相當長的一段時間。雖然蔡澤最後的經歷不可考，但或許就如《王者天下》描述的一樣，他最後年老善終了。

尉繚出身於魏國大梁，他在秦王政十年（前二三七年）造訪秦國。與秦王趙正會面後，他建議賄賂諸侯國的重臣以擾亂對手，防止六國合縱（結盟）攻秦。秦王採納尉繚的進言並對他十分禮遇，但尉繚卻打算離開秦國。左頁介紹了當時尉繚說的一段話，這也奠定了秦始皇在後世的形象。

尉繚無法信任秦王，但卻還是被秦王留下來，成為國尉（軍事長官）。《史記》中，還有一段關於「李斯依照尉繚的計策來執行國策」的記載。不過，自此之後我們便無從得知關於他的消息。

新任宰相——能言善辯的蔡澤

■蔡澤的出人頭地之路

一 向范雎展示才幹

蔡澤前往秦國後，首先散布謠言：「燕國的蔡澤是天下首屈一指的智謀之士。如果他謁見了秦王，應會取代范雎的宰相之位。」引起范雎的注意。

二 向范雎解釋出處進退的重要

蔡澤以秦國商鞅、楚國吳起，以及被范雎陷害的白起等人為例，說明這些立下功績的大人物，皆因無法抽身而遭遇不幸，藉此勸范雎引退。

三 范雎推薦李斯成為宰相

決心引退的范雎，向秦昭襄王推薦蔡澤繼任宰相職位。秦昭襄王任用蔡澤後，聽取他的建議，因而拿下西周國領土（西周滅亡）。

四 功成身退

蔡澤當了幾個月的丞相後，果然有人進讒言。他為了遠離禍端，於是以生病為由讓出宰相之位。但他後來還是持續為秦國效命。

■蔡澤與相關人物

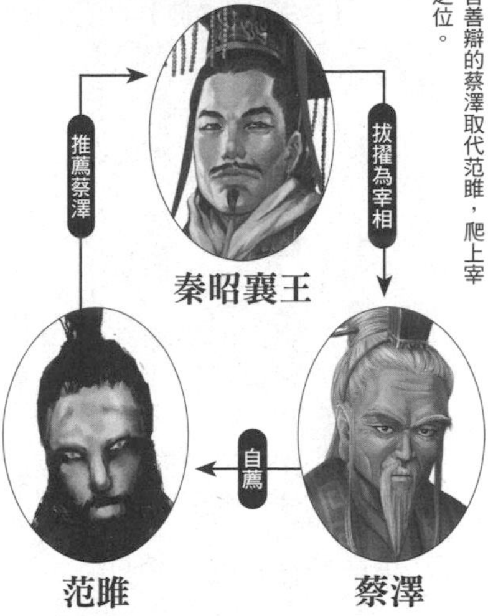

能言善辯的蔡澤取代范雎，爬上宰相之位。

尉繚的評價，成為後世對秦始皇的定論

■尉繚對於秦始皇的評價

「秦王為人，蜂準，長目，摯鳥膺，豺聲，少恩而虎狼心，居約易出人下，得志亦輕食人。我布衣，然見我常身自下我。誠使秦王得志於天下，天下皆為虜矣。不可與久游。」

引自《史記‧秦始皇本紀》

現代語譯

「關於秦王這個人，他鼻梁高，眼睛細長，擁有鷙鳥般的胸膛，聲音如豺狼般嘶啞，刻薄寡恩，心如虎狼。窮困時容易謙卑下人，得志時態度大變，好像要將人吞噬掉般。我是個平民百姓（無官職），然而接見我時，卻經常謙恭待我。如果秦王得志於天下，天下人都會成為他的俘虜，他並非能夠長久相處之人。」

■秦始皇畫像（三才圖會）

明代秦始皇畫像。由於暴君形象根植人心，導致畫像與真實面貌差距極大。

一般公認兵法書《尉繚子》的作者是尉繚，對於自己曾效命過的秦始皇，他留下這麼一段評語。不過，由於書中還出現早於秦始皇在位期間百年以上的人物對話，因此《尉繚子》作者並非尉繚的說法應更具說服力。

秦王的得力助手③ 韓非

・著《韓非子》一書，主張嚴格的法治主義
・法治思想深深影響秦王趙正
・韓非落入李斯的陷阱，自盡身亡

主張嚴峻法的法治主義，確立秦國的治國方針

秦始皇相當注重法治，是因為《韓非子》對他帶來深遠的影響。韓非是韓國公子，他曾與李斯一起向以性惡說而聞名的儒家學者荀子學習。在荀子門下求學時，李斯便已自知自己的能力不及韓非。

韓國在當時是戰國七雄之中最弱的諸侯國，在秦國進攻之前，韓國已是風中殘燭。韓非十分擔憂韓國面臨的危機，於是向韓王進言，然而韓王卻不為所動。他認為若要治理國家，必須訂定明確的法律並用權力來掌控臣下，而且必須召集人才以達到富國強兵的目的。他將自己的思想彙整於〈孤憤〉、〈五蠹〉、〈說難〉等篇章，完成了《韓非子》一書。這些文章說明了嚴格的法律及信賞必罰的重要性，直接否定了儒家的德治主義。

韓非的文章吸引了秦王趙正的目光。根據《史記》描述，秦王看了深受打動地說：「寡人假如能見到這個作者，便死而無憾。」秦王為了得到韓非，急於攻打韓國。

韓王安派韓非出使秦國，李斯深知韓非才能非凡，擔心自己的地位會被取代，於是便向秦王進言：「韓非是韓國貴族子弟。即便受到任用，到頭來還是不會幫助秦國，應該趁現在處死他才是。」秦王趙正接受李斯的說法，下令將韓非關進牢房。韓非請求向秦王陳述是非卻無望，最後喝下李斯給的毒藥而死。

韓非中心思想——法、術、勢

荀子

戰國時期的儒家學者與思想家。提出人本性為惡的性惡說，影響法家思想。

韓非認為「法、術、勢」是治理國家的必要方針。這三個概念是韓非思想的重點，以下介紹此三大概念的意義。

▼韓非在《韓非子》書中的理論

法　以文字清楚明言，宮府持有並公布於民

韓非主張法律是人民必須遵守絕對且唯一的標準，應該以文字清楚著書，並且公布給人民。也就是說，法律應該公諸於世，愈公開愈好。

術　藏於胸中，考核眾多事項，隱密地控制群臣

所謂的術，是指運用法條隱密地控制臣子之術。韓非認為君王應將「術」藏於胸中，不能公開出來。

勢　以法術治國時所需的能力，不論君王賢明或昏庸，權勢都不可被左右

「勢」代表君王統治國家所需要的權勢、權限等力量。沒有權勢便無法使「法」與「術」發揮效用。當一個沒有法與術的昏庸君王施展權力，天下將會大亂。

韓非的寓言故事

出自《韓非子》的典故

自相矛盾

一名販售矛和盾的男子，誇耀他的盾最堅固，任何東西都戳不破；又誇他的矛最銳利，什麼東西都能刺進去。旁邊有一人詢問，若拿他的矛來刺他的盾結果會如何，他卻回答不出來。寓意在於否定儒家所讚揚的堯舜聖人之治。

逆鱗

比喻激怒上位者。龍雖然是具有神性的傳說神獸，但牠們的下顎下方長有逆鱗，一旦有人碰到逆鱗，龍會忿而殺死對方。韓非用以勸戒臣子，進言時應該避開君王的「逆鱗」。

群蟻潰堤

龐大的堤防也會因為螻蟻挖的小洞而潰決；在又大又長的房子裡，煙霧只要從一個小縫隙裡竄出，就有可能燒掉整個房子。比喻細小的過失或疏忽會釀成大災禍，警惕人們應該在事情還不嚴重時加以處理。

韓非

天生口吃，雖不善辯論但文筆犀利流暢，經常以文章闡述意見。

秦王的得力助手④ 李信

・年輕氣盛的將軍，攻打楚國時被任用為主將
・雖犯過大錯，但後來亦參與滅燕、齊之戰
・為西漢飛將軍李廣的五世祖

李信、王賁、蒙恬 同為下一代的秦軍核心人物

李信作為《王者天下》主角「信」的原型人物，而在日本爆紅。根據《史記》記載，秦軍滅趙後，準備攻打燕國之際，李信的名字第一次出現。《史記・李將軍列傳》中提到，李信因俘虜太子丹（荊軻刺秦事件的主謀）而立下軍功。根據《史記・刺客列傳》記載，燕王喜打算交出太子丹的首級以維持和平，但李信還是奮力追擊燕王與太子丹，確實是一名勇猛果敢的武將。

秦王趙正似乎很欣賞血氣方剛的李信，因此任命李信擔任討伐楚國的主將。當秦王問李信需要多少兵馬攻楚時，李信誇口「只需二十萬」。李信隨後與蒙恬一同征伐楚國，雖然擊敗眾多楚軍，但卻在城父遭楚軍突襲，最後大敗。後來改由名將王翦擔任主將，率領六十萬兵力進攻楚國，成功俘虜楚王負芻，楚國經此一役後滅亡。

犯下大錯的李信令秦王十分憤怒，不過秦王似乎很快便原諒了他。後來，李信與王賁、蒙恬等人一起討伐燕國、齊國。秦國統一天下後，史書中便不再出現李信的事蹟記載，他的命運如何，我們不得而知。不過，西漢時與匈奴交戰的名將李廣與其孫李陵，正是李信的後代。秦始皇死後天下陷入混亂，而李信的血統確能夠在這樣的亂世中存續下來。或許，李信確實和《王者天下》的主角信一樣是個堅忍不拔的人。

進攻楚國失敗後仍受到重用

李信

根據《史記．李將軍列傳》，李廣的祖先是秦代將軍李信。

■史記認證的李信戰績

①秦王政21年（前226年）	王翦與王賁進攻燕國，燕王逃向遼東，李信領兵追擊燕王
②秦王政22年（前225年）	攻打楚國，楚國大敗
③秦王政25年（前222年）	與王賁進攻燕國、討伐代王，俘虜燕王喜
④秦王政26年（前221年）	同王賁與蒙恬攻打齊國

■李信參與戰役足跡圖（對照上方編號）

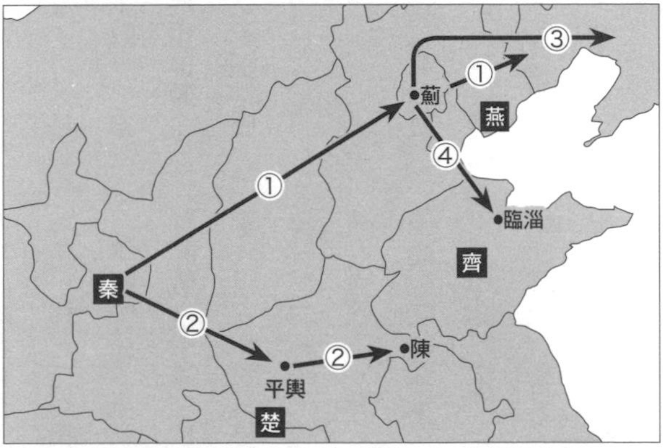

可能是因為李信在伐楚之戰中不適任大將之位，後來進攻燕齊時，變成王賁擔任主將。

秦始皇冷知識

李信的後代於後世青史留名

李廣被認為是李信的後代，他是西漢時期的武將，曾在匈奴戰役中大顯身手。匈奴士兵不僅擅長使用弓箭，亦善於用兵，但他們卻十分懼怕李廣，稱他為「飛將軍」。李廣的孫子李陵也是一名優秀的猛將，他曾與匈奴展開殊死戰。

▼李信的族譜

李信
⋮
李廣
├ 李敢
│ ├ 女兒（嫁劉據）
│ └ 李禹
├ 李椒
└ 李當戶
  └ 李陵

武帝
│
劉據＝女兒

李廣的孫女成為漢武帝之子的側室。

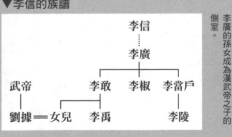

秦王的得力助手⑤ 王翦、王賁

・助秦國統一天下的最大功臣
・父子攜手滅5國
・王賁之子王離，亦為秦國盡忠職守

鬥將才虎父無犬子 為秦國統一天下志業貢獻深遠

在秦國進攻六國的過程中，王翦與王賁父子二人是最活躍的人物。王翦第一次登場，是在秦王政十一年（前二三六年）秦國進攻趙國之際，當時他和桓齮、楊端和等人一同攻打趙國的鄴。王翦在平定趙國的戰役中提升戰功，且在秦王政二十一年（前二二六年）進攻燕國時，攻陷燕國首都薊城，立下戰功。

後來，王翦以年老為由辭去將軍職位，後來又於討伐楚國的作戰中再次接受任命。副將蒙武等人攻破楚國項燕，並且俘虜了楚王負芻。當時還有一段逸事，王翦堅持要秦王賜給他肥沃的田地與宅邸，他之所以展現出此種態度，是為避免秦王懷疑他擁兵自立。《王者天下》中的王翦被描繪成一名戴著面具的神祕人物，兩者互相比較一看，王翦似乎真的和漫畫裡的設定一樣，是個擅長施策的智將。

王翦的兒子王賁是一名智勇兼備的武將，在討伐魏國的戰役中首次擔當主將，運用水攻之計攻打魏國首都大梁。王賁滅掉魏國，立下軍功後便擔任侵攻燕國與齊國的主將。這對父子替秦討伐五國，可說是立下過人的戰功。天下統一後，王賁獲封為通武侯，其子王離則受封武城侯，可見他們一家相當受到禮遇。

王離亦對秦國盡忠職守，秦始皇死後，他與章邯等人一同與反秦勢力戰鬥。雖然他鎮壓陳勝吳廣之亂，但最後卻因敗給項羽的部下英布而遭到俘虜。

出類拔萃的虎將父子——王翦與王賁

王翦
不僅在多場戰役中取勝，亦懂得迴避秦王趙正的疑心，善於保全自己。

■史記認證的王翦戰績

①秦王政11年（前236年）	與桓齮、楊端等人攻陷趙國鄴等地
②秦王政18年（前229年）	與楊瑞和等人攻打趙國。攻陷井陘
③秦王政19年（前228年）	平定趙國。俘虜趙幽繆王，攻燕國時駐屯中山
④秦王政20年（前227年）	攻打燕國，攻破燕代聯軍
⑤秦王政21年（前226年）	和兒子王賁一起出兵，平定燕國首都薊
⑥秦王政23年（前224年）	攻打楚國。攻破楚國項燕
⑦秦王政24年（前223年）	攻陷楚國首都壽春，俘虜楚王負芻

■史記認證的王賁戰績

①秦王政21年（前226年）	和父親王翦一起攻打燕國
②秦王政22年（前225年）	運用水攻之計大破魏國首都大梁，魏王假投降
③秦王政25年（前222年）	攻打燕國遼東，擒拿燕王喜。接著攻取代王
④秦王政26年（前221年）	攻打齊國。齊王建投降

■王翦參與戰役足跡圖（請對照上表編號）

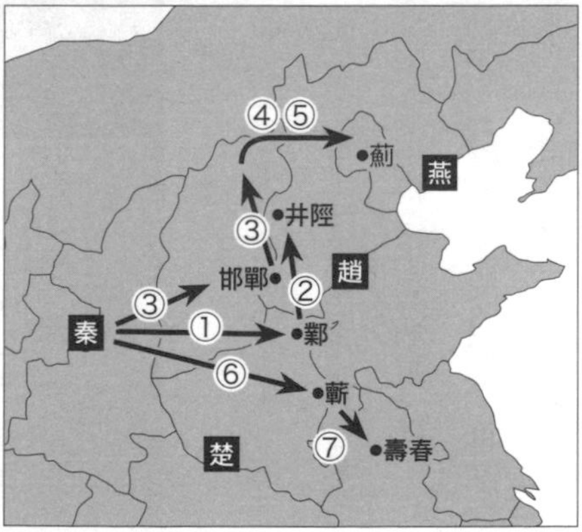

▼王賁參與戰役足跡圖（請對照上表編號）

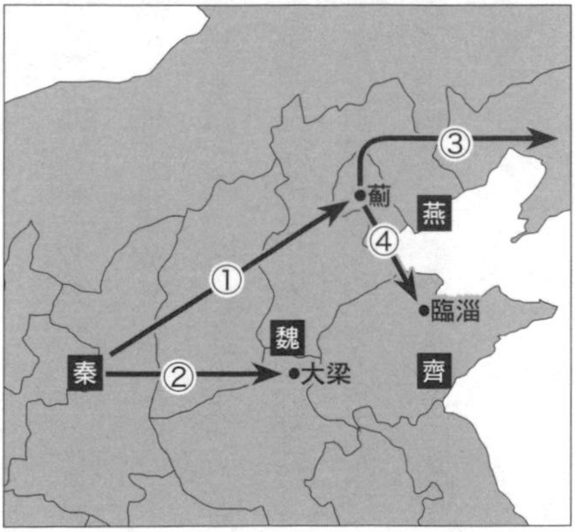

秦王的得力助手⑥ 蒙驁、蒙武

・戰功豐碩的老將蒙驁
・《史記》記載的蒙武，真實面貌不明
・父子三人皆名將，為秦效命

名將輩出的蒙氏一族，父子三人共同撐起秦國偉業

秦國統一中國天下的過程中，要說到不遜於王翦與王賁的人物，便是以蒙驁為首的蒙家。

蒙驁是秦國老將，自秦昭襄王在位以來始終效忠於秦，他在秦莊襄王元年（前二四九年）攻打韓國，成功攻下成皋和滎陽。隔年進攻趙國，拿下三十七座城池，屢屢立下戰功。雖然和信陵君率領的五國聯軍交戰失敗，但趙正即位後，他與麃公、王齮等人在對魏韓兩國戰役中擔任主力將軍，十分活躍。

秦王政五年（前二四二年）秦國與魏國爆發戰爭，平定山陽城等地，並首次在此設立東郡。緊接著，蒙驁在秦王政七年（前二四〇年）攻打龍、孤、慶都（地理位置皆不明）等地，但卻死於戰爭中。蒙驁的軍功卓越豐碩，可說是支撐年輕秦王的名將。

蒙驁的兒子蒙武也是一名協助秦王的將領，他在秦國對楚國的作戰中擔任王翦的副將。蒙武大顯身手，打敗楚國將軍項燕，成功地滅掉楚國。《史記》裡只有記載這一項戰功而已，雖然《王者天下》中的蒙武被描寫為勇敢的武將，但他的真實樣貌卻仍不明。

蒙武的兒子是蒙恬和蒙毅。雖然蒙恬在王賁攻打齊國時擔任將軍，不過被認為是因家世而得到的地位。秦國在統一中國天下之後和匈奴發生戰爭，蒙恬在戰役中擔任主將，表現十分優異（詳見第166頁），他協助秦國擴張版圖，貢獻良多。

蒙氏父子，為秦國立下赫赫戰功

■蒙驁與蒙武參與戰役足跡圖（請搭配下表編號）

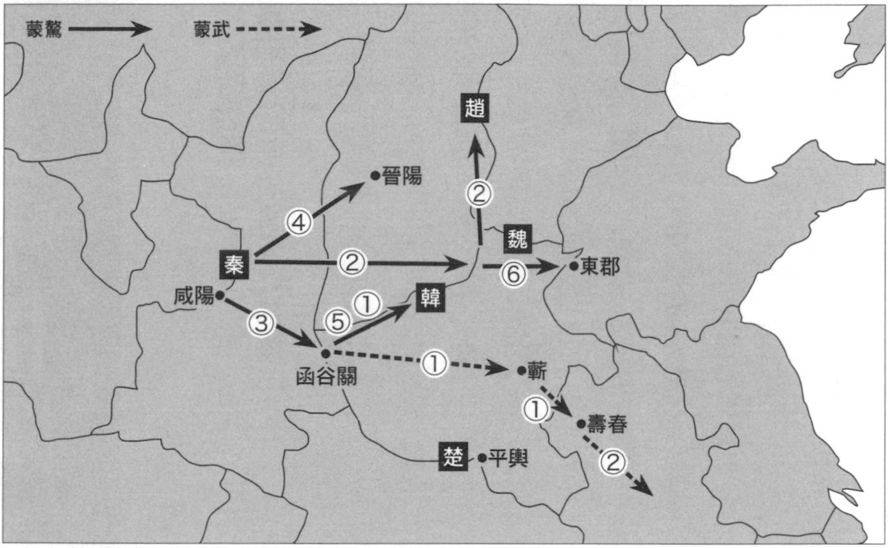

成語故事筆記本

夫為將三世者必敗

憑戰績榮升將軍者，家族事業傳到第三代必定衰敗。因為祖父和父親擔任將領，在戰場上殺人無數，到了第三代注定會遭遇不幸。這句話原本是用以評價王翦一家，但似乎也符合蒙家的情況。

■史記認證的蒙驁戰績

①莊襄王元年（前249年）	進攻韓國，奪取成皋與滎陽
②莊襄王2年（前248年）	攻打魏國的高都與汲縣，再進攻趙國的榆次、新城、狼孟，一共奪取37座城
③莊襄王3年（前247年）	敗於信陵君率領的五國聯軍
④秦王政元年（前246年）	平定晉陽的叛亂
⑤秦王政3年（前244年）	攻打韓國，奪下12座城池
⑥秦王政5年（前242年）	進攻魏國，攻陷酸棗、山陽等地，首次設立東郡

■史記認證的蒙武戰績

①秦王政23年（前224年）	王翦擔任副將，侵略楚國。攻破楚國項燕
②秦王政24年（前223年）	再次同王翦進攻楚國，俘虜楚王負芻

秦王的得力助手⑦

桓齮、昌平君

・兩人最後的經歷成謎
・桓齮可能是肩負下一代秦國軍事重任的要角
・昌平君是否背叛秦國？

秦王的股肱之臣，助秦國實踐前所未有之霸業

桓齮和昌平君兩人最後的結局眾說紛紜。

桓齮於秦王政十年（前二三七年）成為將軍，隔年和王翦、楊端和一同進攻趙國的鄴地。秦王政十三年（前二三四年），桓齮受命擔任進攻趙國的主將，他在戰役中擊敗敵將扈輒，表現相當活躍。

桓齮軍勢不可擋，隔年再次攻趙，卻遭李牧擊敗。此後《史記》不再有關於桓齮的記載，《戰國策》則記載桓齮戰死沙場。另有一說指出，桓齮後來流亡燕國，改名樊於期，但這個說法的真實性不明。

昌平君原是楚國王室成員，嫪毐發動政變時，他和昌文君一同鎮壓叛變。但後來似乎心不在秦，返回故土楚國。秦王政二十三年（前二二四年）楚國滅亡，昌平君和楚將項燕一同揭起反秦旗幟。

不過，這則事件只見於《史記・秦始皇本紀》。根據〈六國年表〉和〈楚世家〉等文獻的描述，楚國滅亡時間為秦王政二十四年（前二二三年）；出土史料睡虎地秦簡的〈編年紀〉中也有記載，和昌平君同為楚國人的昌文君，「死於二十三年楚國遭秦國攻擊之際」，這代表此時的楚國尚未滅亡。〈秦始皇本紀〉以外的文獻都顯示，秦王政二十三年楚國尚未滅亡，所以「未發生叛亂」一說的可信度較高。說不定「秦國滅亡後，項燕等人依然持續抵抗」的說法，是楚國遺民基於愛國情操所產生的傳說。

桓齮攻趙，立下戰功卻敗於李牧

■史記認證的桓齮戰績

①秦王政11年（前236年）	同王翦、楊端和等人進攻趙國鄴
②秦王政13年（前234年）	擔任主將攻打趙國平陽，斬殺扈輒
③秦王政14年（前233年）	再次攻打趙國，平定平陽與武城，接著進攻宜安，敗給李牧

■桓齮參與戰役足跡圖（請對照左方表格）

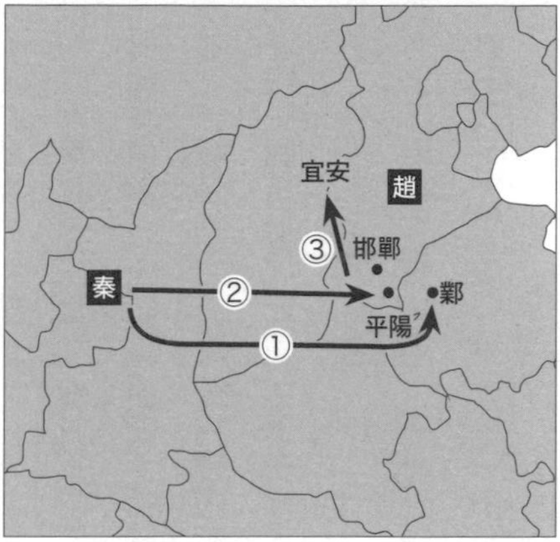

李牧

不敗名將，守住國勢日薄西山的趙國。曾兩度擊退秦軍，卻因郭開的讒言而遭誅殺。

昌平君是否曾發起叛亂？

楚國滅亡後，昌平君和項燕合作，昌平君成為楚王，對秦國發動叛變。但是從〈秦始皇本紀〉的敘述來看，「實際上並未發生判亂」的說法較具說服力。

項燕

楚國將軍，孫子項羽後來推翻秦朝。項燕敗給王翦率領的秦軍，據說他最後戰死於戰場，亦有自殺一說。

■史記關於楚國的最終描述

秦始皇本紀

王翦攻取陳以南至平輿一帶，俘虜楚王負芻。（中略）楚國將領項燕擁立昌平君為楚王，在淮南背叛秦國。秦王政24年，王翦與蒙武攻打楚國，擊潰楚軍。昌平君戰死。

楚世家

（負芻）4年（前224年），秦國將軍王翦在蘄擊潰楚軍，斬殺楚國將軍項燕。5年（前223年），秦國將軍王翦與蒙武攻陷楚國，俘虜楚王負芻，楚國遭滅，秦國在楚地設郡。

白起王翦列傳

楚將項燕被（秦軍所）殺，楚軍敗走。秦軍趁勝追擊，攻下楚國城邑。一年後楚王負芻遭俘虜，秦軍平定楚地，在楚地設立郡縣。

秦始皇冷知識

桓齮和樊於期是否為同一個人？

桓齮遭李牧擊敗，《史記》記載桓齮最後生死不明，因此後來出現一種說法──桓齮和荊軻刺秦王計畫中的樊於期是同一個人物。戰敗的桓齮害怕被問罪，於是流亡燕國，改名為樊於期。但目前並沒有更多證據足以證實此說法的真實性，而《戰國策》中記載的戰死一說應該更自然合理。

秦王的得力助手⑧

內史騰、楊端和、羌瘣

- 三人在對韓、魏、趙的戰役表現活躍
- 內史騰滅掉韓國
- 三人皆存有許多謎團

肩負滅韓魏趙三家重要戰役，表現卓越的三名武將

秦國對韓、魏、趙發動一連串的侵略作戰，使得內史騰、楊端和、羌瘣三名將領在歷史上留名。

內史騰在韓國侵略戰中表現活躍。「內史」為一種官名，所以他原本被認為是文官。秦王政十六年（前二三一年）韓國將南陽的土地獻給秦國，當時內史騰擔任代理南陽守一職，隔年，出任攻打韓國的主將，俘虜韓王安。內史騰是最早滅掉六國之一的人物，可說是替秦國立下不小的功績。

楊端和的名字出現在對趙作戰中。他在對趙戰役裡表現突出，秦王政十一年（前二三六年）和王翦、桓齮一起攻打趙國的鄴。秦王政十八年（前二二九年）擔任趙國首都邯鄲包圍戰的主力將領之一，後來《史記》便不再出現關於楊端和的描述，而《王者天下》中的山民女王設定當然是虛構的。

關於羌瘣的史料更少，唯一知道的只有他在秦王政十八年（前二二九年）時，負責侵略趙國之戰。還有隔年羌瘣和王翦平定趙國的土地，為了攻打燕國，駐屯中山。在這之後便不再出現他的相關紀錄，或許他並未留下太大的事蹟，也許他最後戰死於沙場。

這三個人物的謎團重重，不過這些謎團反而為我們留下想像空間，讓他們得以在《王者天下》中展現出鮮明的人物性格。

實現秦國統一偉業的貢獻者

■內史騰、楊端和、羌瘣參與戰役足跡圖（請對照下表）

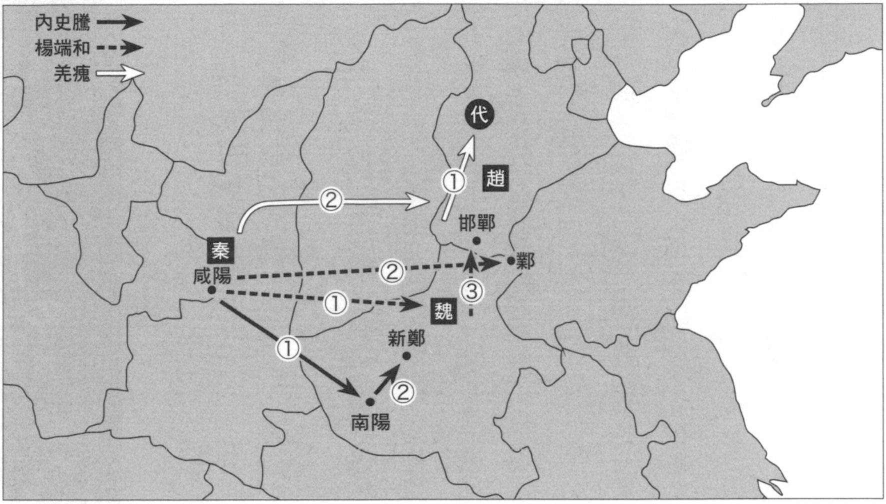

成語故事筆記本

遠交近攻

這是范雎向秦昭襄王提出的外交策略。意指透過與遠方諸侯國維持友好關係，合謀攻打臨的近國家。秦王趙正可能是沿襲此外交策略，決定優先殲滅韓、趙、魏三個鄰近國。

■史記認證的內史騰戰績

①	秦王政16年（前231年）	韓國獻土地給秦國，內史騰代理南陽守
②	秦王政17年（前230年）	率兵進攻韓國。韓王安遭俘虜，韓國滅亡

■史記認證的楊端和戰績

①	秦王政9年（前238年）	攻打魏國衍氏
②	秦王政11年（前236年）	和王翦、桓齮一起攻陷趙國鄴地
③	秦王政18年（前229年）	和王翦等人進攻趙國，包圍邯鄲

■史記認證的羌瘣戰績

①	秦王政18年（前229年）	和王翦等人一起攻打趙國，討伐代王
②	秦王政19年（前228年）	和王翦一起平定趙國

奠定天下統一的基業

- 細數秦國獨強以前的道路與各項政策
- 商鞅變法，一舉壯大國力
- 勝負關鍵為白起的武力，與范雎的外交策略

統一天下霸業的基礎，秦國國家體制的完備

前面已經提過，秦王趙正流放呂不韋之後確立了主導權，後來僅僅花了十六年便完成統一中國天下的目標。秦國的國力之所以能夠脫穎而出，是因為秦國代代累積下來的國家政策。就讓我們來看看「促使秦國富強的種種政策」有哪些吧。

秦孝公時期（前三六一～三三八年）商鞅推行富國強兵政策，對秦國的躍進做出極大的貢獻。商鞅徹底執行激進的改革，史稱商鞅變法。他施行連坐法、互相監視、實力至上等方針的嚴刑峻法，藉此鞏固中央集權。這次的改革增強了秦國的生產力與軍事力量，使其成為一個強而有力的國家。

作為商鞅改革後盾的秦孝公去世後，商鞅雖曾試圖逃亡，但還是失敗了。最後他被處以車裂之刑，下場淒慘。不過他推行的政策在秦國持續延續下去，成為秦國統一天下的基礎。

面對國力增強的秦國，韓、魏、趙、齊、楚、燕六國採取「合縱」策略對抗秦國。秦國則採用縱橫家張儀提出的「連橫」策略。連橫意旨「與他國各別結盟」，破解合縱。根據《史記》記載，能言善辯的張儀曾離間齊國和楚國，並且聯合齊國攻破楚國。

合縱之計由蘇秦所提出，蘇秦和張儀師出同門，但學者根據一九七三年出土的《戰國縱橫家書》記載得知，蘇秦和樂毅為同一個時代的人物，而樂毅則是在

商鞅變法加強秦國國力

■商鞅施行嚴格的政策

- 人民五家編成一伍，十家編成一什。彼此有義務互相監視，犯罪者採連坐法。
- 不告發罪犯之人處以腰斬。
- 告發犯罪之人，與斬敵首級受同樣賞賜；隱藏犯罪之人，與投降敵軍者受同樣懲罰。
- 一個家庭有超過兩名男性卻不分家，加倍課稅。
- 按軍功賞賜爵位。
- 凡私鬥者，視情節輕重處以不同刑罰。
- 大人小孩皆以耕織為本業，納稅多者可免除傜役。
- 商業不當獲利者，或是怠惰的窮人將被罰為奴。
- 凡是宗室但沒有軍功者，不得列入宗室的屬籍。
- 一家能擁有的田地或住宅大小、妻妾奴隸數量、服裝數量，視門第或爵位而定。
- 立功者可享受榮華生活，無軍功者即使富有也不可過著浮華生活。

這些法規不僅適用於老百姓，同時也適用於貴族階級。透過這些規定，商鞅成功地建立了徹底掌控國家的體制。

商鞅

原本效命於魏國，因不受魏王重用而逃至秦國。得到秦孝公的認可而成為宰相。

張儀連橫：秦國展開大躍進的第一步

《史記》記載，張儀運用連橫之計破解合縱。不過，各國為了抵擋獨強的秦國，後來也經常合縱攻秦。

張儀

戰國時期縱橫家的代表人物之一。擔任秦國宰相，推行連橫之策。幫助秦國走向富強之路。

▼合縱與連橫

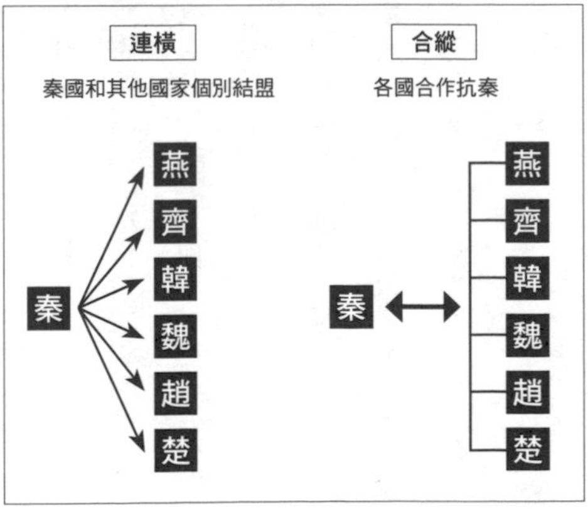

張儀之後的人物。因此，現今的史學家認為，合縱之計其實可能是燕國用來對抗秦國的策略。張儀活躍於秦國的期間，秦國還稱不上是一個具有壓倒性力量的國家。結合這兩方面來看，《史記》的描述似乎有許多矛盾之處。

向外征戰擴張版圖，軟硬兼施的巧妙外交術

秦昭襄王在位時期頻繁地攻打各國、擴張領土，讓秦國成為更上一層樓的強國。當時，負責輔佐秦昭襄王的宰相為魏冉，魏冉任名將白起為將軍。白起在伊闕大勝韓國和魏國，之後更多次攻破六國。秦國因為白起的協助而持續擴大版圖。

范睢取代魏冉的宰相之位，他採用「遠交近攻」策略成為秦國擴大領土的強大助力。當時的秦國正在攻打東方強國的齊國，但范睢向秦王進言，他認為就算奪下齊國的領土，秦國也無法保有這塊土地，秦國反而應該攻打鄰近國家、奪取鄰國的領土。於是秦國便對魏國和韓國施壓，接連奪取領土。秦昭襄王四十七年（前二六〇年），也就是秦王趙正出生的前一年，白起率領秦軍在長平戰勝強盛的趙國，自此確立秦國獨強的局勢。

秦軍趁勝追擊，包圍趙國首都邯鄲，秦軍雖然差點就能殲滅趙國，但卻遭信陵君和春申君率領的援軍擊敗。而戰敗的原因是出於白起和范睢之間的不合。白起的軍功過大，范睢害怕自己的地位會遭到威脅，於是對秦昭襄王進讒言，將白起逼至自盡。白起的死雖然造成秦國勢力一時停滯不前，不過這時的秦國和其他國家的差距已到了足以壓制他國的地步。

上述種種事件令秦國日漸強盛，後來秦王趙正也順應這股趨勢，運用足以壓制他國的國力及軍事力量，邁向他的統一之路。

魏冉表現活躍，白起受任為將

■魏冉、白起等人的主要戰爭紀錄

①	昭襄王14年（前293年）	白起攻打韓、魏，在伊闕拿下24萬敵軍首級，並俘虜敵將，攻下5座城池
②	昭襄王15年（前292年）	白起攻魏，攻陷61座大小城池
③	昭襄王18年（前289年）	白起和司馬錯占領魏國的垣、河雍、決橋
④	昭襄王27年（前280年）	司馬錯攻楚。白起則攻魏，取得代和光狼城
⑤	昭襄王29年（前278年）	白起攻陷楚國郢
⑥	昭襄王32年（前275年）	魏冉壓制魏國大梁，斬殺4萬敵軍首級
⑦	昭襄王34年（前273年）	白起攻打魏國華陽，斬殺13萬首級
⑧	昭襄王36年（前271年）	進攻齊國，奪取剛、壽領地
⑨	昭襄王43年（前264年）	白起攻韓國，拿下5萬首級
⑩	昭襄王44年（前263年）	白起攻打韓國的南陽
⑪	昭襄王47年（前260年）	白起在長平攻破趙國，活埋40萬敵軍

■魏冉、白起等人英勇外征

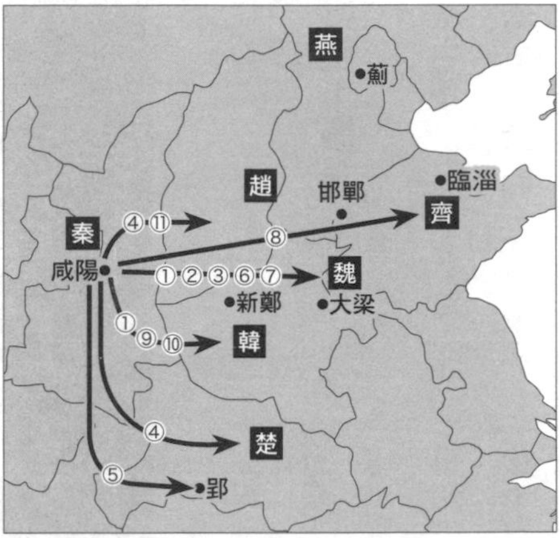

宰相魏冉積極地展開對外戰爭，命白起、司馬錯等人進攻各國，而魏冉自己亦攻下魏國河內。白起立下的軍功尤其豐碩，替秦國大幅擴張版圖。

范雎的遠交近攻

■范雎向秦昭襄王進言外交策略

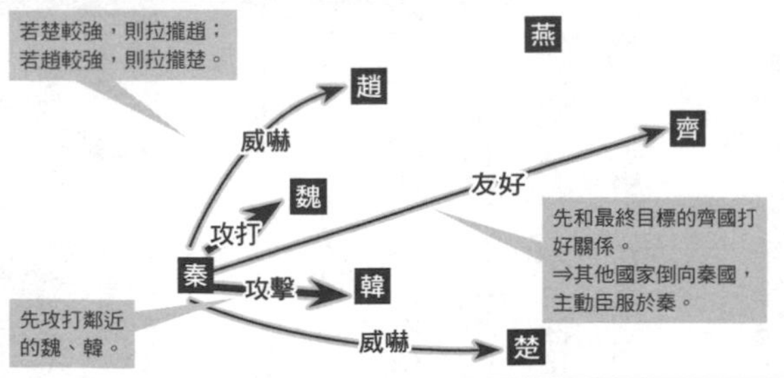

范雎提出的遠交近攻策略，最終目的是為了讓齊國臣服。他提議先和位於天下中央的魏國與韓國保持友好的關係，但如果對方不願意臣服於秦，就應該出兵攻打。接著再和齊國聯手攻打韓、魏，藉此對楚趙兩國施壓。

七國統一之戰①
蒙驁攻魏韓

・充滿謎團的將軍王齮
・蒙驁和麃公攻魏、韓
・蒙驁接連拿下魏國領土，並設東郡

趙正即位後親政秦國的對外戰爭與領土擴張

接下來要介紹秦王趙正攻滅六國、走向統一天下的過程。秦國因失去白起而停滯了一段時間，不過後來還是持續擴大勢力，呂不韋掌權時期也多次與各國交戰。首先就讓我們看看，趙正從即位到開始親政這段時間發生過哪些戰爭吧。

蒙驁、麃公、王齮三人是秦國此時期的主力將領。他們三人皆是在秦王趙正即位時被任命為將軍，想必他們相當受到呂不韋的信賴。

蒙驁和麃公後來的戰爭經歷，均被記載於《史記》當中，尤其蒙驁立下了豐碩的戰果，唯獨無法從史料得知任何有關王齮的經歷。史料對他唯一的記載，只有秦王政三年（前二四四年）去世一事，至於死因是病死還是戰死，同樣無從得知。不僅如此，記載秦始皇統一六國以前歷史的《史記・秦本紀》，當中也同樣不曾出現王齮之名。針對這個現象，有一種說法指出王齮的真實身分，其實是活躍於秦昭襄王在位期間的武將王齕。

《王者天下》裡的名將王騎，對主角信影響深遠，而他的原型人物正是王齮。王騎在漫畫中被描寫為信所憧憬的目標，也是一名人稱「怪鳥」、智勇兼具的武將。史實中的重重謎團不禁讓人好奇，究竟歷史上的王齮是個怎麼樣的人物呢？

秦王親政以前，為秦國賣命的將軍們

蒙驁

在《王者天下》中是個普通武將，但他確實是個慧眼視英雄的人物。蒙驁被任命為王翦和桓齮的副將。

■秦王政元年（前246年）秦國版圖

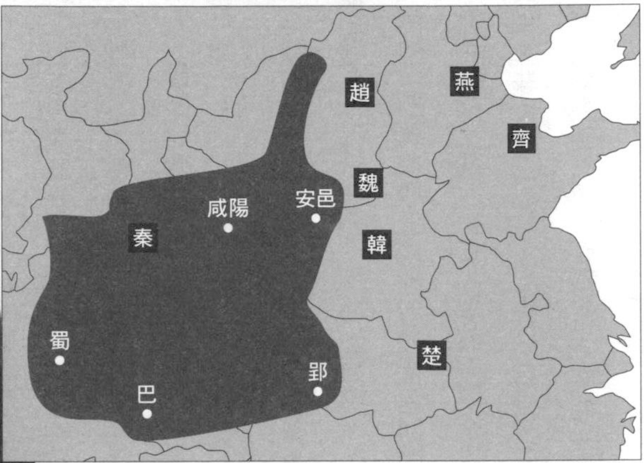

當時秦國壓制西方的巴蜀之地，擁有南方的楚國舊都郢。東邊版圖則擴張至韓國的滎陽。

■秦王即位時的三大將軍

秦王
- 蒙驁
- 王齮
- 麃公

秦始皇冷知識

名將王齕和王齮實為同一人

武將王齕效命於秦昭襄王、秦莊襄王，右方表格列出他立下的無數軍功。但他的名字只有在〈秦本紀〉出現過，秦始皇即位之後的〈秦始皇本紀〉完全沒有關於他的記載。另一方面，王齮反而沒有在〈秦本紀〉出現過，於是便有了王齕和王齮可能為同一人的說法。

▼王齕的主要戰爭紀錄

昭襄王48年（前259年）	討伐趙國武安君，攻取皮牢
昭襄王49年（前258年）	取代王陵，成為攻打趙國邯鄲的將軍
昭襄王50年（前257年）	邯鄲攻略失敗，撤退至汾城郊外。後來出兵攻打魏國，斬殺6千敵軍首級，緊接著攻打汾城，和張唐一起奪下寧新中
莊襄王2年（前248年）	進攻韓國上黨，設立太原郡

蒙驁、麃公等將領的優異表現成為秦國統一中國的起點

秦王政元年（前二四六年）趙正即位為秦王後，晉陽突然發生政變。其實，此政變發生的前一年，秦國因敗給信陵君率領的五國聯軍而失去領土，再加上秦國面臨上一代君王秦莊襄王的離世，當時的政治局勢可能有些不穩定。蒙驁協助平定內亂後，隔年隨即展開對外戰爭，目標是魏國與韓國。

秦王政二年（前二四五年）麃公攻陷魏國的卷地，蒙驁則進攻韓國，成功奪取十三座城池（參考左頁上圖）。蒙驁接著攻打魏國，進攻暘、有詭（地理位置皆不明）兩地。蒙驁攻取這些地方後便返回秦國。

秦王政五年（前二四二年），蒙驁率軍進攻魏國，平定了酸棗、燕、虛、長平、雍丘、山陽城，拿下二十座城池，秦國後來便在此設置「東郡」，以便管理。雖然詳細的戰爭過程不明，但《史記・魏世家》中也有關於秦國設置東郡的記載，由此可知，東郡的設立對魏國而言亦是一件大事。尤其山陽距離韓國首都新鄭很近，韓國和魏國肯定都對秦國奪下山陽一事懷恨不已。蒙驁的表現令人眼睛為之一亮，不過他不像其他同時代的秦國武將（白起或王翦等人）一樣，被收錄於《史記》列傳。蒙驁的孫子蒙恬在討伐匈奴戰役中相當活躍，蒙驁的表現雖然相對普通，但這絕不表示他的軍功亞於其他人，他可說是秦國該時期的卓越人物。

秦國就這樣併吞了魏國和韓國土地，大幅地削弱兩國的國力。然而，各國也因此開始對秦國的行動有所警覺，組成合縱聯軍以對抗秦國的攻勢。其他國家打算用大軍的士氣來壓迫秦國，藉此消除秦國的威脅。一直持續展開攻勢的秦國卻被逼至函谷關，不得不為了保住領土而戰。

蒙驁等人緊迫韓、魏兩國

■秦王政2年（前245年）～秦王政4年（前243年）攻打魏韓兩國

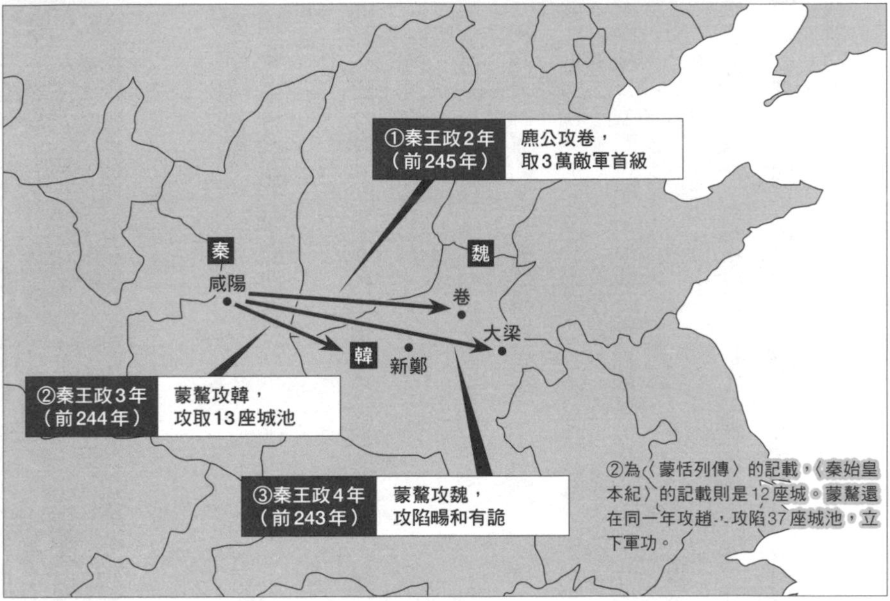
①秦王政2年（前245年）
麃公攻卷，取3萬敵軍首級
秦
咸陽
魏
卷
大梁
韓
新鄭
②秦王政3年（前244年）
蒙驁攻韓，攻取13座城池
③秦王政4年（前243年）
蒙驁攻魏，攻陷暘和有詭
②為〈蒙恬列傳〉的記載，〈秦始皇本紀〉的記載則是12座城。蒙驁還在同一年攻趙，攻陷37座城池，立下軍功。

■秦王政5年（前242年）攻打魏國

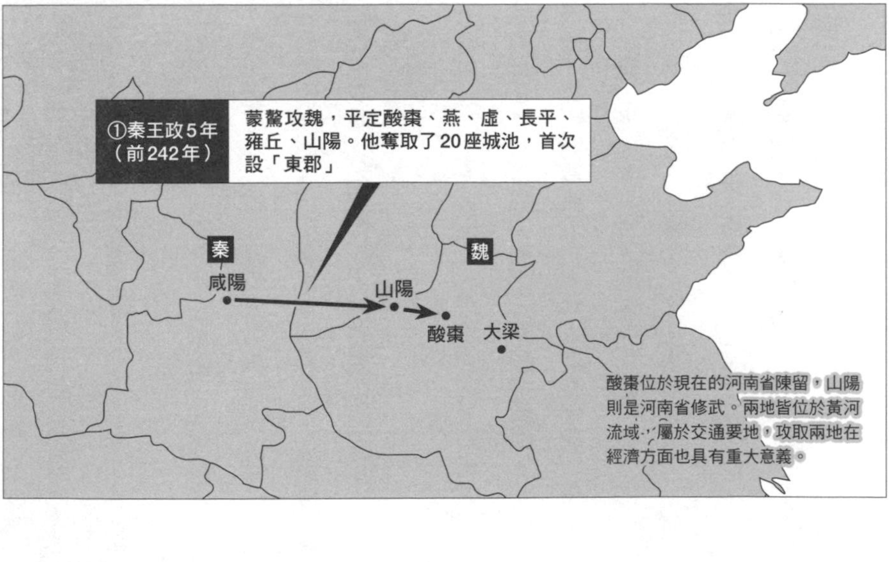
①秦王政5年（前242年）
蒙驁攻魏，平定酸棗、燕、虛、長平、雍丘、山陽。他奪取了20座城池，首次設「東郡」
秦
咸陽
魏
山陽
酸棗
大梁
酸棗位於現在的河南省陳留，山陽則是河南省修武。兩地皆位於黃河流域，屬於交通要地，攻取兩地在經濟方面也具有重大意義。

七國統一之戰②

大戰合縱聯軍

- 函谷關為秦國防禦要衝
- 春申君率合縱聯軍突襲
- 龐煖率領別動隊同時進攻？

天下要塞函谷關，展開多場激戰的歷史舞台

對秦國而言，函谷關在防禦方面堪稱不可或缺的存在。秦孝公時代（前三八一年～三三八年在位），秦國為抵禦東方外敵入侵，在王都櫟陽（後來的咸陽）東方、黃河和渭河匯流的下游處建造函谷關。函谷關的南北兩翼都是山脈，是一個要塞之地。函谷關共有三層、設置兩棟巨大的關門，可作為守護咸陽以東的軍事防禦要衝。

作為軍事要衝的函谷關，自古以來便是多場戰役的主場景。首先就讓我們簡單了解一下，函谷關至今發生過哪些戰爭吧。

秦惠文王七年（前三一八年）函谷關第一次爆發大規模戰爭，楚、趙、魏、韓、燕五國合縱攻秦。當時魏國犀首（公孫衍）組成合縱聯軍，秦惠文王之弟樗里疾出兵迎戰。秦國雖陷入苦戰，但最後在韓國的修魚得勝，成功擊退聯軍。

秦昭襄王九年（前二九八年），齊國的孟嘗君組成齊、韓、魏聯軍，和秦軍展開戰鬥，秦國遭擊敗。函谷關遭攻破後，秦國向他國求和才勉強度過難關。秦莊襄王三年（前二四七年）魏、趙、韓、楚、燕五國聯軍和秦國對戰，秦國也遭擊敗（詳見第38頁）。

其他六國經常合縱攻秦，秦國為此吃了不少苦頭。即便秦國已成為最強國，肯定還是難以同時承受六個國家的軍事力量。

多次遭聯軍攻擊的激戰場地

■如今的函谷關

如今的函谷關已在1992年經過重建。楚漢戰爭時，楚國項羽破壞了以前的函谷關。

孟嘗君

戰國四公子之一。門下食客眾多，透過食客的協助熬過許多苦難，後來擔任齊國宰相，表現活躍。

成語故事筆記本

雞鳴狗盜

故事源自於孟嘗君藉著擅長模仿的人和小偷的協助，成功逃出秦國一事。比喻只會某種卑微技能的人，或是比喻即使是擁有低下技能的人，也有他的用處。

■曾發生於函谷關的戰役

秦惠文王7年（前318年）	楚、趙、魏、韓、燕五國聯軍攻秦

魏國犀首（亦稱公孫衍）組成上述五國的合縱聯軍，攻打秦國。函谷關遭聯軍攻擊，大將樗里疾率秦軍於韓國的修魚擊敗敵軍。秦軍在這次戰役中斬殺8萬2千名敵軍首級，取得大勝利。

秦昭襄王9年（前298年）	齊、韓、魏合縱攻秦

孟嘗君遭秦國囚禁，他借食客們的幫助逃出秦國。逃回本國的孟嘗君成為齊國宰相，並和韓、魏兩國聯手攻打秦國。有一則關於孟嘗君的著名歷史故事，相傳孟嘗君要逃出秦國時，有一個模仿高手學雞鳴叫，接著群雞齊鳴，函谷關的衛兵以為天亮了，於是打開關口，孟嘗君便藉機出關逃走。

秦莊襄王3年（前247年）	信陵君率五國聯軍攻秦

此時期的秦國正在對魏國加強施壓，因此命蒙驁攻取魏國的高都和汲等地。魏國公子信陵君為了拯救自己的國家，集結各國的力量，組成趙、魏、韓、楚、燕五國聯軍。聯軍攻破蒙驁統帥的秦軍，將其逼退至函谷關。

盟主春申君率領合縱聯軍，於函谷關與秦國展開激戰

秦國攻下魏國山陽城等地，各國認為氣勢壯大的秦國是一大威脅，於是在秦王政六年（前二四一年），趙、楚、韓、魏、燕五國組成聯軍，楚國春申君擔任盟主。合縱聯軍一起攻打秦國。根據〈秦始皇本紀〉記載，春申君率領聯軍成功攻取壽陵，秦國為抵禦敵軍繼續進逼而出兵抵抗。史料中並未記載戰爭規模、軍隊人數及負責統領的武將等資訊。不過很顯然地，一旦函谷關遭攻破，秦國將會陷入險境，所以《王者天下》中秦軍傾注全力迎戰的描寫方式可說是相當有說服力。

另一方面，〈趙世家〉則記載趙國武將龐煖在同一年，率領趙、楚、魏、燕四國精兵攻打位於咸陽以南的蕞。若兩者的描述皆是事實，那麼聯軍就是從兩邊攻擊秦軍。蕞距離咸陽很近，這表示秦國正陷入生死存亡的危機之中。

然而，龐煖最後並未成功拿下蕞，於是轉而率兵攻打未加入聯軍的齊國，攻陷饒安。而攻打函谷關的聯軍也遭秦軍擊退，最後撤退。春申君攻秦失敗，楚王對他失去信任，開始疏遠他。秦國擊退聯軍、脫離險境後，開始對外征伐。秦國在同一年攻打衛國並占領濮陽，將此地歸入東郡，衛國君王被放逐至野王。隔年攻打魏國，奪取河南的汲。

秦國雖然度過最大的危機，可是後來卻接連發生長安君成蟜（秦王趙正之弟）政變，以及皇太后的男寵嫪毐發動的叛變，趙正為了處理這些國內動盪而忙碌不已（詳見第56頁、第60頁）。接二連三的內亂陸續平定，不僅如此，權臣呂不韋也因嫪毐之亂而須負連帶責任，最終判處流放，趙正成功奪回實權。趙正從此刻開始，終於得以親手推動秦國的霸業。

五國聯軍合縱攻打函谷關

■秦王政6年（前241年）函谷關戰爭略圖

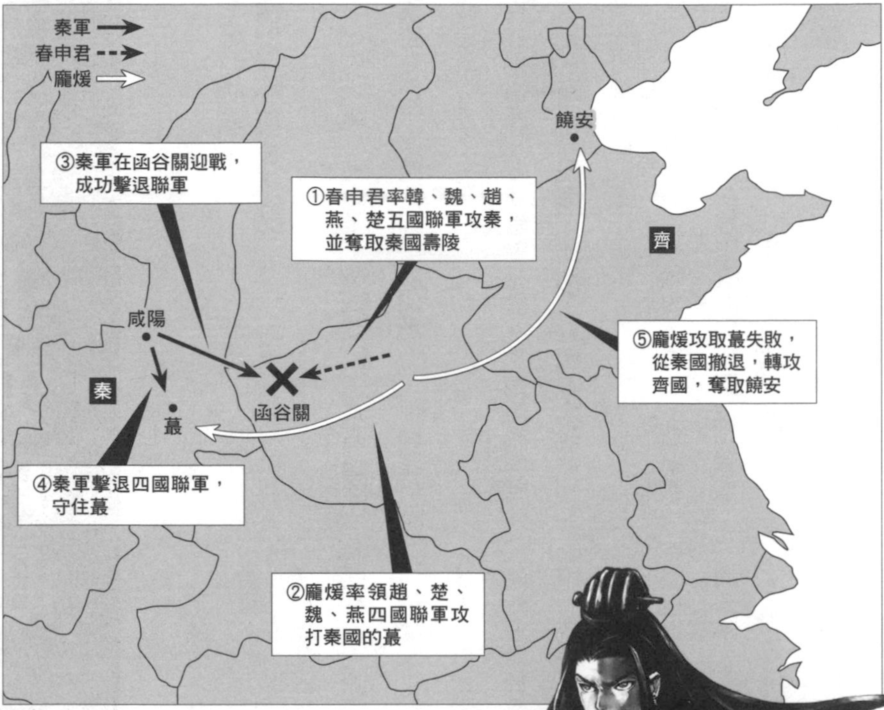
秦軍
春申君
龐煖
饒安
③秦軍在函谷關迎戰，成功擊退聯軍
①春申君率韓、魏、趙、燕、楚五國聯軍攻秦，並奪取秦國壽陵
齊
咸陽
⑤龐煖攻取蕞失敗，從秦國撤退，轉攻齊國，奪取饒安
秦
函谷關
蕞
④秦軍擊退四國聯軍，守住蕞
②龐煖率領趙、楚、魏、燕四國聯軍攻打秦國的蕞

如果聯軍採兩面作戰，那麼龐煖軍當時便是從函谷關的南方撤退，這真的有可能嗎？

春申君

名黃歇，戰國四公子之一。在前任君王離世之際，春申君將作為人質的太子帶回楚國，立下功勞的他被任命為宰相。

世界史記事本

羅馬擊敗迦太基艦隊，第一次布匿戰爭結束

公元前241年，春申君率領聯軍攻秦，而同一時間，羅馬與迦太基在地中海西岸爭奪霸權，第一次布匿戰爭結束於此。第一次布匿戰爭發生於前264年，羅馬和迦太基介入西西里島的爭端而爆發戰爭。迦太基雖然在過程中一度占優勢，但羅馬海軍表現優異，最終取得勝利，西西里島成為羅馬的行省。

七國統一之戰③

王翦攻趙

- ・正式開始侵略趙國
- ・秦國為何率先奪取邯鄲附近的鄴地？
- ・名將王翦精明的軍事手腕

王翦攻打趙國，接連攻陷重要據點

秦王政十一年（前二三六年）秦國開始正式與趙國對峙。秦國雖在長平之戰削弱了趙國勢力，但趙國仍然是不可輕忽的存在。

秦國先攻打都市鄴，藉此威嚇趙國。鄴距離趙國首都邯鄲非常近，秦國只要奪下此地，對趙國來說便相當於咽喉被利刃抵住般，正中要害。

秦國名將王翦負責擔任攻鄴一戰的主將。王翦率領桓齮、楊端和前往鄴，但敵軍堅實的防禦讓他們難以攻下此地，於是王翦轉而攻打周邊九座城。他讓副將桓齮負責攻鄴，自己則前往攻打閼與等城市。

王翦命令在固定期間內沒有立下軍功的士兵返秦，從每十名士兵中，挑選出兩名擔任精銳部隊。王翦率領精銳部隊攻鄴，攻陷鄴之後，再進一步奪取橑楊。此役也因此成為了攻趙之戰的墊腳石。

根據《史記・白起王翦列傳》記載，王翦是頻陽東鄉人，自幼對兵法有很大的興趣，史料並未提及他剛開始效命於秦國的事，年齡也不詳。但他在攻鄴戰役中的表現可說是熟練的高手，他被指派為主將時，應該早就是一名經驗豐富的武將了。秦國就這樣在攻趙歷程上前進了一大步，然而卻有一位名將阻擋了秦國的去路。

王翦登上歷史舞台

■王翦攻趙國略圖

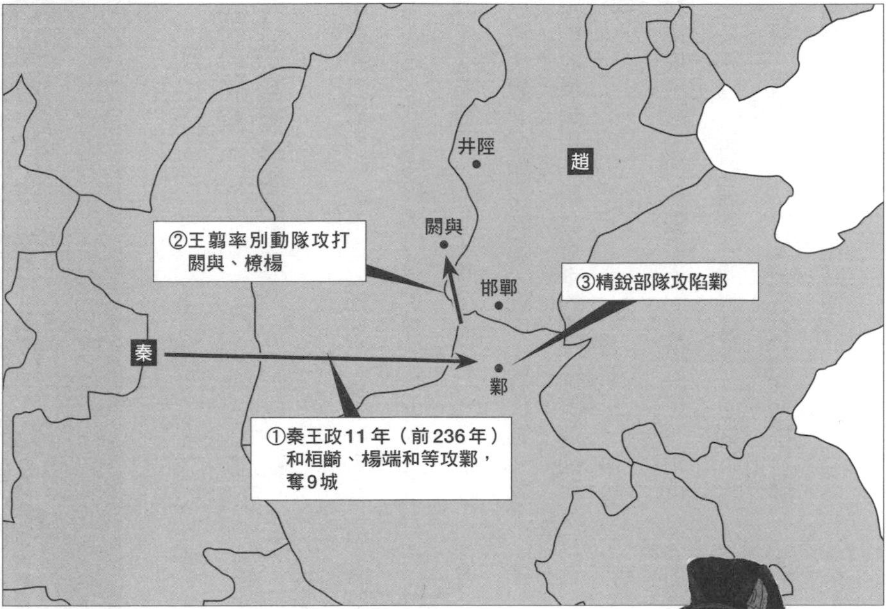
井陘
趙
閼與
②王翦率別動隊攻打
閼與、橑楊
邯鄲
③精銳部隊攻陷鄴
秦
鄴
①秦王政11年（前236年）
和桓齮、楊端和等攻鄴，
奪9城

鄴地本來是魏國的都市，秦王政8年（前239年）魏國割讓給趙國。
鄴地的地理位置很靠近邯鄲，是秦國對趙侵略戰的第一個目標。

王翦

秦王趙正統一霸業之路上貢獻最大的名將。他後來在征伐燕、楚戰役中亦有出色的表現。

秦始皇冷知識

如今趙國邯鄲的行政區劃

「邯鄲之夢」比喻歷經50年波瀾萬丈的人生，其實只是一場短暫的夢。這個典故的知名場景「邯鄲」位於現在的北京西南方、河北省的南部。邯鄲市內不僅有戰國時代的遺跡趙王城、王郎城，還有趙武靈王曾推行的胡服騎射雕像等，我們可以藉此回憶歷史中的趙國。

七國統一之戰④

桓齮攻趙失敗

・桓齮擔任趙國侵略戰的主將
・「善於防守」的智將李牧
・此戰役後，桓齮便不曾在史料中出現

桓齮成為將軍，擔任趙國侵略戰的主將

秦國在王翦的優異表現之下攻陷鄴地。秦王政十三年（前二三四年），秦國再次出兵攻趙，秦軍攻入平陽。桓齮擔任這場戰役的主將，他在上一場戰役中擔任王翦的副將，想必桓齮在攻鄴之戰中大有作為。或許秦王趙正期望桓齮接下肩負秦軍的重任，對他抱有很高的期待。

桓齮率兵進攻趙國，他在戰場上的表現出色，相當活躍。他攻入平陽，斬殺迎擊的敵將扈輒，並拿下十萬趙兵的首級。我們雖無法得知桓齮是採用何種作戰方式，不過斬殺十萬首級仍是相當難得的戰功，可見他應是重挫了趙軍。《王者天下》的桓齮擁有足以騙過同伴的智謀，而且為取勝而不擇手段，是一名無情且深不可測的武將。或許這個設定也有可能符合歷史中桓齮的真實個性。

桓齮確實藉由攻鄴之戰，展現出一名將領應有的實力。同年十月，秦國再次攻打趙國；隔年秦王政十四年（前二三三年），桓齮平定平陽和武城。細數至今為止的戰役，桓齮確實表現得無懈可擊，他所立下的赫赫戰功也足以讓我們認定，他確實稱得上一名具備名將資質的武將。

桓齮軍士氣銳不可擋，緊接著出兵前往北方，接連攻下赤麗和宜安。然而，趙國名將李牧正在此地等待秦軍到來。

桓齮肩負下一代秦軍重任

秦王趙正開始親政，秦王政10年（前237年）任命桓齮為將軍。〈秦始皇本紀〉中有關任命將軍的記載甚少，所以桓齮可能被視為接替王翦的下一代主力武將。

■成為主將以前的桓齮

①
被任命為將軍
正如上述內容，桓齮在秦王政10年（前237年）成為將軍。這一年，秦王趙正驅逐相國呂不韋，掌握政治實權；下逐客令後，聽從李斯的進言而撤回。

②
桓齮在攻趙戰役中擔任王翦的副將
秦王政11年（前237年）桓齮和王翦、楊端和一起攻打鄴地，王翦擔任主將，桓齮則為副將。王翦帶著一隊人馬攻打閼與等地的期間，桓齮負責帶兵進攻鄴地。

③
擔任將軍，攻陷鄴和橑楊
桓齮和王翦等人一起進攻鄴和橑楊，終於成功拿下這些城池。〈秦始皇本紀〉記載「桓齮擔任將軍，攻陷鄴和橑楊」，由此可想而知，桓齮是個表現亮眼的將領。

桓齮

擔任對趙侵略戰的主將。不過他的人生前半段仍是個謎，不論是關於他的出身地，還是效忠秦國的經過，目前皆不詳。

■秦王政13年（前234年）攻趙略圖

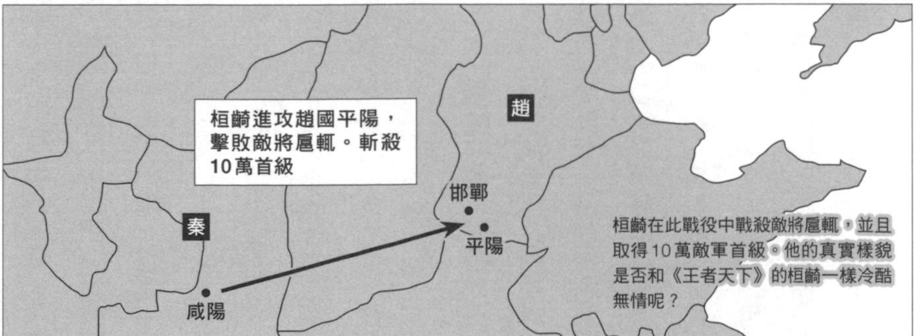
桓齮進攻趙國平陽，擊敗敵將扈輒。斬殺10萬首級
趙
邯鄲
平陽
秦
咸陽
桓齮在此戰役中戰殺敵將扈輒，並且取得10萬敵軍首級。他的真實樣貌是否和《王者天下》的桓齮一樣冷酷無情呢？

名將李牧率領趙軍，打敗勢如破竹的桓齮

李牧原本在趙國北方負責抵禦騎馬民族的匈奴，因此他的想法理性，認為應該避免無謂的戰鬥，在對匈奴的戰爭中也徹底執行防禦第一的方針。李牧會派許多間諜搜集情報，並且禁止士兵擅自主動攻擊。

但是這樣的做法在國內卻引來非議，趙王認為李牧十分懦弱而一度撤職。然而，隨著匈奴對趙國的傷害加劇，只好又重新啟用李牧。李牧命趙軍假裝敗退，引誘匈奴兵深入趙國境內，再派兵一舉殲滅十萬多名匈奴，取得大勝。自此之後，匈奴再也不曾接近趙國國境。秦王政四年（前二四三年），趙國攻打燕國，李牧銜命擔任將軍，奪下武遂、方城等地。李牧所立下功績獲得認可，隨後回歸中央任職。

接下來，讓我們把話題回到桓齮身上。桓齮攻打宜安後，率領秦軍前往肥下，李牧出兵迎戰。秦軍被打得四散，桓齮敗走。《戰國策》中提到「殺秦將桓齮」，表示李牧在這場戰役中殺了桓齮。但是《史記．廉頗藺相如列傳》卻記載「桓齮敗走」，《史記．趙世家》的描述則是「敗走」，桓齮的生死不明。

戰後李牧立功，受封武安君。後來李牧多次阻擋秦軍，讓秦軍十分棘手。李牧是機智靈活的智將，撰寫《史記》的司馬遷亦稱讚李牧為「守關名將」。

另一方面，這場作戰之後，桓齮的名字便完全消失在歷史中。後來出現一種說法便是前面已介紹過的，桓齮戰敗後逃至燕國，改名為樊於期，是荊軻刺秦王事件的相關人物（參照第87頁）。桓齮戰敗隔年，主導刺秦計畫的太子丹返回燕國，這和樊於期的登場時間幾乎一致，或許正是因為如此，後來才衍生出桓齮即是樊於期的說法。關於樊於期在秦王暗殺事件中做過哪些事情，之後會在第116頁進行解說。

桓齮和李牧領軍的趙軍在宜安展開激戰

■秦王政14年（前233年）攻趙略圖

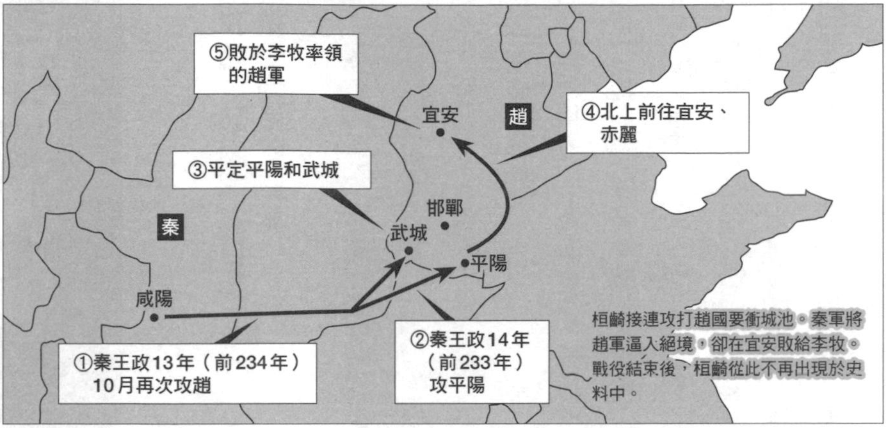
⑤敗於李牧率領
的趙軍
宜安
趙
④北上前往宜安、
赤麗
③平定平陽和武城
邯鄲
秦
武城
平陽
咸陽
①秦王政13年（前234年）
10月再次攻趙
②秦王政14年
（前233年）
攻平陽
桓齮接連攻打趙國要衝城池。秦軍將趙軍逼入絕境，卻在宜安敗給李牧。戰役結束後，桓齮從此不再出現於史料中。

令秦國感到棘手的趙國名將

趙國雖就領土範圍來說稱不上大國，但在軍事方面的實力絕不亞於秦國。除了藺相如、廉頗和李牧等優秀人才之外，趙國還擁有許多傑出的政治家和武將，在六國當中是最令秦國頭痛的國家。

趙奢

和藺相如、廉頗一起侍奉趙惠文王的武將。在闕與大勝秦軍一事廣為人知。

龐煖

前241年攻破燕國劇辛。隔年與秦國對戰，擔任四國聯軍總指揮。

司馬尚

和李牧一起迎戰王翦率領的秦軍。遭佞臣郭開讒言陷害，不得已只好逃亡。

廉頗

征戰各國立下許多戰功的名將。和白起在戰鬥中勢均力敵，後來遭謀害而被趙國驅逐。

藺相如

替趙王保住和氏璧，避免落入秦王手中。以成語「完璧歸趙」而聞名，是智勇兼具的名臣。

攻韓滅韓

・韓、魏、趙瓜分晉國，成為新的諸侯國
・韓國建立以來，持續受到秦國威脅
・戰國七雄中最早滅亡的國家

韓國和趙、魏兩國各自獨立，持續受到秦國威脅

韓國是三家分晉的一家，晉國在春秋時代是君臨天下的大國，韓國的先祖在當時是晉國的公族，受封「韓原」一地，因此被稱為韓氏。韓氏後來成為晉國六卿的其中一個強大氏族。

後來六卿之間的權力鬥爭愈演愈烈，韓氏最先驅逐中行氏和苑氏，接著聯合趙氏和魏氏，除掉了勢力最龐大的智氏。公元前四五三年，留下來的韓、趙、魏三家瓜分晉國，史稱三家分晉。公元前四〇三年周朝王室正式封韓、趙、魏三家為諸侯國，韓國自此成為完全獨立的國家。也就是說，韓、趙、魏三家篡奪了君主晉國的位置，戰國時代就此展開。

韓國雖然成功以下剋上，但卻是戰國七雄中最弱的國家。韓國曾在著名宰相申不害的指導之下，維持了一段穩定的時期，但自從公元前三三七年申不害去世後，韓國便開始遭秦國壓迫。

到了韓宣惠王（前三三二～前三一二年在位）時期，秦國對韓國展開更強烈的攻勢，前三一四年韓國國都附近的岸門遭攻破，韓向秦求和，並交出太子作為人質。前三〇七年韓國西方的大城市宜陽遭攻陷，六萬人遭敵軍斬首。前二九三年韓國和魏國聯手，在伊闕與秦軍對峙，最後卻大敗給白起。秦國緊接著往東方拓展勢力，持續侵擾韓國。

公元前二六三年白起進攻南陽，韓國北方領土上黨

韓國歷史以及與秦國有關的事件

■三晉的建立過程

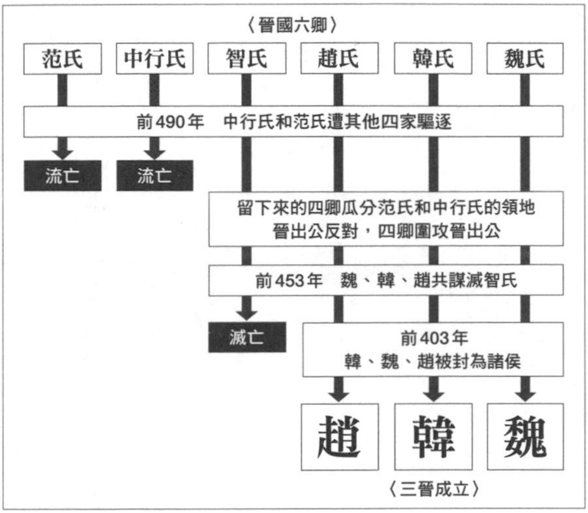
〈晉國六卿〉
范氏
中行氏
智氏
趙氏
韓氏
魏氏
前490年　中行氏和范氏遭其他四家驅逐
流亡
流亡
留下來的四卿瓜分范氏和中行氏的領地
晉出公反對，四卿圍攻晉出公
前453年　魏、韓、趙共謀滅智氏
滅亡
前403年
韓、魏、趙被封為諸侯
趙
韓
魏
〈三晉成立〉

■韓國勢力範圍（前3世紀左右）

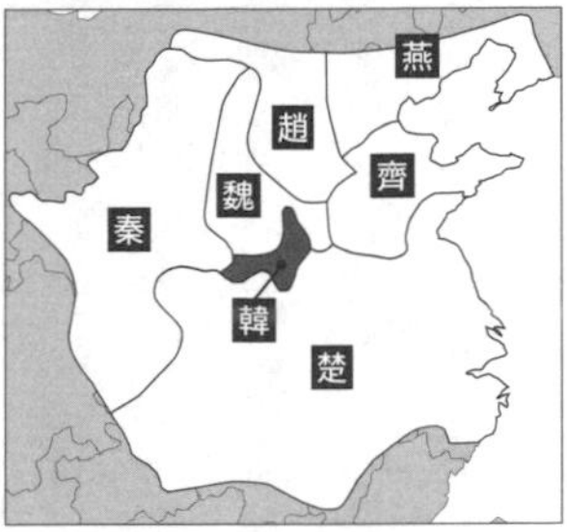
燕
趙
齊
魏
秦
韓
楚

晉國的實權實際掌握在六卿手中，國君形同魁儡。後來六卿內部發生權力鬥爭，最後由勝出的韓氏、魏氏、趙氏三家分晉，三晉成立。

成語故事筆記本

士為知己者死

比喻可以為了知心朋友不惜犧牲生命。六卿互相鬥爭，智伯遭趙襄子殺害後，豫讓為替主子報仇血恨而說出此番話。

■韓國簡易年表

前573年	韓厥成為六卿
前453年	韓虎聯合趙氏、魏氏滅智氏
前403年	周朝王室封韓景侯、魏氏、趙氏為諸侯
前375年	韓哀侯滅鄭，遷都至新鄭
前355年	申不害擔任宰相，安定韓國內部
前318年	魏、趙、楚、燕合縱攻秦失敗
前314年	大敗於秦，派太子到秦國當人質
前307年	遭秦國奪取宜陽
前298年	聯合齊、魏攻秦，攻至函谷關
前293年	聯合魏國，和秦國白起於伊闕對峙，敗於秦
前284年	加入樂毅領軍的五國聯軍，攻打齊國
前263年	南陽遭白起攻陷，失去北方上黨郡
前247年	加入信陵君領軍的五國聯軍，於河外大破秦軍
前241年	加入春申君領軍的五國聯軍，進攻秦國函谷關失敗
前233年	韓王安派韓非出使秦國
前231年	南陽割讓於秦
前230年	內史騰率領秦軍攻韓，韓國遭滅

※灰色區塊為韓國和秦國的相關事件

韓國自韓昭侯時期（前358〜333年在位）便不斷地遭秦國侵略。

郡遭孤立，成為引發長平之戰的契機，韓國後來便失去了上黨。新鄭附近的城市也持續遭到秦國侵襲，到了秦王趙正正式攻打六國時，韓國只能勉勉強強維持住國都，已被秦國逼至快要滅亡的地步。

秦國欲統一天下，韓國正是首要攻擊目標

秦王政十年（前二三七年），秦王趙正掌握實權，他採納李斯的進言，決定先攻打韓國，迫使韓臣服於秦。韓王安希望改善兩國緊張情勢，於是派公族韓非出使秦國，但韓非卻遭到師出同門的李斯策劃入獄，被逼至自盡（詳見第82頁）。韓國已然走到山窮水盡的地步，韓王安希望能阻擋秦國步步逼近的態勢，於是主動獻上南陽，可惜已經於事無補。

此時期的秦國，正在建造一座灌溉渠道「鄭國渠」（詳見第68頁），韓國的鄭國負責主持這項水利工程，他以間諜的身分潛入秦國。雖然韓國打算藉由大規模的工程以消耗秦國國力，但鄭國渠完工後反而讓秦國成為更富饒的國家，真是諷刺。

秦王政十七年（前二三〇年），秦國派武將內史騰攻打韓國。內史騰攻陷魏國首都新鄭，俘虜韓王安。秦國隨後在韓國舊地設潁川郡，韓國就這樣成為戰國七雄之中最早滅亡的國家。後來，新鄭發生叛亂，秦國立刻派兵鎮壓，被命令遷往其他地方的韓王安最後死於該地。

順帶一提，著名的漢初三傑之一張良，出身自韓國宰相之家。故國被滅令他懷恨在心，因此後來密謀暗殺秦始皇。後來劉邦反秦，起兵造反，張良隨後為他效力，成為漢軍的軍師。不過張良對韓國的忠心始終未滅，他遊說項梁、劉邦，希望可使韓國復國，直到最後都為故國盡心盡力。

試圖與秦和睦共存，終究失敗

■派韓非出使秦國

韓國派使者韓非前往秦國遊說，希望秦王能留住韓國。然而師出同門的李斯卻逼韓非自殺。

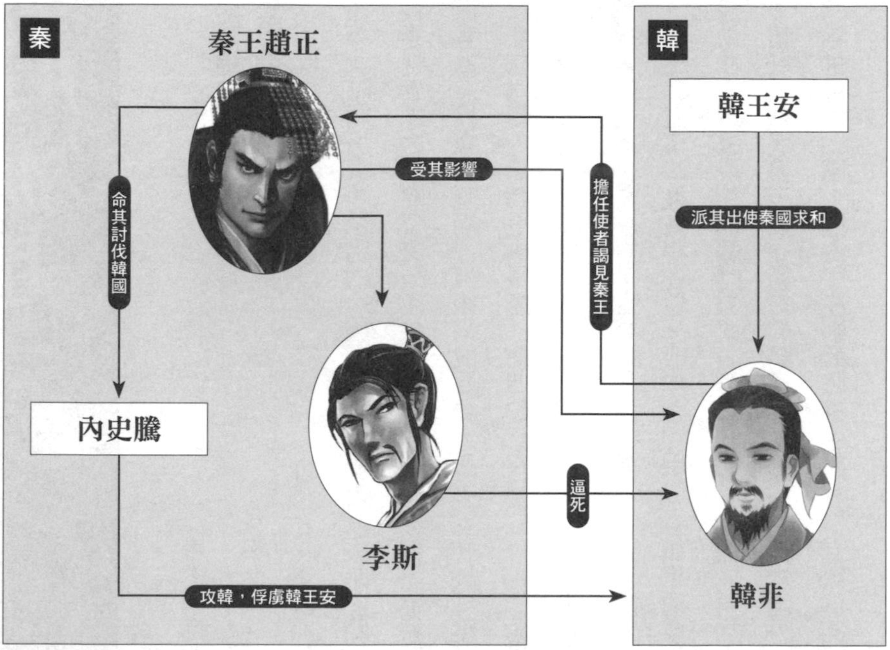
秦
秦王趙正
命其討伐韓國
受其影響
內史騰
李斯
逼死
攻韓，俘虜韓王安
韓
韓王安
派其出使秦國求和
擔任使者謁見秦王
韓非

張良向秦國復仇，致力復興韓國

■韓滅亡後，張良的行動

秦始皇消滅了張良的故國。張良懷恨不已，企圖暗殺秦王，致力於復興韓國。

張良

神機妙算的著名軍師，協助劉邦實現霸業。在劉邦和項羽之間的楚漢戰爭中多次獻策，替劉邦成功奪取天下。

- 暗殺未遂 → 秦始皇
- 擔任軍師，為其效命 → 劉邦
- 擁立韓王 → 韓王成、韓王信

韓王成

原為韓國公族，被張良擁立為韓王。因冒犯項羽而在彭城遭處刑。

韓王信

韓王成的姪子，效忠劉邦並參與楚漢戰爭，被封為韓王。

攻趙滅趙

・趙武靈王改革趙國
・李牧為沒落的趙國奮力抵抗
・趙正親自前往邯鄲，活埋自己與母親的仇敵

軍事強國趙國，多次與秦國發生激戰

趙國王族在春秋時期是人才輩出的一族，趙衰或趙盾等人侍奉曾春秋五霸之一的晉文公。趙國王族因捲入政治紛爭而有過一段衰弱時期，但後來成為強大氏族六卿之一，並在六卿內部鬥爭中得勝。前四〇三年趙、韓、魏三家受封為諸侯（詳見第109頁）。

趙國曾被魏國攻陷首都邯鄲，並非強盛的國家。後來趙武靈王（前三二五～二九九年在位）改變趙國現況，他大膽採用北方遊牧民族的戰鬥方式，推行「胡服騎射」軍事體制。趙武靈王創立精銳的騎馬部隊，並在前二九六年併吞中山國，取得了亮眼的戰果。累積不少實力的趙國愈來愈強大，曾多次和秦國展開激烈對峙。

秦國開始侵略東方，而趙國名將藺相如擋下秦軍的去路。藺相如曾幫助趙國從敵對的秦國手中保住和氏璧，他和秦昭襄王會面時，運用高超的辯答能力等外交技巧壓制秦昭襄王，展現趙國威嚴。除了藺相如之外，他的刎頸之交廉頗也是一名活躍的猛將。另外，趙奢也曾在閼與擊敗秦軍，阻擋秦軍繼續前進。

然而，前二六〇年爆發長平之戰，趙國大敗給白起領軍的秦軍。自此開始，秦國便建立起屹立不搖的優勢。再加上趙國的藺相如病死，廉頗又因冒犯趙王而流亡國外，趙國變得非常衰弱，秦國便在此時持續對趙國展開攻勢。

趙國歷史以及與秦國有關的事件

胡服騎射

趙武靈王推行的軍事改革。他引進方便活動的遊牧民族服飾，加入能夠在坐馬上放射弓箭的騎馬部隊，趙國軍事實力因此大幅提升。

■趙國勢力範圍
（前3世紀左右）

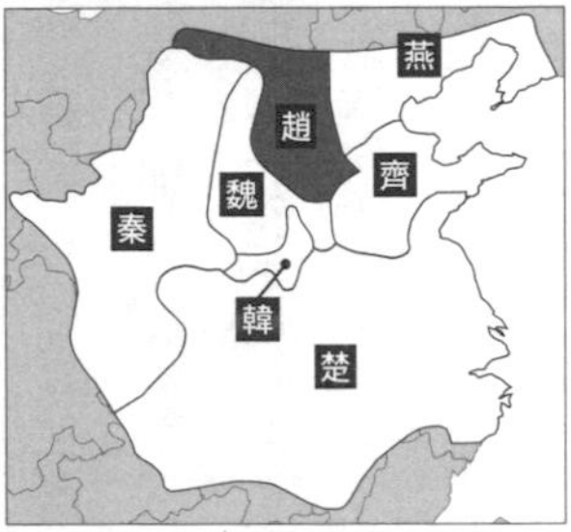

趙武靈王

使趙國成為軍事大國的英明君王。雖併吞了中山等地，擴張北方勢力範圍，但最後卻遭兒子背叛，下場悲慘。

成語故事筆記本

刎頸之交

廉頗起初很討厭藺相如，認為藺相如是個只會出一張嘴的男人。但藺相如認為爭吵會對趙國造成傷害，廉頗理解藺相如以國家為重的想法後，便向他負荊請罪。後來兩人成為同生共死的朋友，為對方刎頸也在所不惜。

■趙國簡略年表

前403年	周朝王室封趙、韓、魏為諸侯
前386年	趙國遷都至邯鄲
前353年	邯鄲遭魏國攻陷，得到齊國幫助
前318年	魏、韓、楚、燕四國合縱攻秦失敗
前307年	趙武靈王推行胡服騎射改革
前296年	併吞中山
前284年	參與樂毅領軍的五國聯軍，合縱攻齊
前283年	派藺相如出使秦國，保住和氏璧並返回趙國
前279年	藺相如和廉頗結為刎頸之交
前273年	與魏國聯手攻韓，卻在華陽敗給秦國白起
前270年	趙奢在閼與攻破秦軍
前260年	在長平大敗給白起率領的秦軍
前258年	秦國包圍邯鄲
前257年	信陵君救趙，破解秦國對邯鄲的包圍
前251年	燕軍攻趙，廉頗打敗燕軍
前247年	參與信陵君率領的五國聯軍。在河內攻破秦軍
前241年	參與春申君率領的五國聯軍。攻打秦國函谷關失敗
前233年	桓齮率秦軍侵趙，李牧擊退秦軍
前232年	秦軍侵趙，李牧在番吾擊退秦軍
前228年	秦國王翦等人攻陷邯鄲，趙國滅亡

※灰色部分為與秦國有關的事件
趙國曾多次擊退秦國的進攻，正因如此，長平之戰的失敗才會如此可惜。

表現活躍的李牧，只能在秦軍面前屈服

李牧始終支撐著日薄西山的趙國。前面已介紹過，李牧原本負責守衛趙國北境，在與匈奴的對戰中以計取勝，立下戰功後被召回中央，主導對秦作戰。

李牧多次阻撓秦國，讓秦國吃了不少苦頭。在先前的介紹中有提過，秦王政十四年（前二三三年）主將桓齮率領的秦軍敗給李牧率領的趙軍（詳見第104頁），隔年秦國再次派大軍侵略趙國。秦國採兩面作戰，對趙國發動激烈的攻勢，其中一批軍隊前往鄴地，另一批則攻打太原，攻陷狼孟等地。秦軍緊接著攻打北方的番吾，卻再次敗給李牧率領的趙軍；韓、魏從南方攻趙，李牧也抵檔住敵軍的侵襲，當時的秦軍應該是完全敗給了李牧。

不過秦國並未因此放慢侵略趙國的腳步。秦始皇十八年（前二二九年）王翦擔任主將，率領秦軍北上攻打井陘。同一時間，楊端和包圍邯鄲，羌瘣攻取代地，但是李牧又和司馬尚一起擋在他們面前，這似乎讓王翦等人感到相當棘手。於是秦國賄賂趙幽繆王的寵臣郭開，郭開從中離間趙王和李牧等人。郭開離間成功，趙幽繆王撤除李牧的職務，並且下令誅殺違抗命令的李牧，司馬尚則遭到降職。

失去李牧的趙國完全不是秦國的對手，秦始皇十九年（前二二八年），王翦和羌瘣將趙國的土地侵略殆盡，並且俘虜趙幽繆王。李牧死後僅經過三個多月，趙國便走向滅亡。趙國被壓制之後，秦王趙正親自前往邯鄲，他逮捕了當年在趙國當人質時曾虐待他和母親的人，並且將他們全部處以活埋之刑。

趙國雖然滅亡了，但趙公子嘉卻逃到北方的代，自立為代王，聯合燕國持續抵抗秦國。第135頁有針對代王後續的解說。

秦國侵略趙國，李牧奮勇抵抗

■秦王政15年（前232年）秦軍攻趙略圖

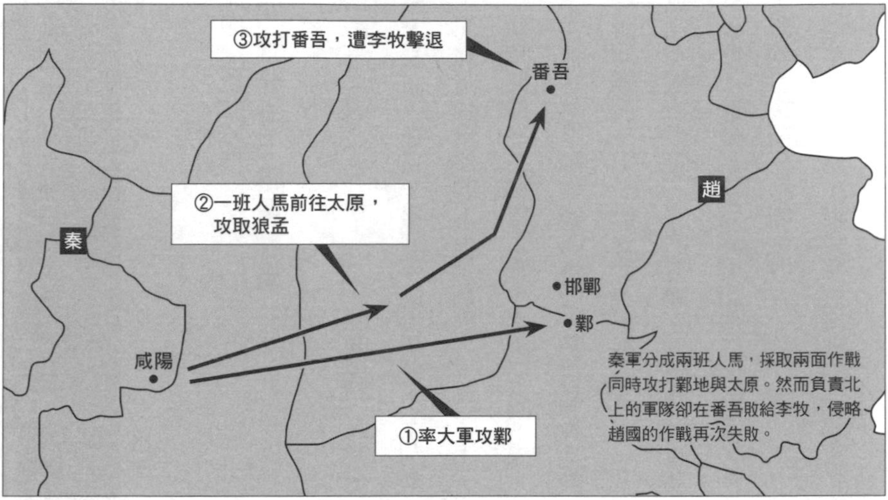
③攻打番吾，遭李牧擊退
番吾
②一班人馬前往太原，
攻取狼孟
趙
秦
邯鄲
鄴
咸陽
①率大軍攻鄴
秦軍分成兩班人馬，採取兩面作戰同時攻打鄴地與太原。然而負責北上的軍隊卻在番吾敗給李牧，侵略趙國的作戰再次失敗。

■秦王政18、19年（前229、228年）秦軍攻趙略圖

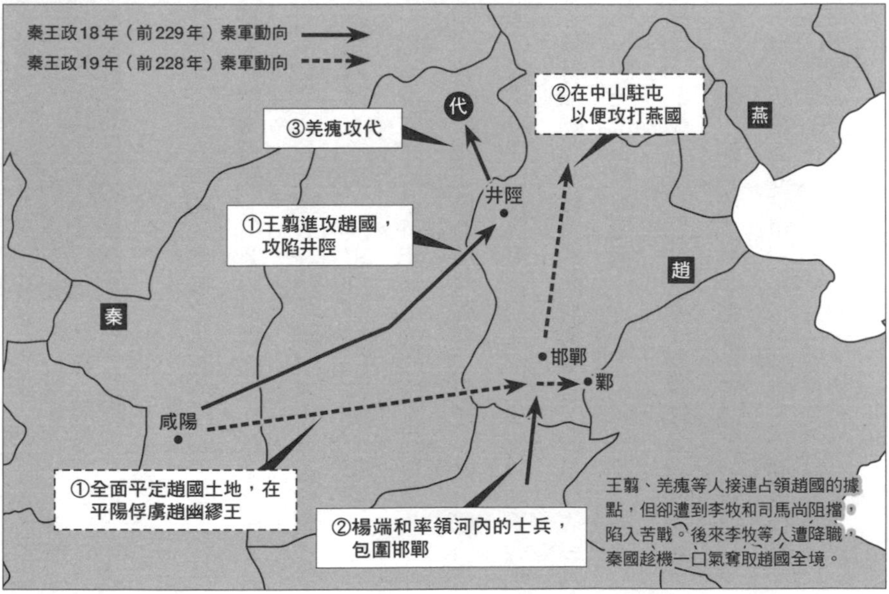
秦王政18年（前229年）秦軍動向
秦王政19年（前228年）秦軍動向
②在中山駐屯
以便攻打燕國
代
③羌瘣攻代
燕
井陘
①王翦進攻趙國，
攻陷井陘
趙
秦
邯鄲
鄴
咸陽
①全面平定趙國土地，在
平陽俘虜趙幽繆王
②楊端和率領河內的士兵，
包圍邯鄲
王翦、羌瘣等人接連占領趙國的據點，但卻遭到李牧和司馬尚阻擋，陷入苦戰。後來李牧等人遭降職，秦國趁機一口氣奪取趙國全境。

刺殺秦王計畫

- ·因恨意而引起的暗殺計畫
- ·荊軻的行動展現出身為外交家的一面
- ·荊軻等人真正的目的並非暗殺，而是要脅？

燕國遭秦王威脅 展開刺殺秦王趙正計畫

秦王政二十年（前二二七年），正朝向統一大業全速前進的秦王趙正，在這一年迎來最大危機——荊軻刺殺未遂，而此暗殺事件的主謀是燕國太子丹。太子丹和趙正年幼時期都在趙國當人質，兩人曾是朋友。但後來太子丹被送到秦國作為人質時，趙正卻對他表現出十分冷淡的態度，太子丹對此懷恨在心。

太子丹返回燕國後，為了宣洩對趙正的恨意，也為防範秦國的侵略，於是規畫這起刺殺秦王的計畫，荊軻則被指定為執行這項任務的刺客。

荊軻接下這項暗殺任務，但要接近秦王並非易事，他將希望寄託在燕國的膏腴之地督亢，以及秦國流亡武將樊於期的首級。只要將這兩樣東西獻給秦王，就有可能得到謁見的機會。樊於期為了向秦王復仇，於是聽從荊軻的建議，決定自刎交出首級。順帶一提，有人認為這個樊於期可能就是敗給李牧的桓齮。

荊軻做好暗殺任務的事前準備工作後，便啟程前往秦國，人們身穿白衣喪服為他送行。荊軻自知不能生還，臨行前唱出一段著名的慷慨詩詞：「風蕭蕭兮易水寒，壯士一去兮不復還。」

《史記‧刺客列傳》的荊軻，被描述為俠義英雄的形象。不過，如果我們循著他前往燕國的行動過程來看，他看起來並非單單只是一名刺客，反而更像外交家或知識分子。

燕國暗殺秦王的相關人物

■參與刺秦的相關人物關係

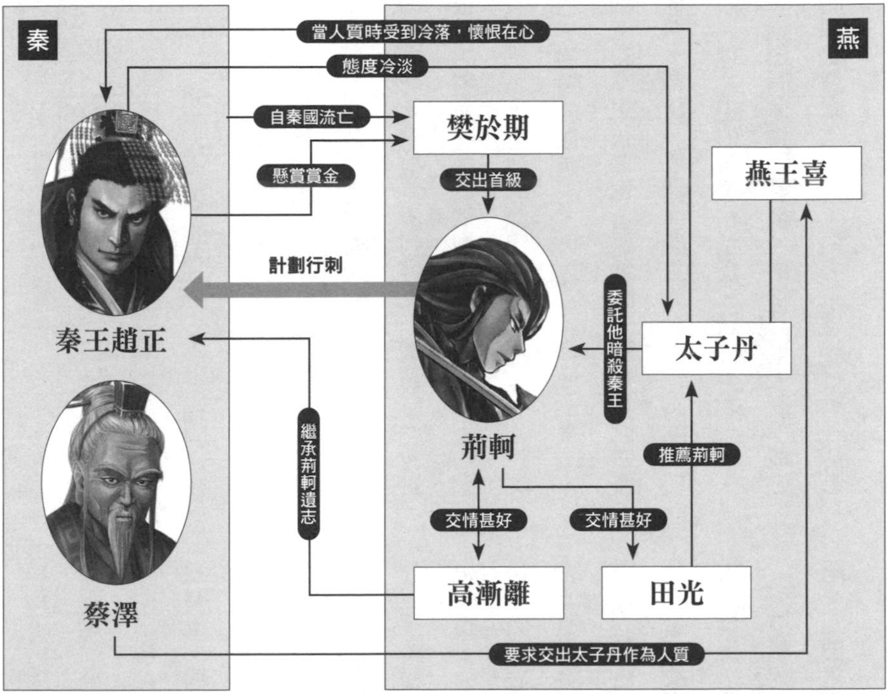
秦
燕
當人質時受到冷落，懷恨在心
態度冷淡
自秦國流亡
懸賞賞金
樊於期
交出首級
燕王喜
計劃行刺
委託他暗殺秦王
秦王趙正
太子丹
荊軻
推薦荊軻
繼承荊軻遺志
交情甚好
交情甚好
蔡澤
高漸離
田光
要求交出太子丹作為人質

獻給秦國的督亢有何價值？

秦軍攻打的燕國易水十分靠近督亢。督亢位於燕國首都薊的南邊，荊軻認為燕國必須獻上如督亢這般肥沃的土地，才能得到秦國的信任。

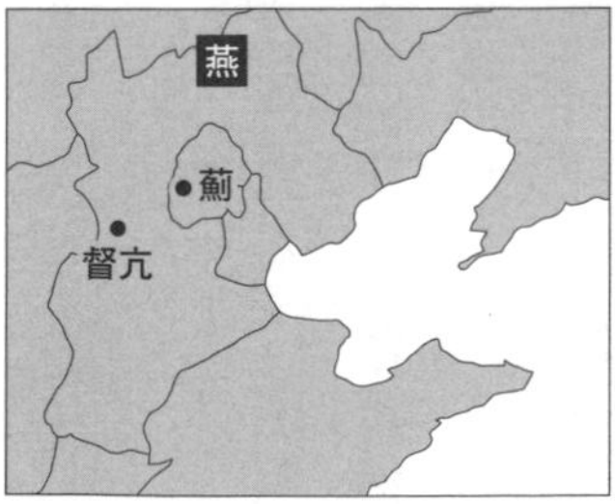
燕
薊
督亢

■燕都近在咫尺

督亢十分靠近燕國首都薊，如果燕國交出此地，對秦國來說絕對是非常難得的事。

■如今的易水

荊軻途經的易水會流經燕下都（燕國副都），是燕國的防守要衝。

荊軻刺秦王的真正目的並非秦王的性命？

荊軻出身自一個叫作衛國的小國，後來他前往榆次——位在秦國占領的太原郡附近——並走訪邯鄲，後來又到了燕國首都薊。衛、太原郡和邯鄲都曾經遭到秦軍的侵略。尤其是荊軻的故國衛國被秦國編入東郡，原本的君主衛元君被流放到野王，荊軻自然會對秦國懷有很深的積怨。由於荊軻曾經追蹤過秦軍的動向，他應該收集了不少情報以對抗秦國。

總而言之，荊軻前往秦國，果然成功謁見了秦王。他在謁見秦王時拿出包著匕首的地圖，隨著地圖慢慢展開現出匕首，荊軻一舉抓住秦王的袖子，試圖用匕首刺殺秦王，但秦王的袖子被扯斷，讓他逃過一劫。後面的發展就如同左頁的解說，最終計畫失敗。最後遭到俘虜的荊軻非常不甘心，他表示這起行動一切都是為了活捉秦王趙正，逼他承諾將秦國奪走的所有土地歸還給燕國。

由這段話來看，荊軻和太子丹的最終目似乎並非刺殺秦王。荊軻拿出匕首做出行刺的動作，或許是想逼秦王答應他將奪走的領土還給燕國。

其實以前也曾發生過類似的行刺事件。春秋時代魯國的將軍曹沫曾在會議中對齊桓公亮出利刃，逼齊桓公答應將和平協議中割讓給齊國的土地還給魯國。齊桓公雖十分憤怒，但宰相管仲卻建議齊桓公：「即使是在威脅之下做出的約定，還是應該遵守。」於是便將土地還給魯國。強者必須遵守任何形式下的約定，這是春秋戰國時代所注重的價值觀。或許荊軻是打算仿效這則故事的作法，威脅強者秦王，並在不殺害對方的情況下報一箭之仇。

可惜荊軻的計畫失敗，怒不可遏的趙正下令攻打燕國，王翦率領秦軍，動身前往燕都薊。

只差一步就能將秦始皇逼入絕境

荊軻拿出裝著樊於期首級的木箱和地圖木匣，走上王座。

↓

荊軻拿起預藏在地圖中的利刃，抓住秦王的袖子行刺，
但袖子卻被扯破了，刺殺失敗。

↓

秦王想拔劍卻拔不出來，於是繞柱躲避荊軻。

↓

侍醫夏無且對荊軻扔藥袋，
旁人趁荊軻擋藥袋時提醒秦王：「大王背負劍！」

↓

秦王拔出佩劍，斬斷荊軻左股，摔在地上的荊軻將匕首丟向秦王卻射偏了。

↓

計畫失敗

荊軻打算重現曹沫的手法？

《史記‧刺客列傳》中也有記載魯國曹沫的故事。雖然荊軻的暗殺計畫失敗了，但曹沫的暗殺手法卻成功地讓齊國歸還土地。在事件中遭到威脅的齊桓公被視為一個講求信義的人，深受其他諸侯信賴，他也因此更加靠近霸主的寶座。

■曹沫用一把匕首換回失土

①魯國敗給齊國，獻上領土以求和。

↓

②魯國曹沫在談和會議中突然對齊桓公亮出匕首，並威脅齊桓公將土地歸還魯國。齊桓公只好答應把領土還給魯國。

↓

③齊桓公雖然感到相當氣憤，卻還是聽取宰相管仲的進言，依約定將土地還給魯國。

↓

④魯國取回失地，其他諸侯認為齊桓公是個會履行任何約定的人，齊桓公因而獲得諸侯信任。

■荊軻最後的遺言

「事所以不成者，以欲生劫之，必得約契以報太子也。」

出自《史記‧刺客列傳》

現代語譯

「事情之所以沒有成功，無非是為了活捉並威脅秦王，得到歸還領土的約定，以回報給燕太子。」

攻魏滅魏

・魏文侯施行改革，加速魏國成為強國
・魏國未善加利用信陵君的能力
・王賁水淹大梁，魏國淪陷

集結優秀人才，加速壯大國家力量

根據《史記》記載，魏王是周文王的後代，他曾侍奉晉獻公（春秋五霸之一晉文公的父親），後來受封魏地，於是改名魏氏。魏氏在春秋時代末期是晉國六卿之一，操弄晉國的國政，與其他五家氏族爭奪執政實權，魏氏最後勝出（詳見第109頁）。魏氏、韓氏、趙氏三家瓜分晉國，成為獨立的國家。

戰國時代初期魏文侯（前四四五～三九六年在位）集結了李克、西門豹等眾多人才，加速魏國的政治改革。魏國因此成為戰國七雄中最強大的國家，並且開始擴張東方的版圖。

魏文侯死後，魏國仍持續侵略東方，然而到了公元前三五三年趙國邯鄲遭包圍之際，魏國卻敗給前來救趙的齊軍。公元前三四一年發生馬陵之戰，孫臏率領齊軍運用計策大敗魏軍，魏國因此國力大減。自此以後，魏國便開始遭受到秦國攻擊，而這時的秦國已因商鞅變法成功而壯大。

公元前三三〇年，魏國無法招架秦國的施壓，只好獻出河西的土地求和。魏昭王時代（前二九六～二七七年在位），公元前二九三年魏軍在伊闕大敗給白起，前二八六年魏國割讓故都安邑，向秦國求和。後來到了魏安釐王時代（前二七六～二四三年在位）魏國的狀況依舊沒有好轉，魏軍在華陽再次遭白起擊潰，情況愈來愈辛苦。

魏國歷史以及與秦國有關的事件

■魏文侯拔擢人才

西門豹
西門豹任職的地方有「河伯娶婦」的陋習，他破除此陋習，並讓該地更富饒。

吳起
優秀的兵法家。曾經為魏文侯、魏武侯效命，立下許多軍功。但後來遭人嫉妒而投奔楚國。

樂羊
攻陷中山國的武將。有一個關於他的著名故事，他的兒子遭敵軍殺害後，被做成肉羹湯，樂羊卻冷靜地將肉羹飲盡。

李克
亦稱李悝。魏文侯的宰相，推行提高農業生產政策，並且整治法規。

■魏國的勢力範圍（前3世紀左右）

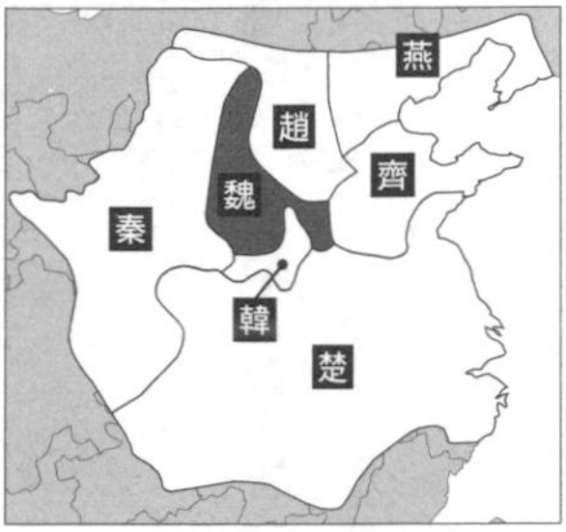

魏文侯
和韓氏、趙氏受封為諸侯。集結各式各樣的人才，加強國家內政並擴大領土，使魏國愈來愈強大。

■魏國簡略年表

前445年	魏文侯即位
前403年	周朝王室封魏、韓、趙為諸侯
前361年	從安邑遷都至大梁
前353年	攻陷趙國邯鄲，卻在桂陵敗於齊國
前341年	在馬陵之戰敗於齊國孫臏
前340年	敗於商鞅率領的秦軍
前330年	敗於秦，割讓河西
前318年	韓、趙、楚、燕合縱攻秦失敗
前314年	秦攻魏，曲沃遭奪取
前297年	魏、韓、齊攻打秦國，抵達函谷關
前293年	在伊闕敗於秦國白起
前286年	河內遭秦國攻擊，割讓故都安邑
前284年	加入樂毅率領的燕、秦、趙、韓五國聯軍，攻打齊國
前273年	聯手趙國攻韓，在華陽敗於白起。獻南陽給秦國
前257年	信陵君在邯鄲城攻破秦軍
前247年	加入信陵君率領的五國聯軍。在河內攻陷秦國
前241年	加入春申君率領的五國聯軍。進攻秦國函谷關失敗
前225年	遭秦國王賁攻滅

※灰色區塊為魏國和秦國的相關事件

面對強國秦國的攻勢，魏國陷入苦戰。白起尤其令魏軍吃盡苦頭。

在國力如此衰弱的情況下，魏安釐王的弟弟信陵君為魏國帶來了一絲希望。公元前二四七年信陵君率領五國合縱聯軍，擊敗包圍趙國邯鄲的秦軍。雖然信陵君把秦軍逼入絕境，但因為他擅自動用軍隊而遭王兄責備，只好被迫返國。信陵君從此沉浸於酒，在失落中離開人世。信陵君死後，魏國完全失去抵抗秦國的能力，蒙驁率領秦軍攻打酸棗、山陽城等地，魏軍不斷地失去領土。魏王假即位後，魏國只能保住大梁附近的領土，已到了隨時都可能滅國的地步。

王賁率領秦軍，水淹魏都大梁

秦王政二十二年（前二二五年）王賁擔任主將，率領秦軍攻打魏國。王賁鎖定魏王等人可能都待在首都大梁，於是採水攻之計，引黃河水水淹大梁。

關於水攻之計，《史記．魏世家》如此記載：「引黃河、大溝水灌魏都大梁。」秦軍破壞接通城外的黃河灌溉渠道，再引河水入城裡。這個時代的黃河距離大梁北方約七十公里，引黃河之水肯定相當不容易。如果過程中發生堤防潰堤等問題，秦軍自己也會受到傷害，王賁能成功達成目的實在不簡單。

大梁雖然遭到洪水淹滅，但魏國還是堅持抵擋，秦軍花了三個月的時間才擊潰魏軍。想必魏國當時是拚死抵抗秦軍的攻勢，可惜沒有辦法擊退秦軍，大梁最後還是淪陷了。魏王假遭秦軍俘虜，魏國自此滅亡。

有許多人認為魏國之所以會滅亡，是因為「未重用信陵君」。然而，司馬遷卻反對這個說法，他認為「既然老天要讓秦國來平定天下，再厲害的宰相都無法拯救魏國」。

正如司馬遷所說，秦國的氣勢已經到了擋也擋不住的地步。北方的燕國已奄奄一息，再來就只剩下南方的楚國和東方的齊國了。

王賁水淹魏都大梁

■王賁攻魏略圖

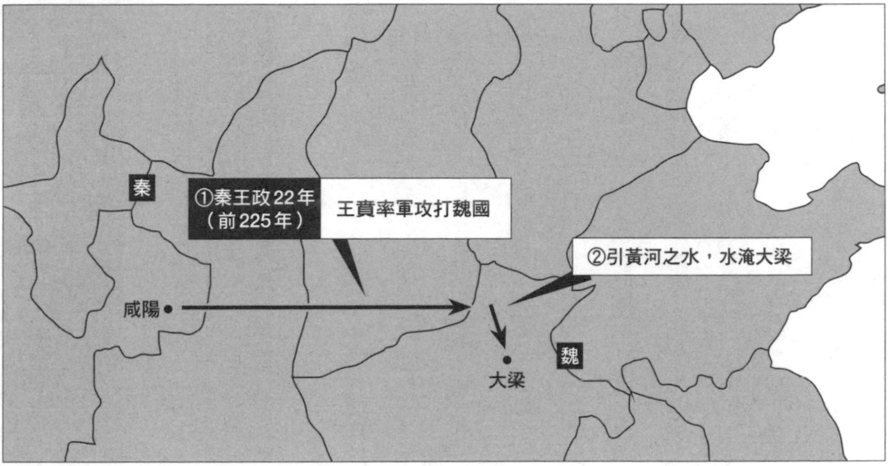
秦
①秦王政22年
（前225年）
王賁率軍攻打魏國
②引黃河之水，水淹大梁
咸陽
大梁
魏

擔任主將的王賁運用水攻之計侵略魏國。《王者天下》中的王賁屬於勇猛型將領，不過他也經常展現出精準的戰術能力，或許史實中的王賁也是這樣的武將。

■中國第二大河——黃河

黃河流域是中國文明發源之地。所謂的「中原」地域，指的就是黃河中下游地區，此區域是中國歷史發展的重要場景。

秦始皇冷知識

如今大梁的行政區劃

魏國大梁位於現在河南省開封市的西北方。開封市在宋朝時被稱為東京開封府，當時是繁榮的首都；開封是中國史上最重要的都市之一，與西安、北京、洛陽等地合稱為八大古都。我們可以從王賁水淹大梁的故事得知，由於黃河十分靠近首都，經常泛濫成災，現在的開封底下埋著北宋、明代、清代等一座又一座的歷代都市。

■河南省開封市

攻楚滅楚

・楚莊王時代迎來全盛期
・楚國在外交、外征方面皆遭秦國壓迫
・王翦是否戲弄秦王趙正？

春秋五霸之一的楚莊王，人才輩出的南方強國

楚國位於長江流域，領土十分廣大，在春秋時代初期即是南方的強國，後來逐漸壯大。楚莊王在位時期（前六一四～五九一年）是楚國的全盛時期，陳、鄭等國成為楚國的附庸國。楚國曾在洛陽郊區陳兵，對周朝王室施壓。楚莊王更曾和北方的強國晉國對峙，並取得勝利，自此確立霸權，成為真正的征服者。

楚國和晉國持續爭奪天下的霸權，楚平王時期（前五二八～五一六年在位），伍子胥的父兄遭楚平王處決，他決意投奔吳國。公元前五〇六年，伍子胥成為吳王闔廬的臣子，率領吳軍攻打楚國。他攻破楚國首都郢，並且鞭打殺害父兄的仇敵楚平王的屍體。楚國即將滅亡之際，秦國援軍趕來，協助楚國脫離險境。

戰國時期，各個國家都在施行改革。吳起從魏國投奔楚國，協助楚國強化中央集權體制，然而反對改革的勢力卻殺害了吳起，因此這次變法並不完善。不久後，已成強國的秦國步步逼近，楚國必須採取對策。然而楚懷王（前三二八～二九九年在位）聽取秦相張儀的花言巧語，接連採行和齊國斷交等錯誤作法，導致楚國在外交戰中大敗給秦國。緊接著，司馬錯攻陷黔中，白起侵略楚國並攻破首都郢，秦軍勢如破竹，楚國實在擋也擋不住。後來春申君擔任聯合五國，率領合縱聯軍進攻秦國（詳見第98頁），此次反擊卻失敗，楚國終究不能逃離遭秦國猛攻的命運。

楚國歷史以及與秦國有關的事件

楚莊王

著名明君，春秋五霸之一。楚莊王即位時並未展現出對政治的興趣，不過他看出周遭人才的資質，於是重用冒死向他進言的伍举、蘇從等人為臣。國力壯大的楚國壓制庸、鄭等周邊國家，展現楚國的威勢。

■楚國勢力範圍（前3世紀左右）

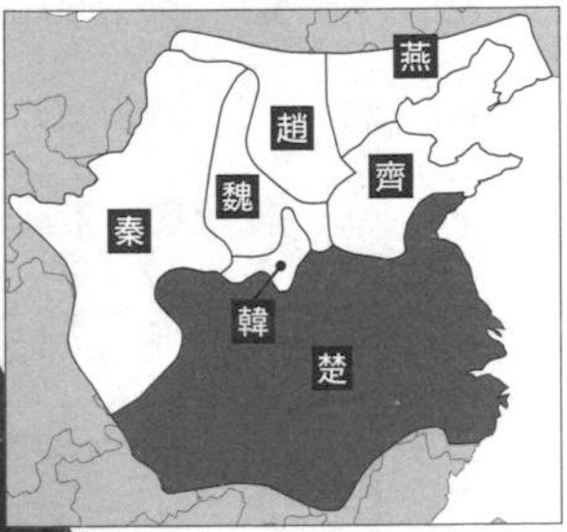

成語故事筆記本

楚莊問鼎

周定王派遣使者慰勞楚莊王，楚莊王便探問周朝的寶器——九鼎之大小輕重。楚莊王問鼎，表示他想帶走鼎，有圖謀周王權力之意。換句話說，楚莊王質疑周天子的權威和實力，後用以指覬覦最高地位。

■楚國簡易年表

前606年	楚莊王在周朝首都洛陽駐屯
前597年	楚莊王在邲之戰大勝晉國
前506年	在柏舉大敗吳軍，攻陷吳國首都
前390年	吳起擔任楚國宰相
前349年	侵略齊國，卻在淳于髡出兵之前不戰而退
前333年	楚威王攻破齊國徐州
前318年	與韓、魏、趙、燕合縱攻秦失敗
前312年	在丹陽敗於秦，漢中遭秦軍奪取
前306年	攻滅越國
前299年	秦國欺騙並扣留楚懷王
前280年	秦國司馬錯攻楚，楚國獻上庸、漢北給秦國
前278年	白起攻陷首都郢，楚國遷都至陳
前258年	趙國遭秦軍攻擊，春申君率軍救趙
前256年	楚考烈王消滅魯國
前247年	加入信陵君領軍的五國聯軍。在河內攻破秦軍
前241年	加入春申君領軍的五國聯軍，進攻函谷關失敗
前224年	王翦率秦軍攻陷壽春，楚國滅亡

※灰色區塊為楚國和秦國的相關事件

楚國原本是南方強國，但到了戰國中期卻被秦國後來居上。

李信、蒙恬攻楚失敗，王翦經驗老道，機智取勝

秦國消滅韓、魏、趙，攻陷燕國首都後，便開始侵略楚國。《史記‧白起王翦列傳》中記載，李信擔任對楚作戰的主將，而蒙恬擔任副將。

秦軍兵分兩路，李信負責帶隊攻打平輿，蒙恬進攻寢丘，大破楚軍。接著李信掉頭往西行，打算在城父和蒙恬軍會合，但卻在城父遭到楚軍突襲。楚軍的奇襲令秦軍措手不及，無計可施的李信等人只好撤退，然而仍失去眾多兵力與將領，吃了一場大敗仗。

秦王趙正得知李信敗退的消息後，啟用已經隱退的王翦，任命他為攻楚戰役的主將。王翦和蒙武一起進攻楚國，王翦採持久戰策略，並從企圖撤退的楚軍後方展開突襲，在蘄水南方擊敗楚國將軍項燕。秦軍趁勝追擊，在秦王政二十四年（前二二三年）俘虜楚王負芻。秦國占據楚國全數領地，設郡縣，南方大國楚國就這樣走入了歷史。

秦國欲侵略楚國之際，秦王趙正問王翦需要多少兵力，王翦答六十萬，李信則答二十萬，秦王一聽便認為王翦已老，輕視他的能力。結果秦王眼看李信軍慘敗，於是便依照王翦的要求，調動了六十萬兵力。六十萬兵力相當於秦國統一天下後，對匈奴戰役的兩倍兵力。此時的秦國已經占領了楚國故都郢，他們真的有派出這麼多兵力嗎？這點不禁令人感到懷疑。

王翦出兵前為了迴避秦王對他的疑慮，多次要求秦王給他獎賞，表現出除了金錢以外別無他求的樣子。這一則著名故事將王翦描寫成足智多謀的人，而秦王趙正不僅見識短淺，而且還生性多疑。不過，也有可能秦王其實讀懂了王翦背後的意圖，他是為了讓王翦放心才順著他的意。從這層意義上來看，「王翦戲弄趙正」的看法似乎有些言之過早。

楚軍擊敗李信卻敗於王翦

■李信、王翦攻楚略圖

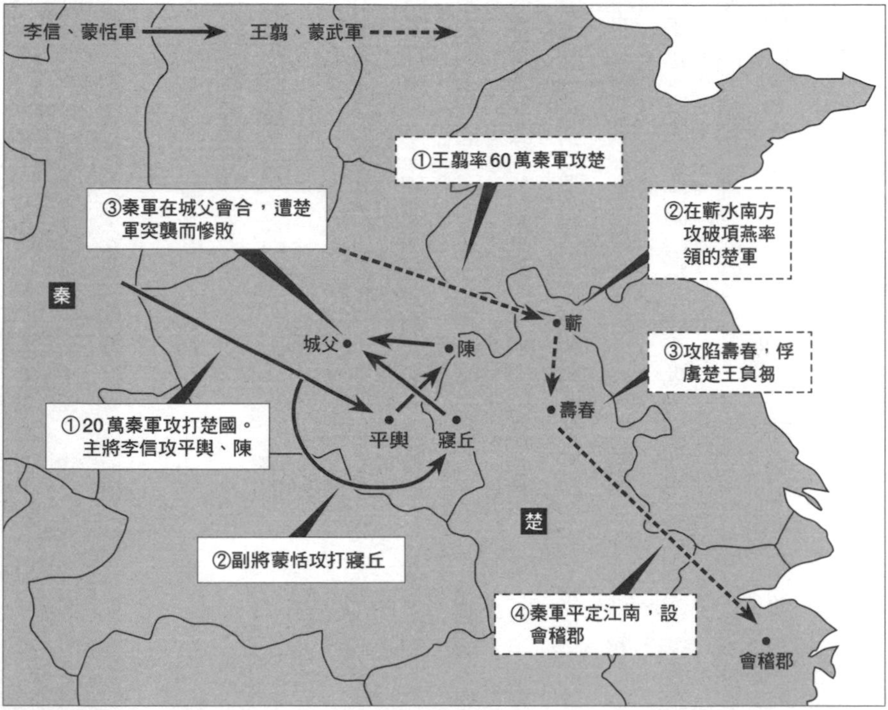

李信、蒙恬軍
王翦、蒙武軍
①王翦率60萬秦軍攻楚
③秦軍在城父會合，遭楚軍突襲而慘敗
②在蘄水南方攻破項燕率領的楚軍
秦
城父
陳
蘄
③攻陷壽春，俘虜楚王負芻
①20萬秦軍攻打楚國。主將李信攻平輿、陳
平輿
寢丘
壽春
楚
②副將蒙恬攻打寢丘
④秦軍平定江南，設會稽郡
會稽郡

眾多楚國人起兵反秦

秦始皇死後，許多楚國人起義抗秦。「楚雖三戶，亡秦必楚也」的說法十分著名，或許真的有許多楚國人懷有這般氣魄。

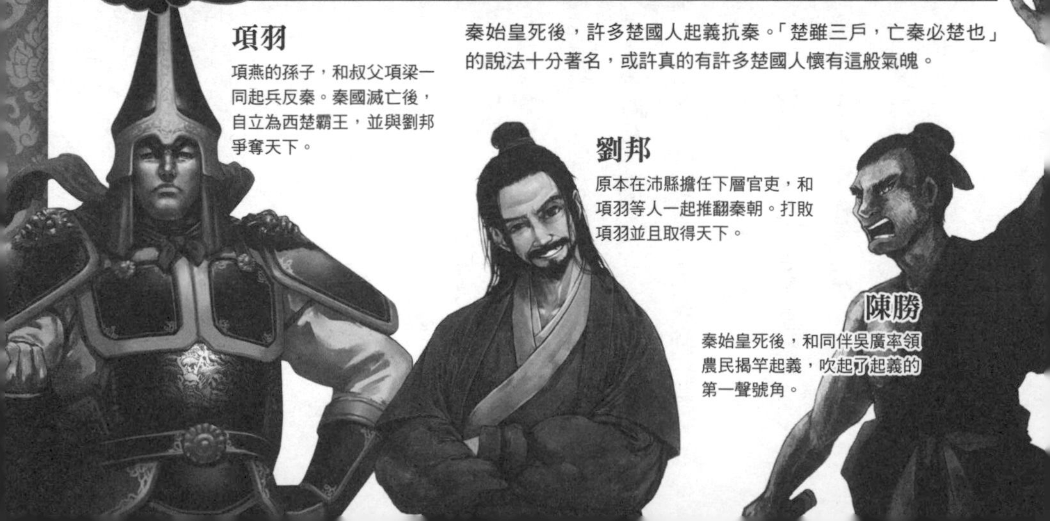

項羽

項燕的孫子，和叔父項梁一同起兵反秦。秦國滅亡後，自立為西楚霸王，並與劉邦爭奪天下。

劉邦

原本在沛縣擔任下層官吏，和項羽等人一起推翻秦朝。打敗項羽並且取得天下。

陳勝

秦始皇死後，和同伴吳廣率領農民揭竿起義，吹起了起義的第一聲號角。

攻燕滅燕

・燕國位於最北方
・燕昭王將齊國逼入存亡絕境
・荊軻刺秦王事件，引發秦國侵略燕國

燕昭王時代進步神速，曾將齊國逼入滅亡絕境

燕國位在最北方，位於現今北京的河北省附近。燕國的北方有異民族，南方國境則與強國齊國、晉國接壤。燕國是最弱小的國家，屢屢瀕臨即將滅亡的危險處境。關於春秋時期燕國的記載甚少，唯一的描述是北方異族山戎入侵燕國時，齊桓公協助燕國擊退外敵。戰國時期，燕王噲盲目地聽信宰相子之，將國家大權禪讓給子之。齊國趁燕國內政一片混亂，出兵攻打燕國，燕國陷入滅國絕境。

在如此絕望之際，燕昭王（前三一二～二七九年在位）拯救了燕國。燕昭王集結樂毅等多名人才，藉此增強國力。此外，他討伐北方民族東胡並建長城，在北方設立上谷、漁陽、右北平、遼西、遼東五郡，擴張版圖。公元前二八四年樂毅率領五國聯軍，合縱攻陷齊國首都臨淄，齊國除了莒、即墨之外，其他城市皆遭占領。但燕昭王去世後，齊國用離間計令樂毅流亡至趙國。燕軍在之後的戰役中大敗給田單率領的齊軍，原本從齊國攻下的領土全數被奪回。

雖然秦國後來國力增強，但燕國的國境並未與秦國接壤，因此並沒有受到直接性的攻擊。即便如此，燕國應該還是對秦國的崛起抱有警覺。後來，秦王派蔡澤出使燕國，燕王喜則交出兒子太子丹作為人質，向秦國求和。

然而，已殲滅韓趙的秦軍作勢侵略燕國，燕國因此

燕國歷史以及與秦國有關的事件

燕昭王

著名的明君。在位期間重用人才，富國強兵。擊敗齊國，讓弱小的燕國變成強國。

樂毅

戰國時期具有代表性的名將。燕昭王任命為將軍，將齊國逼至滅國絕境。

■楚國勢力範圍（前3世紀左右）

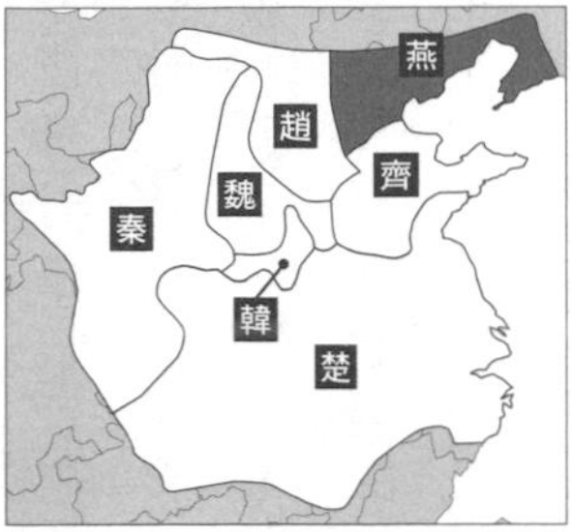

成語故事筆記本

先從隗始

比喻招致賢才，不妨先暫用能力低劣者，以表明急於求賢的誠意，進而吸引賢者投效。郭隗聽聞燕昭王打算任用賢才一事，便說道：「請先任用我郭隗，如此一來便能匯集實力比我更好的人才。」

■燕國簡易年表

前323年	燕易王稱王
前318年	與韓、魏、趙、楚國合縱攻秦失敗
前314年	燕國內亂，齊國趁虛而入
前311年	樂毅、鄒衍、劇辛等人為燕昭王效命
前284年	樂毅率領五國聯軍，攻陷齊國首都臨淄
前279年	燕昭王去世，樂毅失勢。燕國在即墨敗於田單率領的齊軍
前251年	燕國攻趙，敗於廉頗率領的趙軍
前247年	加入信陵君領軍的五國聯軍。在河內攻破秦軍
前241年	加入春申君領軍的五國聯軍。攻打秦國函谷關失敗
前227年	太子丹派荊軻前往秦國，行刺秦王失敗
前226年	王翦率秦軍攻燕，燕國首都薊淪陷
前222年	王賁率秦軍攻燕，燕國滅亡

※灰色區塊為燕國和秦國的相關事件

燕國與趙國的國境相接，燕國經常遭李牧、龐煖攻伐。

秦始皇冷知識

如今薊的行政區劃

春秋戰國時代燕國首都薊，位於現在中國首都北京市。北京有天安門廣場、故宮（紫禁城）、周口店北京人遺址等著名遺跡。除此之外，還有薊城紀念柱、琉璃河遺址等與燕國相關的史蹟。

▼周口店北京人遺址

周口店北京人遺址，被列為世界文化遺產。

感到動搖，返回燕國的太子丹為了阻止秦王趙正侵略燕國，於是派刺客荊軻前往秦國行刺秦王（詳見第116頁），但行刺計畫失敗。暗殺事件讓秦王趙正震怒，秦國開始對燕國發動激烈的攻勢。

王翦率領秦軍攻陷燕都，秦軍在遼東追擊燕王喜

秦王政二十年（前二二七年）王翦和辛勝率領秦軍攻打燕國。燕國聯手趙國公子代王嘉迎戰秦軍，但王翦等人在易水西方攻破燕代聯軍。秦王政二十一年（前二二六年）王翦之子王賁攻陷燕國首都薊。燕王喜和太子丹逃往遼東地區，李信追擊並俘虜太子丹。不過，還有另外一種說法，燕王喜為了讓秦王趙正息怒，於是斬殺太子丹並獻給秦王，根據刺客列傳的記載，這個策略是出自代王嘉對燕王的進言。

秦軍似乎也不再執著於捉拿燕王喜，燕國總算勉強地存活下來，但也失去回天的力氣了。

對燕侵略戰結束後，王翦以年老多病為由辭去將軍職務，回鄉隱居。《史記．白起王翦列傳》中記載，秦王趙正詢問攻楚需要多少兵力，王翦回答之後，見秦王質疑他的提議，因此才稱病辭朝，返鄉隱居。從這段描述來看，或許燕王喜之所以能夠固守遼東、暫時逃過一劫，是因為秦國實際上正打算侵略楚國。

秦王政二十四年（前二二三年）秦國在王翦等人的大力協助下滅掉楚國，隔年主將王賁率領大軍出兵攻打遼東。燕國對此毫無抵抗之力，燕王喜遭王賁俘虜，燕國正式滅亡。王賁緊接著率兵折返，攻打燕國的同夥代國。代王嘉遭俘虜，趙國餘黨固守的代國也滅亡了。秦王趙正就這樣消滅了五國，統一中國的最終目標近在眼前。

刺秦計畫點燃燕國滅亡的火苗

■秦軍攻燕略圖

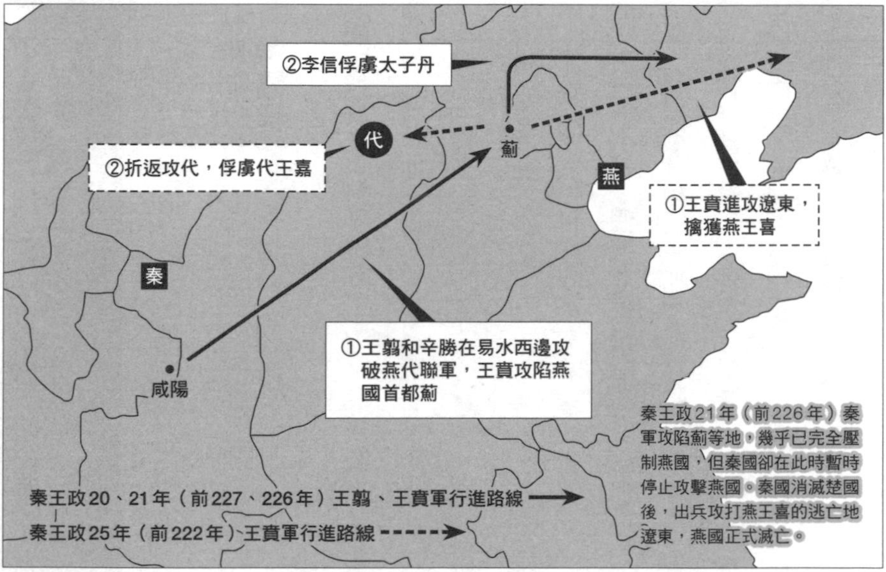
②李信俘虜太子丹
代
薊
②折返攻代，俘虜代王嘉
燕
①王賁進攻遼東，擒獲燕王喜
秦
①王翦和辛勝在易水西邊攻破燕代聯軍，王賁攻陷燕國首都薊
咸陽
秦王政21年（前226年）秦軍攻陷薊等地，幾乎已完全壓制燕國，但秦國卻在此時暫時停止攻擊燕國。秦國消滅楚國後，出兵攻打燕王喜的逃亡地遼東，燕國正式滅亡。
秦王政20、21年（前227、226年）王翦、王賁軍行進路線
秦王政25年（前222年）王賁軍行進路線

抗秦至最後一刻的代王嘉

代王嘉

趙悼襄王的嫡長子，但悼襄王因寵愛其他姬妾，希望立他們所生的兒子為太子，於是代王嘉遭廢嫡。弟弟趙幽繆王屈服於秦之後，代王嘉待在代地持續抗秦。經過6年的奮戰，最後還是敗於王賁而遭俘虜。

■趙國滅亡後，代王嘉的動向

秦王政19年（前228年）	逃至代地，自立為代王
秦王政20年（前227年）	和燕王喜聯手，在易水迎戰秦軍失敗
秦王政21年（前226年）	建議燕王喜向秦國獻上太子丹的首級
秦王政25年（前222年）	敗於王賁率領的秦軍，代王嘉遭俘虜

秦始皇冷知識

漢朝建立後，劉邦的家臣盧綰獲封燕王

秦朝滅亡後，原本是燕國將領的臧荼跟隨項羽，獲封燕王。劉邦擊敗項羽後，臧荼也順勢歸順漢朝，然而他隨即發動叛變，最後戰敗而死。劉邦改封功臣盧綰（為劉邦從小的玩伴）為燕王，但在後來整肅異姓王的風潮中，盧綰被質疑謀反，最終逃亡匈奴。

攻齊滅齊

・齊國始祖為太公望呂尚
・齊國敗於燕國樂毅，國力日漸衰弱
・與秦結盟，助秦國統一天下

自春秋時期以來，東方強國稱霸天下

齊國的開國始祖就是《封神演義》中著名的太公望呂尚。呂尚的姓為姜，他的後代擔任君主的時期，齊國被稱作「姜齊」。後來田氏篡奪姜姓成為諸侯，自此齊國被也稱作「田齊」。

春秋時期，齊桓公在名相管仲的輔佐之下，國力增強，成為取代周天子、第一個統合諸侯的盟主。此後雖有名臣晏嬰、司馬穰苴相助，但國君的權勢卻日益薄弱，晏嬰更預言齊國總有一天會遭田氏篡奪。

後續正如晏嬰所言，勢力龐大的氏族田氏崛起，田氏擔任宰相掌握政治實權。公元前三八六年，田氏消滅姜齊並自立為王。田齊時代最興盛的時期是齊威王（前三五六～三二〇年在位）時代，齊威王重用孫臏，在著名的馬陵之戰中大勝。馬陵之戰後齊國勢力擴張，成為東方強國，形成與西方秦國的東西對立局勢。然而到了公元前二八四年，齊國大敗於燕國樂毅統領的五國聯軍，齊國首都臨淄遭攻陷，莒和即墨以外的城市皆失守。

就在齊國存亡危機之際，田單拯救了齊國。他趁著主導攻齊的燕昭王死去良機，以離間計挑撥繼任的燕惠王與樂毅，導致樂毅出逃趙國。田單緊接著進攻燕國，逐一收復失地。但即便如此，燕國的侵略已然造成齊國國勢衰頹，自此以後只能走一路走下坡。

齊國歷史以及與秦國有關的事件

■田齊的建立過程

一 晏孺子元年（前489年）
田乞無視齊景公的遺言，擁立公子陽生。

二 簡公4年（前481年）
田常（田恒）殺害齊簡公。擁立齊平公，擔任宰相。

三 康公14年（前391年）
田和放逐齊康公，自立為齊公。

四 康公19年（前386年）
周朝王室承認田和為諸侯（田齊時代開始）。

田氏一族在田乞領導下勢力壯大。田乞之子田常（田恒）密謀殺害國君齊簡公，獨攬齊國大權。田常的三世孫田和取代姜姓呂氏，自立為齊王，而後獲周王室認可其諸侯地位。

■齊國勢力範圍（前3世紀左右）

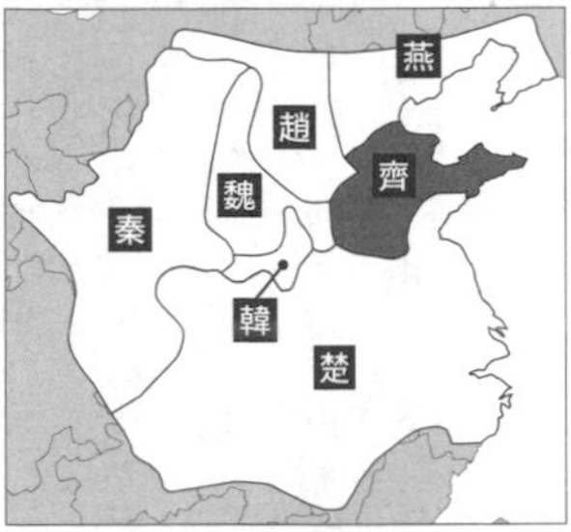

■齊國簡易年表

前685年	齊桓公任管仲為相
前679年	齊桓公與其他諸侯結盟，成為第一位盟主
前481年	田恒殺害國君齊簡公
前386年	周朝王室承認田和為諸侯
前356年	齊威王即位
前353年	魏國攻陷趙國邯鄲，齊國在桂陵攻破魏國
前341年	齊國於馬陵之戰擊敗魏國
前298年	孟嘗君從秦國返回齊國
前297年	齊、韓、魏聯手攻破秦軍，抵達函谷關
前288年	齊湣王自稱東帝
前286年	齊滅宋國
前284年	樂毅率領五國聯軍，攻陷齊國首都臨淄
前279年	田單於即墨擊敗燕軍，收復失地70餘城
前221年	王賁率秦軍攻齊，齊國滅亡

※灰色區塊為齊國和秦國的相關事件
齊國因為樂毅的征伐而愈來愈衰弱，最終無法和秦國爭天下。

孫臏
兵法家，以著書《孫臏兵法》而聞名。在魏國遭師出同門龐涓的算計而雙腿遭截斷，但後來逃出魏國。為齊國效命，擔任齊威王的軍師，在馬陵之戰中與龐涓率領的魏軍對峙，最終取得大勝。

秦始皇冷知識

為何《王者天下》中的齊國存在感薄弱？

原因正如下一頁介紹的內容，秦國對齊國採取「不戰」方針，因此《王者天下》裡的齊國幾乎沒有出場畫面，存在感十分薄弱。在漫畫中，齊王建造訪秦國，他在會談中答應支持秦王統一天下。後面的劇情又將會如何發展呢？

齊國毀約與秦國為敵，秦王趙正派大軍攻齊

秦王趙正為邁向統一之路而積極出擊，他不與齊國戰鬥，而是採用外交策略以牽制齊國的行動。秦國賄賂齊國宰相后勝，並讓許多齊國賓客進入秦國。秦國收買了齊國賓客，讓他們慫恿齊王建不要和其他五國合縱，並且和秦國維持和睦。秦王的策略奏效，齊王建迴避了秦國與五國之間的爭鬥。

齊王建應該是看到五國都遭秦國消滅，才開始疑神疑鬼，齊王建和后勝出兵將軍隊集結到靠近秦國的西部邊境，並斷絕和秦國的來往。

然而秦王趙正將齊國的舉動視為背叛行為，秦王政二十六年（前二二一年）秦國派在燕國駐留的王賁、李信等人南下攻齊，包圍齊國首都臨淄。齊王建眼看已無力挽回，選擇不戰而降。齊王遭俘虜，自此東方大國齊國滅亡。

秦王趙正統一六國之後，提出討伐六國的原因，他指責齊國違反約定：「齊王聽取后勝的計謀，與秦國斷絕往來，企圖造反。」如果齊國沒有封鎖國境，或許趙正會以某種形式保留齊國。畢竟，如果齊國和其餘五國合縱抗秦，秦國肯定需要花更長的時間才能完成統一。對秦國而言，齊王建在滅五國之戰中也發揮不小的作用。

齊王選擇和秦國結盟，從不反抗，最終招致滅國的結局，令齊國人對齊王十分怨恨。民間甚至流傳起這麼一首歌謠：「是松樹？還是柏樹？難道不是賓客讓齊王建住進共城的嗎？」共城即是齊王後來遷居的地點，這首歌正是諷刺齊王對收受秦國賄絡的賓客言聽計從，最後才會落入這般田地。

秦國滅六國，終於統一中國天下。接下來，成為秦始皇的趙正就此展開他的大秦事業。

齊國迎來平淡無奇的結局

■秦軍攻齊略圖

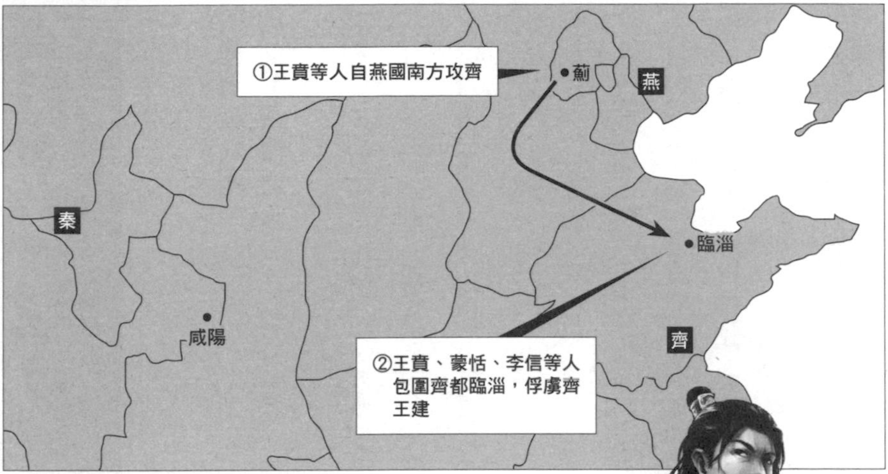
①王賁等人自燕國南方攻齊
薊
燕
秦
臨淄
咸陽
齊
②王賁、蒙恬、李信等人包圍齊都臨淄，俘虜齊王建

■田齊的後續及楚漢戰爭時的齊國

①田氏後代田儋呼應陳勝吳廣，起兵抗秦
②田儋遭秦軍討伐，田榮擁立田儋之子田市為齊王
③秦朝滅亡後，項羽分齊國為三齊
④田榮不滿項羽的分配，起兵反抗
⑤劉邦的部下韓信壓制齊國，韓信成為齊王
⑥劉邦改封韓信為楚王，劉邦之子劉肥成為齊王

存活下來的田氏一族在陳勝吳廣之亂中起兵反抗。他們雖企圖重振田齊，但卻和項羽發生對立、紛爭，最後完全滅亡。

韓信

協助劉邦完成霸業的稀世名將。楚漢戰爭時率領別動隊逐一壓制諸國。平定齊國後，向劉邦請封齊王。

世界史記事本

漢尼拔成為迦太基軍事統帥

公元前221年秦國消滅齊國。同一時間的迦太基則發生了哈斯德魯巴刺殺身亡事件，漢尼拔隨後獲得迦太基政府任命，成為新的軍事統帥。後來爆發第二次布匿戰爭，漢尼拔在冬季翻山越嶺，跨過阿爾卑斯山脈，入侵義大利半島，重擊羅馬。

▼迦太基

北非的突尼西亞保留至今的迦太基遺址。

九年實現天下一統

・僅花9年便完成天下統一
・俘虜六國君主，但並未殺害
・僅在邯鄲做出虐殺行為

秦王接連消滅六國，但他並非薄情之人

秦始皇二十六年（前二二一年），三十九歲的秦王趙正終於實現統一天下的目標。從秦王政十七年（前二三〇年）消滅韓國以來，只花了短短九年就快速達成統一霸業。

趙正成為秦始皇後，展開第三次出巡，他在出巡時立下「禽滅六王」的刻石，留下了十分強烈的字眼。但實際上如左頁的說明，秦王俘虜六王並讓他們活下來，這時臣服於秦國的六王，可以視為隸屬於秦朝的諸侯王。

舉例來說，韓國滅亡後經過四年，韓王安因於新鄭發動叛變而移往他處，後來他死在新的住處，由此可知他在韓國滅亡之後，還活了四年。而趙幽繆王遭俘虜之後，他被流放到湖北省武當山，並且在此度過餘生。齊王建只被送到共地，並未遭處刑。留下六王的做法或許也是出於政治上的考量，以避免無端刺激舊臣或人民。不過，如果我們拿滅秦的項羽來比較，項羽最後誅殺了子嬰一族，相較之下，秦王的做法是否比項羽寬容許多？

秦國侵略六國的過程中，幾乎沒有出現虐殺行為，唯一遭到屠殺的對象，就是曾經把秦王趙正當人質的趙國首都邯鄲。趙正派王翦等人入侵邯鄲，並將所有和他母親結仇的人活埋。對於年幼時期的趙正而言，當年待在趙國的日子應該相當殘酷吧。

回顧秦王統一天下過程

■統一中國的足跡

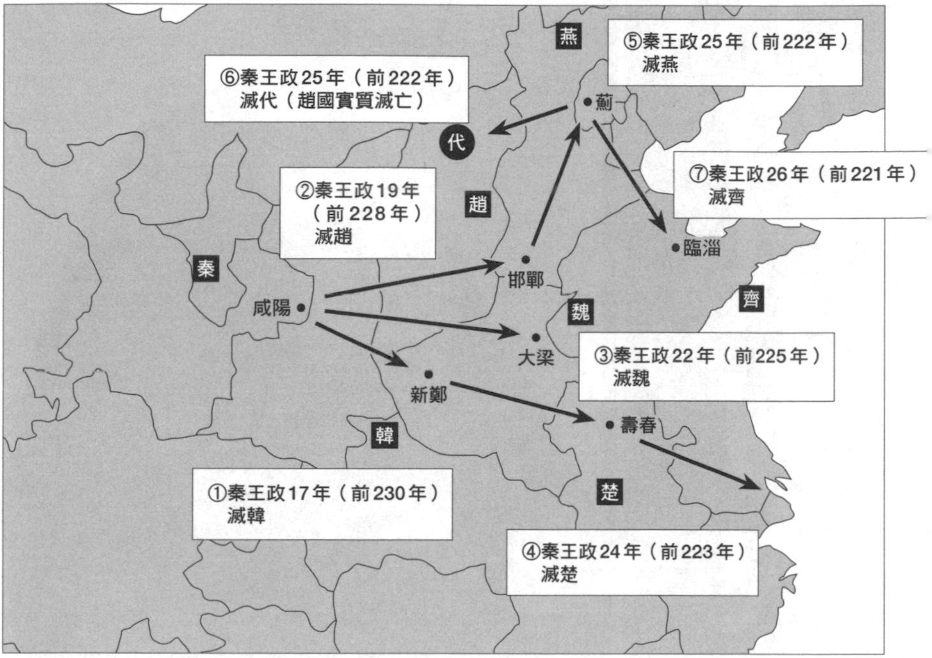
燕
⑤秦王政25年（前222年）
滅燕
⑥秦王政25年（前222年）
滅代（趙國實質滅亡）
薊
代
⑦秦王政26年（前221年）
滅齊
②秦王政19年
（前228年）
滅趙
趙
臨淄
秦
邯鄲
咸陽
魏
齊
大梁
③秦王政22年（前225年）
滅魏
新鄭
壽春
韓
①秦王政17年（前230年）
滅韓
楚
④秦王政24年（前223年）
滅楚

■六國君王的結局

韓王安
遷往他處，秦王政21年（前226年）去世。

魏王假
魏都大梁淪陷後，遭到俘虜。

燕王喜
逃到遼東，最後遭到俘虜。

趙幽繆王
遭俘虜後，被流放到湖北省武當山房陵。

楚王負芻
楚都壽春淪陷後，遭到俘虜。

齊王建
齊國淪陷後遭俘虜，被迫遷往河內郡的共地。

上方並未列出原本的趙國公子代王嘉，他待在代地抗秦，只知道最後遭秦國俘虜，史料中並未提及他的生死。從上述情況來看，我們可以得知國家的滅亡和君主的生死無關，俘虜並迫使君主退位，就代表國家滅亡。秦始皇死後，大秦帝國也面臨同樣的遭遇，秦朝滅亡的時間點並非指子嬰的死，而是當他向劉邦投降之際，秦朝便走入歷史。

第4章 秦始皇的大秦帝國

插圖：趙高（もか）

插圖：李斯（武彥）

皇帝稱號的始創

- 中國史上第一個「皇帝」
- 「皇」代表光明輝煌
- 「帝」取自中國神話的五帝

全新的帝王稱謂，含有統一之意的「皇帝」

秦王趙正十三歲登基為王，當時的稱號是「王」。

但「王」的稱號只是各國家君主的稱呼，趙正認為身為打倒周邊各國並統御中國全境的人，應該創立一個新的稱號。於是他和丞相王綰、御史大夫馮劫、廷尉李斯等人召開御前會議。

大臣借助博士們的智慧，從古籍中舉出「天皇」、「地皇」、「泰皇」的稱號，並且向趙正獻上最為尊貴的「泰皇」的尊號。

然而，趙正不接受這個提案，他留下代表璀璨光輝的「皇」字，另外採用中國古代神話「五帝」中的「帝」字，自稱為「皇帝」。

同時，他還創立了皇帝專屬的自稱稱謂「朕」，而皇帝所頒布的命令則為「詔」。這些專門用法也為後世一路傳承沿用。

秦始皇的「始」字，則表示史上「第一位」皇帝。繼承秦始皇帝位的皇帝，稱號則按繼位順序，依序為「秦二世」、「秦三世」，以此類推。可是實際上，本來應該稱為「秦三世」的子嬰無法鎮壓國內風起雲湧的叛亂，在位期間都未能有效統御全國，因此秦朝只延續到「二世」而已。

後來的漢朝也沿用了「皇帝」稱號，這個稱號被持續使用了兩千年，一直被沿用到末代皇帝愛新覺羅・溥儀的時代。

始皇帝稱號在歷史上留名

■一國之王自稱「皇帝」

大臣提案

天皇　地皇

泰皇

↓

秦王不接受「泰皇」，
而是採用「皇帝」的尊號

■「皇帝」文字中蘊含的歷史意義

皇　帝

皇	帝
大臣提出「太皇」、「地皇」、「泰皇」三皇	古代統御千里的五帝

始皇帝

實現天下統一霸業，成為第一個使用「皇帝」尊號的君主。從這個稱號中可感受到超越三皇五帝的強烈意念。

■秦始皇陵的石碑上，也刻有皇帝稱號

「皇帝」稱號取自中國神話中的帝王「五帝」。《史記》記載的五帝依序為「黃帝」、「顓頊」、「帝嚳」「堯」、「舜」。

廢封建，行郡縣

・封建制度，意指君王將土地分封給諸侯
・郡縣制度，則是由中央指派官吏以治理各地
・全國共分為36郡

秦朝建立起中國史上第一個中央集權國家

在秦始皇統一天下以前，中國一直以來都是採用「封建制度」。

封建制度是指國家領土分成不同地域，各地交由諸侯治理，而相對地，諸侯必須承擔繳納貢物、軍事保衛等義務。

郡縣制度則是將區域分成郡、縣兩個層級，由中央指派官吏以管理各地。

過去歷史上不斷發生地方勢力增強，諸侯起兵造反的問題，秦始皇認為這些問題是因封建制而起，因此他決定施行郡縣制度，以強化中央集權體制。

不過，其實有許多臣下建議秦始皇將郡縣制和傳統的封建制併用，李斯卻認為這樣反而會造成混亂，最後秦始皇採納了李斯的進言。

秦始皇推行郡縣制度，並將國內分為三十六郡，各郡皆設有負責掌管行政的「守」、負責管理軍事的「尉」，以及擔任監察負責人的「監」，各職務皆非世襲繼承，而是由中央任命調遷。

關於秦朝這時建立的三十六郡，目前仍無法得知三十六郡的確切分類，許多學者對此提出各種推測。

除了郡、縣以外，後來中國還增加了州、道等行政區劃。如今中國的行政區劃為二十三省、五個自治區、四個直轄市。此外，下一層的區劃中依然保有「縣」的行政區。

廢封建，行郡縣

■封建制與郡縣制的差別

封建制

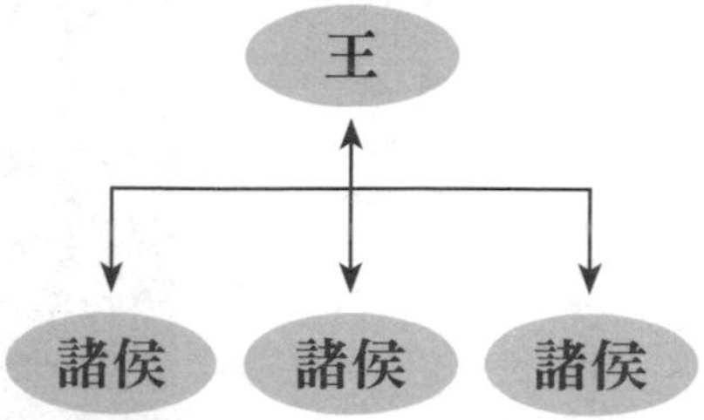

封建制度由君主底下的諸侯管理各自的領地。一般採世襲制，一旦諸侯勢力壯大，就會發生諸侯獨立或起兵叛變等問題，導致國家陷入危機。

郡縣制

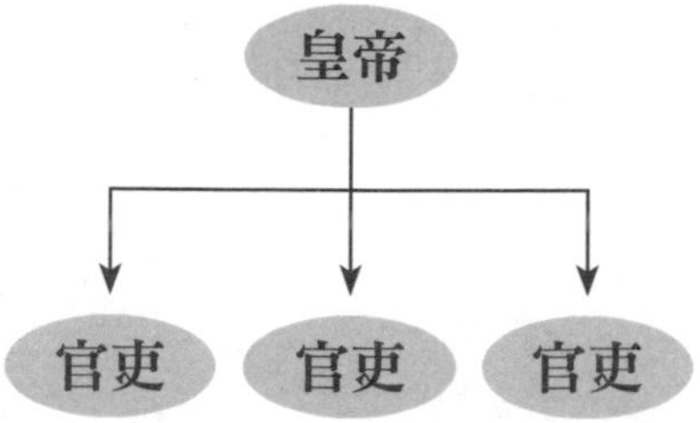

郡縣制度是由中央指派官吏治理各地。非世襲制，任用有能力的人才，比較不容易引起政變。

■郡縣的主要職務

區劃	長官	警察	其他
郡	郡守	郡尉	郡監（掌管監察）
縣	縣令／縣長	縣尉	縣丞（輔佐縣令）

春秋時期末期，晉、秦、楚等國開始使用郡縣的行政劃分方式。起初稱直轄地為縣，邊境地區則設為郡，郡縣的官吏是由中央君主所指派。

世界史記事本

現在的中國行政劃分

如今中國的行政區劃分，分別為23個省、5個自治區、4個直轄市。此外，下一層的區劃分為地級市、縣、鄉等。1997年英國將香港主權移交中國，1999年葡萄牙將澳門政權移交中國，兩地自此被設為特別行政區，與省為同一層級。

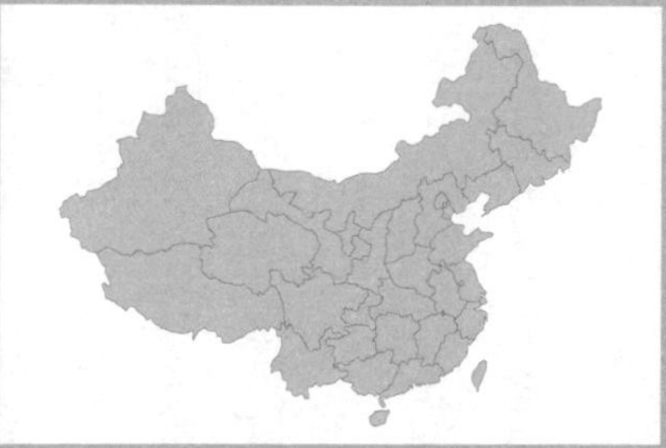

書同文，車同軌

- 文字統一採用篆體
- 統一長度、重量、容量
- 統一車輛的車軌寬度

秦始皇統一全國境內基礎設施與系統

除了治理國政以外，秦始皇還著手整頓基礎建設。一直以來各國使用的字體凌亂不一，因此第一步就是將文字書體統一為小篆。秦始皇命李斯創造小篆，小篆被認為是漢字古書體「大篆」的簡化版。

小篆雖然被訂為標準書體，但在實務方面的寫法卻太複雜，對下層官役而言很難書寫。後來小篆再被簡化，隸書誕生。

除了文字之外，秦始皇也確立了長度、寬度、容量的標準，並將度量衡標準器發放至全國各地。統一度量衡的政策，對於國家公共利益及徵稅方面影響甚大，若違反丈量標準會遭嚴厲懲罰。

秦朝全國的貨幣也建立了統一標準。以前東方的齊國或燕國使用刀刃形狀的刀幣，黃河流域中游的國家則使用鏟形的布幣。秦始皇將貨幣統一成半兩錢，半兩錢是圓形的貨幣，貨幣中間有四方形的孔洞。

為了讓全國交通更順暢，秦始皇還統一了車軌的寬度。戰國時期各國馬車的車軌寬度五花八門，而當時是使用土路，如果車軌留下來的寬度不一，對交通的運輸效率會造成很大的影響，所以必須統一車軌以解決此問題。

從這些政策背景之下，可以看出秦朝是個「政令統一的法治國家」，而且這些政策背後也展現了秦始皇的強大權力。

秦始皇治理全國，統一各種規定

■統一文字

篆書（小篆） 隸書

戰國時期使用的書體為大篆，小篆則是大篆的簡化版。為了在使用上更方便，小篆被簡化成隸書。

■度量衡的統一

度	長度
量	容量
衡	重量

度量衡的長度單位為步，秦制以6尺為一步。「斗」用來測量容量，「秤」用來測量重量，秦始皇更製造標準器並分配至全國各地。

■統一車軸寬度

戰國時期各國車輛的車輪寬度不一，是為了阻擋他國的戰車入侵自己的國家。

秦始皇

秦始皇統一了各式各樣的基礎建設。這些政策讓秦朝國內貨物流通更加順暢。

銷毀天下兵器

・沒收全國的兵器
・將兵器製成大鐘和十二金人
・目的是防止武裝勢力出現

收集並禁止全國兵器流通，其真正目的是什麼？

秦始皇完成統一之後，沒收全國各地的兵器，並將兵器集中咸陽。各地民間都徹底禁止私有武器，據說甚至連獵人都不能在工作時使用弓箭。

秦始皇將收集到的兵器熔化，重新鑄成鐘鐻和十二金人，並且將它們擺放在宮中。

鐘鐻的「鐘」指的是成套的吊鐘，「鐻」則是用來懸掛鐘鼓的底座。有些學者認為十二金人或許是用來當作掛鐘的人形柱子。

一個金人的重量是一千石（約三十一噸），《漢書・五行志》記載金人的身高為五丈（約十五公尺），足長六尺（約一八三公分）。順帶一提，日本鎌倉大佛的高度約十一公尺，相比之下就能知道金人有多大。

秦朝當時使用的武器以青銅製為主，因此金人普遍被認為是青銅製品。十二金人當中，有十座在東漢時期被董卓摧毀，重新鑄成銅幣；而剩下的兩座，據說則是毀於五胡十六國時代，由前秦的苻堅熔掉了。這樣算起來，十二金人自從打造現世後，大約在世上度過了四百餘年。

沒收民間武器的政策並不只是為了用於製作十二金人。秦國征服六國後，原本六國之中的富豪很有可能會成為民間勢力的核心，所以秦始皇沒收兵器的真正目的，其實是為了削弱民間的武裝能力和經濟能力，以維持國家安定。

禁止民間持有任何兵器

■中國古代的青銅器

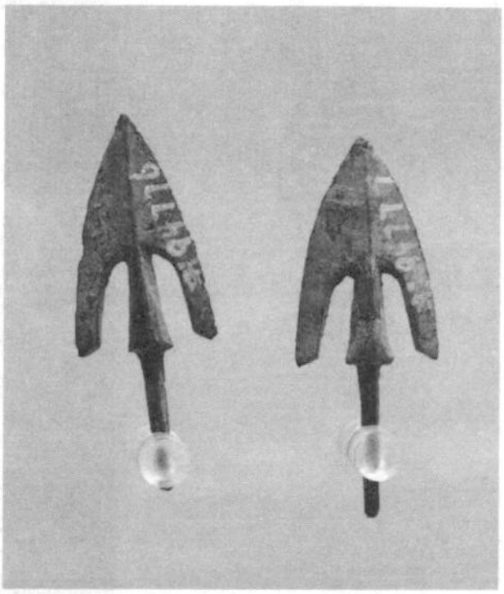

秦朝時期雖已有製鐵技術，但較耐用的青銅器更適合用來作為武器。中央收集而來的民間兵器也是青銅製品。

Photo by ©Tomo.Yun (http://www.yunphoto.net)

■利用沒收而來的青銅武器，製成金人吊鐘支柱

「金人」是用來當作支撐懸掛吊鐘的柱子，這是目前較有說服力的說法。

■金人的尺寸大小

日本鎌倉大佛　日本奈良大佛　金人

秦始皇冷知識

與日本刀狩令的相似及相異之處

豐臣秀吉在1588年開始實行刀狩令，他跟秦始皇一樣，沒收兵器的目的是為了維持治安，並且建造大佛。不過，當時的日本刀是鐵製品，而且還有另一個差異——秦朝針對的主要對象是富豪，而日本頒布的刀狩令則是針對農民。

大興土木工程

- ‧讓各地富豪遷至首都咸陽，建立新城市、築長城、開闢道路、開鑿運河
- ‧大型工程使人民的生活遭到壓迫

投入舉國之力，接二連三建造大型建物

秦始皇打算削弱地方上的財力，於是要求全國各地共十二萬戶富豪搬至首都咸陽。

除了有錢人之外，被秦國消滅的其他國家當中，從事娼妓等行業的女性也被集中至首都，首都人口因而增加。為了舒緩人口變密集的首都，秦始皇命三萬戶人口遷往新建立的麗邑。另外有五萬戶人口遷移至咸陽北方的城市雲陽。

隨著首都規模擴大，各地開始建設大型土木工程。

首先針對北方匈奴的策略，第一步是興建長城，包圍鄂爾多斯。另一方面，在南方的百越一帶則建立堡壘據點。

秦朝國內的交通系統也有了重大發展。秦始皇修建直通長城的「直道」，作為軍事專用的大型道路，另外還有皇帝出巡專用車道「馳道」。此外還修鑿了長度約達三十四公里的大型運河「靈渠」。

秦朝雖不斷擴增建設，但人口還是持續增加，咸陽城變得愈來愈擁擠，秦始皇為此開始建造新宮殿阿房宮。另外，秦始皇的陵墓驪山陵也在興建中。根據史料記載，秦始皇晚年為了執行這些大型工程，大約動用了七十萬名刑徒。

興建大型工程的主要目的，是為了加強軍事層面的國力，然而秦始皇強制徵用老百姓的作法，造成國內人民感到相當不滿。

多項大型土木工程

■擴大首都咸陽

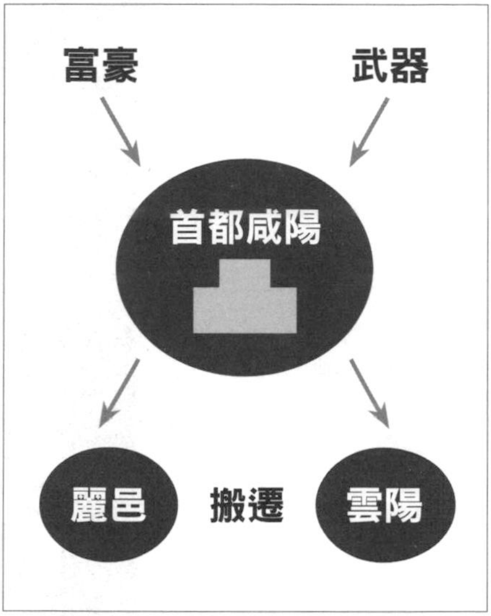

■全國各地的土木工程

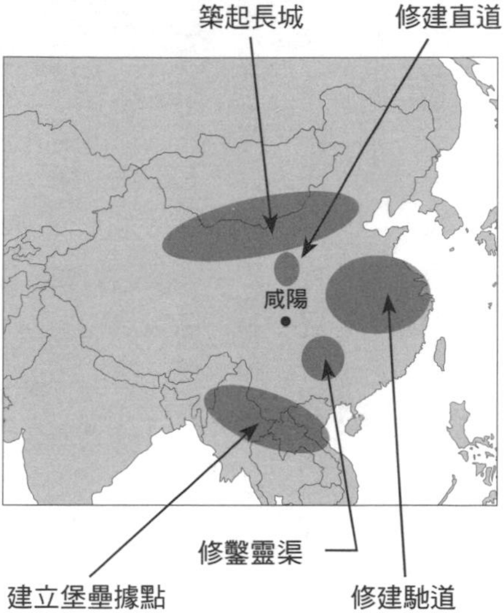

■進行大型工程的目的

修建長城、堡壘據點
→防止北方匈奴、南方百越侵襲

運河、靈渠 → 輸送軍用物資

國內馳道、直道 → 軍用道路、皇帝專用道

建造阿房宮 → 擴充擁擠的咸陽城

然而！

象徵皇帝的巨大權力與權勢

令老百姓感到疲乏

泰山舉行封禪大典

・秦始皇在中國第一靈山泰山舉行封禪大典
・封禪是天子彰顯自己受命於天的儀式

充滿神祕氛圍的封禪大典

公元前二一九年，秦始皇出巡東方領土，並在途中經過的泰山舉行封禪大典。

泰山位於山東省泰安市，海拔高度為一五二四公尺，自古以來被尊為中國第一靈山。

封禪是中國古代的一種祭祀儀式，傳說自三皇五帝時代以來，已有七十二名帝王舉行過封禪儀式。

不過沒有人親眼看過封禪儀式的實際過程。據說約在公元前六五〇年，齊國君主齊桓公曾想舉辦封禪大典，但卻被管仲勸退了。

秦始皇召集了儒家學者，要求他們查出封禪儀式的具體條件，結果還是完全不知道該如何舉辦儀式。後來，秦始皇決定從泰山南麓登上頂峰，他在山頂設立祭壇以祭天，並在石碑上刻下稱頌秦始皇功德的文字。這塊刻石被稱為「秦泰山刻石」，刻石被保存至今，但部分文字已剝落。

結束祭拜後，秦始皇從泰山北側下山，再進行祭地儀式。

山頂的祭拜儀式為「封」，山下的儀式則為「禪」。當時儀式的詳細過程並沒有對外公開，帶有強烈的神祕感，普遍認為這也是高度神格化秦始皇的作法。

後來的中國皇帝也持續傳承封禪大典，例如秦二世胡亥、西漢的漢武帝等人，約有十多名皇帝舉行過封禪大典。

封禪大典是祕密儀式

■泰山如今的樣貌

泰山的山路十分陡峭，現在已修建石頭登山步道。
據說秦始皇封禪時，開闢了山下到山頂的車道。

■封禪的意義

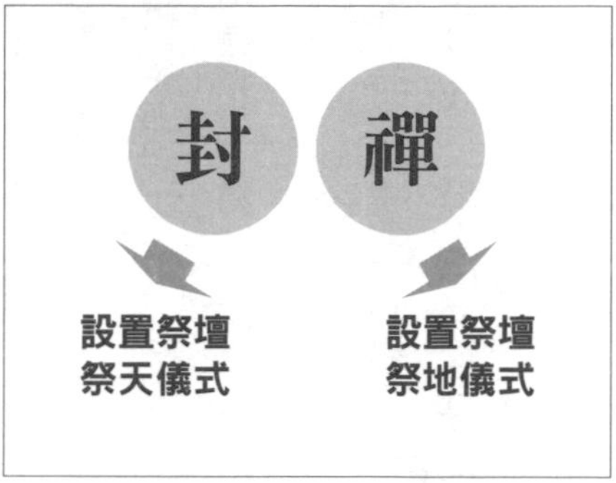
封
禪
設置祭壇
祭天儀式
設置祭壇
祭地儀式

■泰山封禪路線

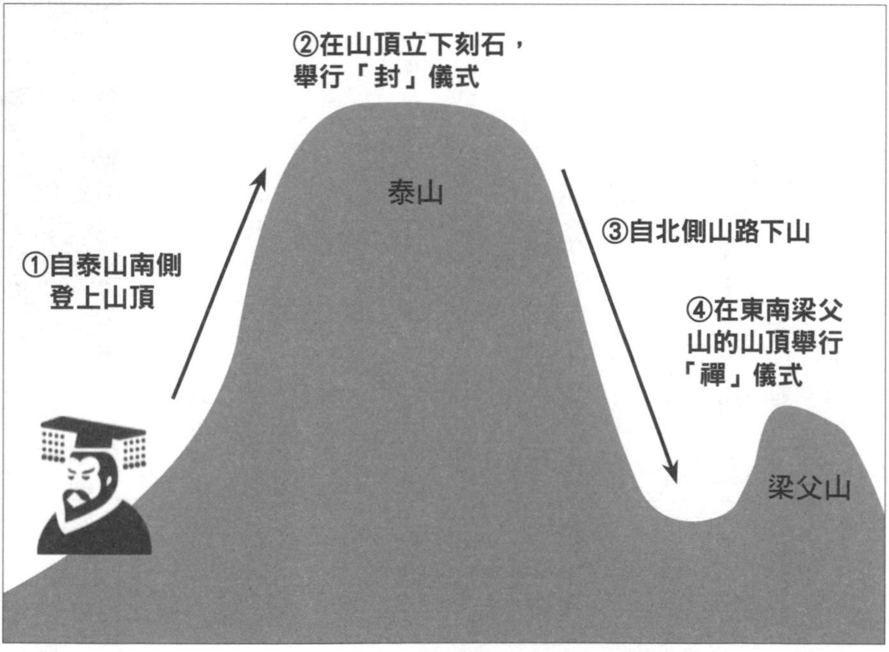
②在山頂立下刻石，
舉行「封」儀式
泰山
③自北側山路下山
①自泰山南側
登上山頂
④在東南梁父
山的山頂舉行
「禪」儀式
梁父山

築馳道與秦直道

進行大規模的整頓，建構全國交通系統

秦始皇統一天下後曾在國內出巡五次，他在出巡時行駛的道路，就是修建於全國的「馳道」。

馳道寬度約七十公尺，中央為皇帝專用道。道路表層有用金屬製的錘子加強固定，若發生戰爭等緊急情況時，可讓戰車通過。

秦始皇總共整頓了約一萬兩千公里的道路，而其中有一半是馳道。

另一方面，為了抵禦北方匈奴，秦始皇修建了從首都咸陽到北方九原（現在內蒙古自治區的包頭市）的直道。

直道全長七百公里，北邊的直道和長城相通。蒙恬曾經協助秦朝修建直道，他曾與匈奴對戰，並在鄂爾多斯立下汗馬功勞。

根據《史記》記載，修築直道是一項「挖山填谷」的浩大工程，筆直地朝北方一路開闢道路。秦朝是為了軍事目的而開闢直道，他們不用石板路，而是使用泥土道路，藉此降低人力及馬匹的負擔。

據說秦始皇直到去世以後，遺體被裝進棺木中搬運時，他才實際用到直道。

從咸陽到驪山陵（秦始皇陵墓）之間，連接著一條稱作「甬道」的道路。甬道兩側有築牆，如此一來外面的人便無法看到秦始皇車馬通過。新宮殿阿房宮的北方也有一條稱作「復道」的雙層大道。

・修建皇帝出巡專用的馳道，以及用以抵禦匈奴、通往北方的直道
・馳道與直道皆為軍用道路，可行駛戰車

通往全國各地的交通幹線

■秦始皇修建馳道與直道

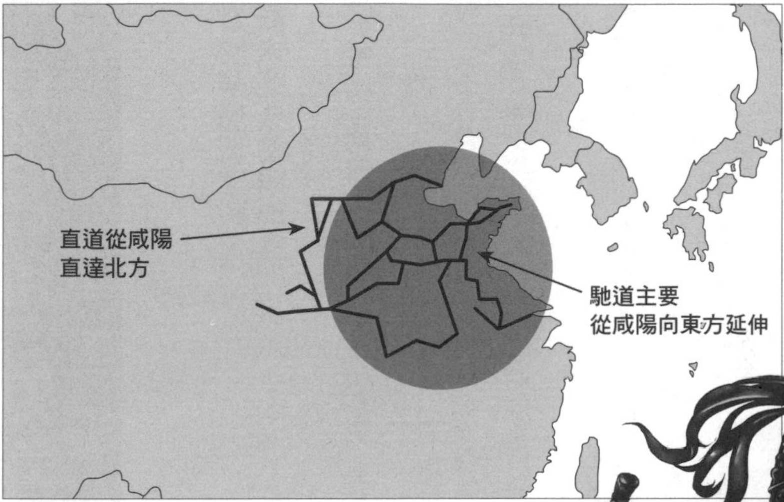
直道從咸陽
直達北方
馳道主要
從咸陽向東方延伸

■馳道與直道

名稱	總長度	寬度	修建目的
馳道	約6000km	69m	秦始皇出巡專用
直道	約700km	30m	北方軍事專用

■直道通往北方長城

蒙恬

蒙恬擔任將軍與匈奴對峙，在鄂爾多斯鎮壓匈奴。後來負責監督長城與直道的修建工程。

阿房宮與建築工程

・秦始皇建造新宮殿阿房宮
・阿房宮可容納約一萬人
・阿房宮最後未能完工

秦始皇的夢想新宮殿，始終未完成的阿房宮

咸陽城建於戰國時期秦孝公的時代，秦始皇統一天下時，咸陽城已歷經一百四十多年的歷史；再加上地方上有權勢的人士也被要求搬遷至咸陽，首都變得愈來愈擁擠。於是秦始皇於公元前二一二年開始建造新宮殿。

秦始皇選擇在咸陽東南方的阿房建立新宮殿，咸陽和阿房之間有黃河的支流渭水流經。因為建立地點在阿房，因此新宮殿被稱為阿房宮（前殿）。關於阿房宮的規模，目前有許多種說法。據說阿房宮的東西長度約為六九〇公尺，南北長度約一一五公尺，二樓殿中可以容納一萬人。一樓高度約為一一五公尺，大約是可以豎立軍旗的高度。

咸陽宮到阿房宮之間有復道連通，渭水象徵銀河，阿房宮則象徵天極（北極星）。

阿房宮和驪山陵共計動用了七十萬名罪犯，直到秦始皇死後仍持續興建工程。然而，秦二世皇帝胡亥繼任後，發生老百姓造反等問題，後來秦朝滅亡，阿房宮的建造計畫也戛然而止。

《史記．項羽本紀》中有一段關於秦朝宮殿遭燒毀的記載，因此一般認為阿房宮已經消失了。不過，根據後來的研究發現，漢代可能還在持續使用阿房宮。中國現在還保留著阿房宮的夯土地基，附近還搭建了重現阿房宮的遊樂園，已然成為觀光景點。

阿房宮在歷史中的樣貌

■清代中期畫家袁耀繪製的《阿房宮圖》

■阿房宮興建計畫的規模

大小	東西690m、南北115m
正殿大小	可容納1萬人
堂下	可豎起11.5m的大旗
與咸陽之間	有屋頂的雙層道路（復道）
地點	按照天體的分布

■阿房宮、咸陽、西安的位置圖

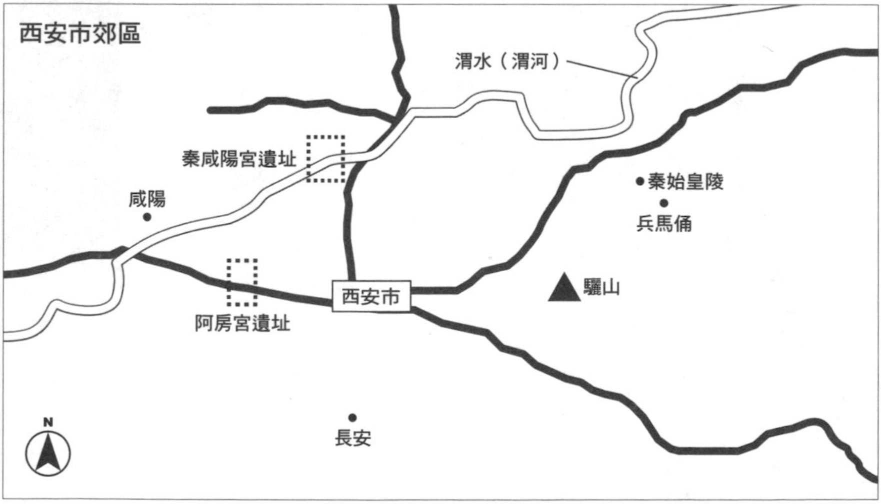

秦始皇計劃在咸陽宮和阿房宮之間，建造一個連通兩地的雙層復道。此外，原本也計劃在兩座宮殿中間的渭水上，建造有屋頂的天橋。據說建築位置是按照天體的分布而定。

開挖大運河

・為征服百越，開鑿約長達34公里的運河靈渠
・靈渠現在仍是中國的農業灌溉設施

幫助大秦征服百岳，大運河靈渠

對大秦帝國而言，北方匈奴和南方百越一直是必須小心提防的存在。秦始皇為此展開大型運河靈渠的水利工程，用以對付百越。

靈渠位於現在的廣西壯族自治區桂林市興安縣，是用來連接湘江和灕江的運河；湘江是揚子江的支流，而灕江則流向廣東地區的西江。靈渠串連了灕江和海洋，是十分重要的人工運河。

公元前二二一年，監郡御史祿開鑿靈渠，公元前二一四年完成工程。

靈渠是相當大型的人工運河，全長約達三十四公里，共有三十六個水門，水門可調節水位。

由於南方的嶺南地區山路崎嶇、路途遙遠，在靈渠建立之前，人們很難運送糧食和物資，所以大秦一直難以侵略百越。有了靈渠後便能順利運送軍隊和軍糧，終於可以平定嶺南地區。

兩千多年以來，靈渠不僅是接通嶺南和中原地區的要衝，更是古代海上絲綢之路的重要中繼站。

雖然自從汽車道路和鐵路發達後，靈渠的水運交通重要性就此銳減，目前主要使用在農業灌溉和供水需求。靈渠所灌溉的農業用地，自十二世紀左右開始隨著逐代修築而擴大，現今灌溉面積（包含幫浦用地在內）大約已擴張至二六九〇公頃。

運河功能隨著時代而變遷

■修建靈渠目的是為了連接湘江和灕江

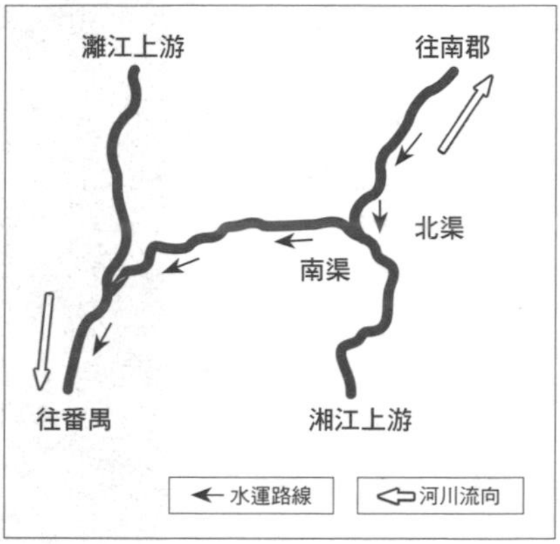
灕江上游
往南郡
北渠
南渠
往番禺
湘江上游
水運路線
河川流向

■運河系統

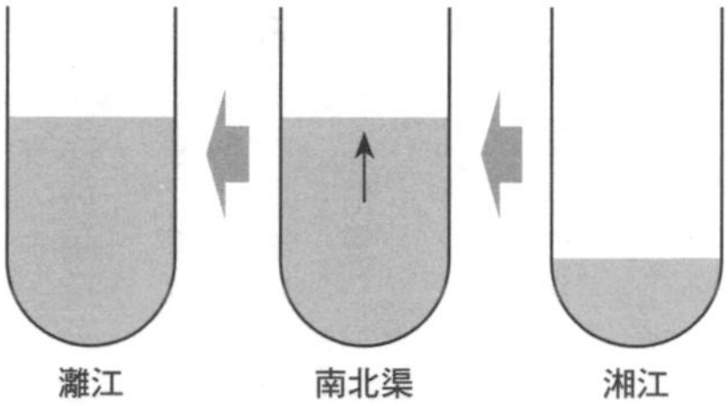
灕江
南北渠
湘江

運用攔河堰和水門提高水位

靈渠的起點是先將湘江的水流分為兩股，中間用攔河堰擋住湘江之水，分別開挖南渠和北渠。

■中國的河川

河川能在戰爭時運送軍隊或軍糧，是很重要的社會基礎設施。秦朝以後的其他朝代也在中國各地開鑿大運河。

■靈渠的興建過程

百越居住於南部山陵地帶，秦朝為了討伐百越而進攻嶺南地區。

監郡御史祿開鑿靈渠，藉靈渠運輸軍隊和糧食。

當時的南方居民因遭殘殺而極力抵抗，但戰爭最後南方還是被平定了。

秦始皇出巡

・秦始皇曾先後巡視全國5次
・出巡目的是向全國人民展現權威，並尋找長生不死藥

秦始皇天下巡遊，出巡全國的概況

秦始皇在位期間曾出巡全土五次。所謂的出巡是指皇帝走訪巡視全國各地，其中最大的目的是為了對全國人民展示皇帝的權威。

除此之外，學者認為秦始皇的另一個目的，是在出巡途中尋找長生不老之藥。

秦始皇出巡期間，主要使用皇帝專用的馳道。馳道在全國統一後已修建完善。

第一次出巡的時間為公元前二二〇年。秦始皇訪視隴西郡、北地郡與西邊的雞頭山，中間行經回中。在總計五次的出巡當中，這是他唯一一次的西巡。畢竟西境和秦國的創建淵源深遠，秦始皇出巡此地，或許是為了向祖宗稟報他完成統一天下，另一層意義則是藉此威嚇北方正在逐漸擴大勢力的匈奴。

公元前二一九年秦始皇出巡東邊的郡縣，並且南下巡視。泰山的封禪大典也是在這時舉行的。秦始皇還在第二次的出巡途中遇見齊國方士徐福，他命令徐福替他尋找仙人。

公元前二一八年第三次出巡。秦始皇從咸陽向東出發，他在之罘山立石頌德，接著走訪琅琊、上黨，最後返回咸陽。這次出巡途中發生了行刺事件，秦始皇一行人途經博浪沙，遭到一百二十斤重的大鐵鎚撞擊。行刺計畫的主謀是張良，他是劉邦的軍師，而劉邦在後來消滅了秦朝。

第一次～第三次出巡

■第一次出巡

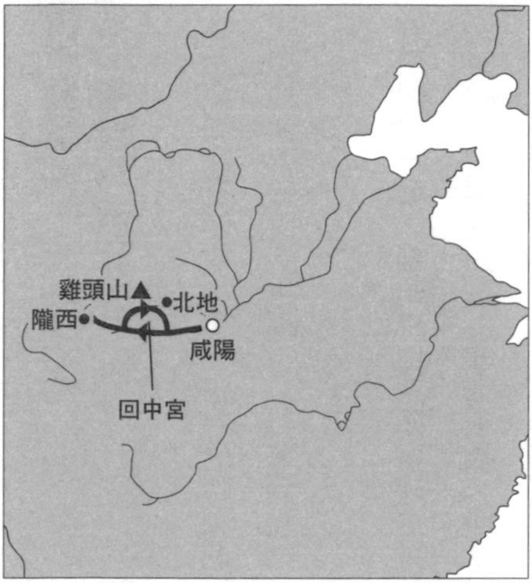

5次出巡中唯一一次西巡。目的是為了向西方地區展現權威，並且威嚇匈奴。

■出巡的目的

- 掌握民間地方的狀況
- 展現自己的權威
- 祭祀全國各地的山川
- 尋找長生不老之藥

外出期間的執政情況……

秦始皇命右丞相留守京城，而他也會在旅途地處理政務

■第二次出巡

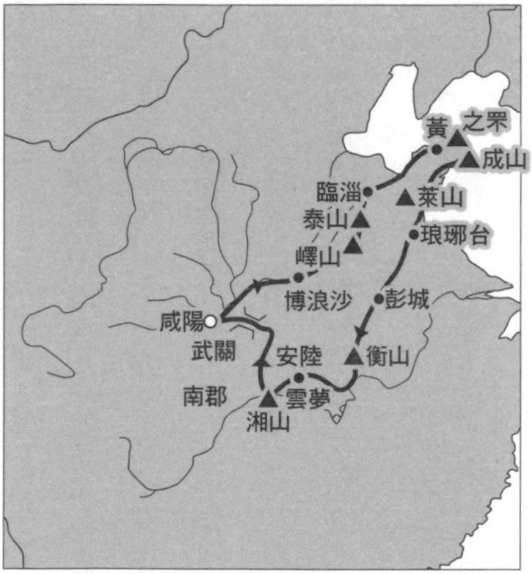

秦始皇第一次東巡。出巡途中登上泰山，舉行封禪之禮，並且在此時遇見方士徐福。

■第三次出巡

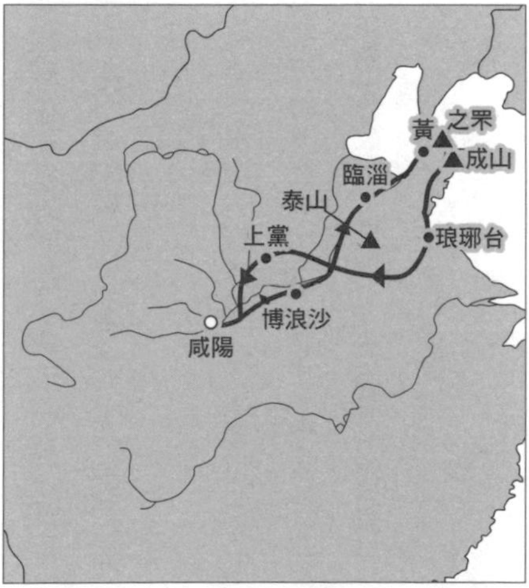

接續上一次出巡，巡視東方。張良計劃埋伏暗殺秦始皇卻失敗。

隨著秦始皇離世，出巡計畫旋即終止

三年後，秦始皇展開第四次出巡，這次的巡視區域是東北地區。出巡路線是先抵達碣石，接著到上郡，最後回到咸陽。

根據《三齊略記》記載，秦始皇出巡碣石時遇見海神，海神協助秦始皇在碣石的海上建造石橋。秦始皇想和海神見上一面，但海神卻表示自己外型甚醜，希望秦始皇不要畫出祂的樣貌。然而，畫工卻偷偷用腳掌描繪畫像，海神發現後氣得摧毀石橋。秦始皇騎著馬從逐漸崩解的石橋上逃過一劫，但畫工卻死了。

秦始皇在此次出巡，命令燕國方士盧生尋找仙人羨門、高誓，方士韓終、侯公、石生尋找長生不老藥。

秦始皇最後一次出巡，是在四年後的公元前二一〇年。期間大秦帝國正進攻南方地帶，增設三個郡，也是施行焚書坑儒等激烈政策的時期。或許因為有一段時間沒出巡，此次出巡規模最大，秦始皇命么子胡亥（後來的秦二世）與左丞相李斯同行。秦始皇預計會有一年不在咸陽，這段時期首都交由右丞相管理。

此次出巡路線是採逆時鐘方向，和第二次的路線相反。學者認為有可能是因為秦始皇開始意識到天體星座的運行方向。

秦始皇一行人先巡視東南地區，接著來到雲夢，順著長江下丹陽，之後行經錢唐，登上會稽山，朝北方前進。後來秦始皇前往琅琊，來到勞山（成山），卻在返回平原津的途中病倒。七月時，秦始皇在沙丘平台走到人生的終點。

關於秦始皇的出巡過程，長久以來是以《史記》的記載而廣為流傳。直到一九七五年，學者在雲夢的古代遺跡的出土竹簡上，發現上頭記載秦始皇曾在秦始皇二十八年（前二一九年）通過此地。

出巡因秦始皇逝世而終止

■第4次出巡

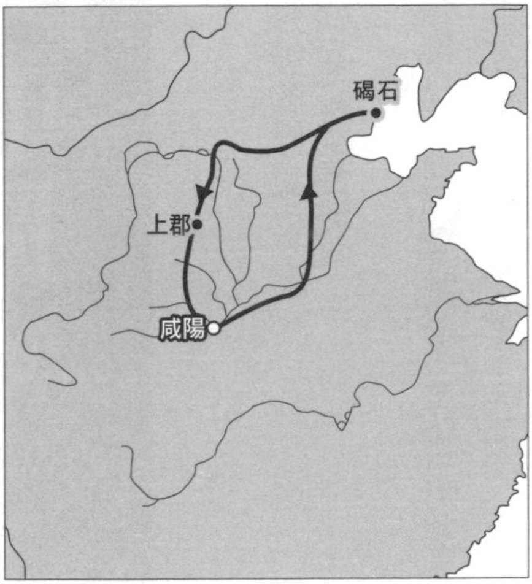

第4次出巡主要巡視東北地區。據說秦始皇在中國北邊的碣石遇見海神。

■第5次出巡

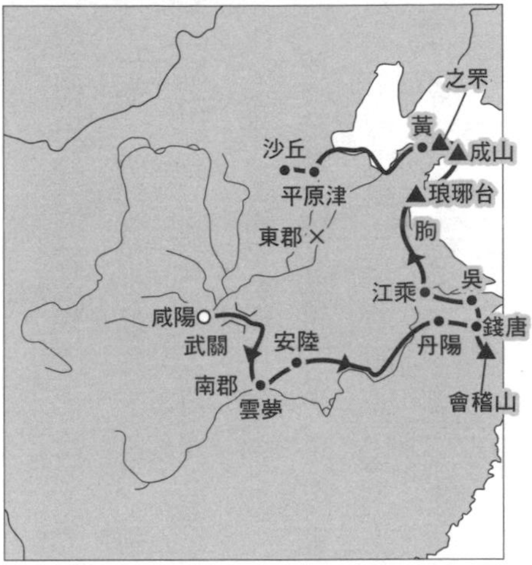

秦始皇的最後一次出巡。這次巡視的規模最大，秦始皇一整年都不在首都。

■出巡期間立下的刻石

泰山刻石

琅琊台刻石

照片提供：
鶴間和幸

出巡期間，秦始皇在東方的山海立下了彰顯功德的「秦七刻石」。他在祭拜山脈或海洋時立下自然石，並在石頭上面刻字。先在留下了2個刻石。

萬里長城

・長城建造於秦國統一天下之前，後來秦始皇修繕連接各國的長城
・現在一大部分的萬里長城，都是在明代建造

關於長城的歷史，秦始皇修築長城

長城容易被誤以為是秦始皇建造的遺跡，但其實現今歷史學界普遍認為，最早的城牆是建立於公元前七世紀左右。

統一之前的秦國和趙、燕國一樣，十分擔心北方的遊牧民族南下侵襲，各國紛紛築起長城。長城又稱為「塞」，穿過長城則稱為「越塞」，不論對塞外還是塞內的陣營來說，越塞者都會受到嚴厲的懲罰。

戰國時期，各國面對騎兵軍團的出現，開始修建高度和寬度約二公尺的城牆，這樣的高度便足以防止外敵入侵。關於此時期的長城修築方式，土地較豐沛的地區採用夯土版築技術，利用土壤作為建材；而土壤較少的乾燥草原地區則是利用石板建造城牆。

秦國統一全國七年以後，秦始皇在公元前二一四年開始修建長城。不過，秦始皇並沒有在整個秦國北方修建長城，而是僅在鄂爾多斯的河南地進行局部性的修建工程。也就是說，修建長城並不在秦始皇的大秦統一計畫中，而是用來與匈奴對峙的行動而已。

長城的建設工程範圍為西部臨洮至東部遼東，總長約六千公里，因此被稱為萬里長城。

長城並非全都建造於秦朝時期。例如東部城牆就是趙國和燕國所建造的，秦始皇只是延續使用並加以補強而已。秦朝為了守住鄂爾多斯，在黃河與陰山山脈之間修建石板製的長城，這段長城是秦朝花最多心力

秦始皇時代的萬里長城

■萬里長城的地理位置

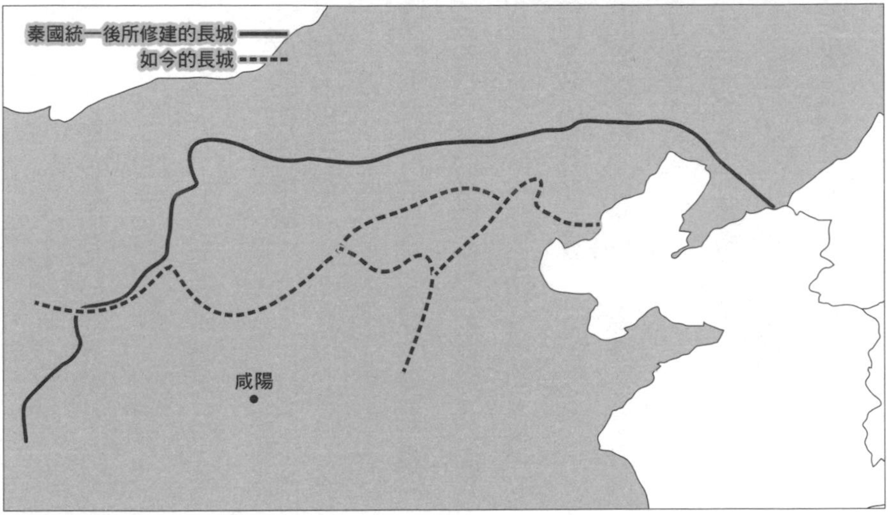

秦代的萬里長城在現今長城的更北方。長城的寬度和高度為2公尺，此大小的城牆可用來抵擋騎兵的侵襲。如今還保存下來的長城遺跡中，有一大部分的修建時間仍不明。

■明代建造的長城

■內蒙古自治區的秦長城

用石頭修築的長城，沿著陰山山脈的丘陵而建。建造方式是將一塊一塊扁平的石片層層堆疊，並且利用上方石頭的重量來固定城牆。

照片提供：鶴間和幸

的部分。

這道長城，確立了蠻夷與中華之間的界限。

修築長城的目的除了用來抵禦匈奴之外，還有另一層意義，就是秦始皇能藉此展現自己的威勢。

萬里長城的相關傳說，以及如今的長城

秦始皇時期為了修建萬里長城，歷時十餘年，大約動用了五十萬至一百萬的勞動人力。如此浩大的工程現場想必相當嚴苛，應該有許多人因為勞動環境過於苛刻，或是因為發生意外而身亡。

如此艱辛的興建過程，衍伸出一則流傳於後世的民間故事——孟姜女的傳說。

傳說中，孟姜女的誕生方式相當奇特，她是從瓜中出生，後來嫁給了一個名叫范喜良的男子。范喜良受朝中徵召為修建長城的民工，孟姜女千里迢迢追隨丈夫到了長城，卻得知范喜良熬不過嚴酷的勞動，早已經去世了。孟姜女一聽便放聲大哭，沒想到八百里長城竟然因此傾倒，她在殘垣中發現亡夫的骨骸。

這個傳說並非源自秦代，而是後世的人將秦始皇執政之下的殘酷過程流傳下去的故事。我們不難想像，只靠人力建立如此巨大的城牆，過程肯定相當辛苦。

西漢時代，漢武帝將長城向西邊延伸，並在北側增設兩座長城。這時長城的總長度約達兩千公里，是所有時代最長的長城。長城範圍從現在的甘肅省西邊，一直延伸到東邊的朝鮮半島北部。

從秦朝到東漢、唐朝、宋朝，長城曾多次遭到棄置，但每當北方勢力增強，歷代君王就會重複修建。長城可說是象徵著國家統一般的存在。

我們現今所看到的長城主要都是明代時期的產物。長城在一九八七年被列為世界文化遺產，有許多觀光客前去參觀。

現今所遺留的長城遺跡

■現今萬里長城的樣貌

曾被稱為「唯一可以在宇宙用肉眼看清的建築物」，但如果真的在宇宙凝望長城，看起來應該很細長，很難看得見。

明代長城，平均高度7.8公尺，底部寬度6.5公尺。

■長城的主要歷史事件

前8世紀～前221年	當時的統治者建造了疆界線。
前221～前207年	秦朝統一全國的時代。秦始皇延伸中國北部的疆界線。
前206年～公元220年	漢代。漢武帝將長城向西部擴大，延伸至玉門。
1368年～1644年	明代建造了如今的長城。使用磚瓦建造，長城變得更加堅固。

蒙恬討伐匈奴

・秦始皇命令蒙恬將軍討伐北方匈奴
・蒙恬軍勝利，取得鄂爾多斯草原地帶

對匈奴發動戰爭的起因與目的

完成天下統一的六年後，秦始皇展開了新的戰爭。這一次的目標是北方匈奴掌管的邊疆地帶。

匈奴居住在秦國北方，他們是以遊牧民族為主的國家。當時匈奴的領袖是強悍的頭曼單于。

一般認為，秦朝對匈奴發動攻擊的原因主要有以下幾點。首先，統一全國的秦國需要抵禦北方蠻夷以維持國土的完整性。秦始皇並不打算消滅蠻夷，也不打算教化他們歸順於秦，而是希望利用大秦帝國周遭的蠻夷，藉此凸顯華夏世界的威勢，並且劃清華夏世界與蠻夷之間的界線。

擔任丞相的李斯，積極推動對外戰爭。當秦始皇第四次出巡時，第一次走北方路線，或許他的目的正是為了親自視察匈奴的動向，決定日後如何製造出擊的契機。當然，這些對匈奴的戰略方針想必都是出自丞相李斯之手。

後來，燕國的方士盧生近一步強化秦朝攻打匈奴的契機。盧生向秦始皇上呈預言書《錄圖書》，上面記載著至今依然流傳的「亡秦者，胡也」的著名讖言。雖然一般普遍會將亡秦的「胡」，解釋成是胡亥，也就是預告大秦帝國將會結束在秦二世得手中，但實際上最簡單的解釋就是指「匈奴」。秦始皇以此為由，對匈奴發動戰爭。

秦始皇命令蒙恬將軍出兵攻打匈奴。

蒙恬與對匈奴的作戰

■秦代匈奴的地理位置

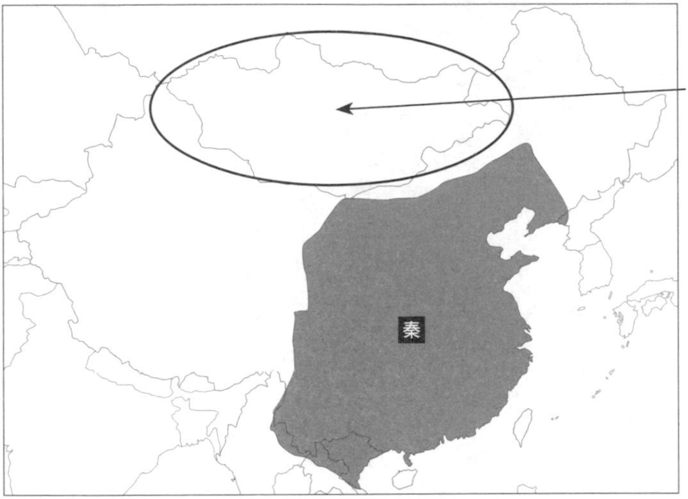

匈奴

公元前4世紀，匈奴居住在中央歐亞大陸。他們以蒙古高原為據點，建立起一個龐大的國家。

■蒙恬家譜圖

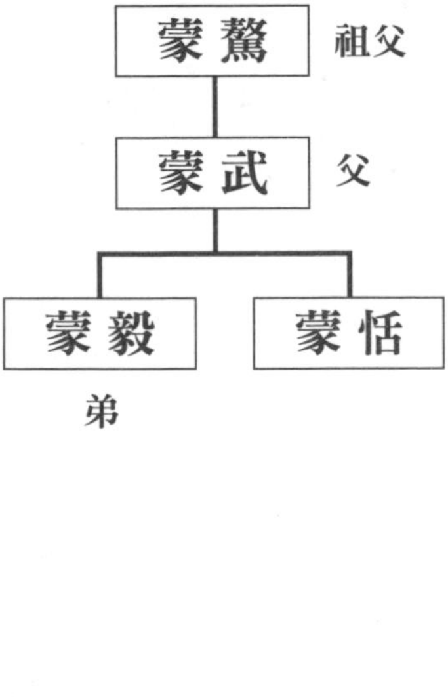

蒙恬

效忠於秦始皇的將軍。秦國統一天下之前，蒙恬在對齊、燕等國的作戰中立下軍功。鄂爾多斯被征服後，蒙恬待在北方協助修建長城、直道等建設。

蒙恬的戰役與鄂爾多斯疆域

蒙恬是蒙驁的孫子，蒙驁曾擔任秦國將軍，攻打韓國、魏國等國家。蒙恬的父親蒙武也是秦國將軍，蒙恬似乎因此受到秦始皇的青睞。蒙恬原本是以文官的身分入宮，是負責司法相關的官吏，後來蒙恬跟隨父親的腳步成為了將軍，立下不少功績。

公元前二一五年，蒙恬率領三十萬軍隊前往鄂爾多斯征討匈奴。鄂爾多斯是豐沛的草原地帶，西邊、北邊、東邊都被黃河包圍，當時此地被稱為河南地。若要飼養軍馬並維持強大的軍事力量，這個區域是不可或缺的地帶。

蒙恬成功將匈奴趕到北方，奪取鄂爾多斯。秦始皇送罪犯往當地，新設四十四座縣城，藉此充實邊防。

蒙恬後來在鄂爾多斯等邊疆地帶紮營，負責處理匈奴問題，以及修築長城與直道等工程。蒙恬建立的軍功令秦始皇十分高興，也提拔他的弟弟蒙毅。然而秦始皇因長子扶蘇反對焚書令而震怒，流放並命令他監督蒙恬抵禦匈奴的工事。

不過，匈奴並未因部分的鄂爾多斯土地遭占領而停下腳步，不久後便將蒙古高原東西兩邊的遊牧民族部落組織起來，建立聯盟國家。

匈奴當中的二十四名「萬騎長」統領數千至一萬騎兵，平時分散居住，每年在三次祭祀活動上集結。關於匈奴的集合地點，目前的紀錄依舊模糊不清。匈奴並沒有像秦朝那樣的城郭，領袖單于居住的地方稱為「王庭」（又稱單于庭），搭帳篷而居。哪怕是秦始皇也沒有足夠的力量攻擊單于庭。

秦始皇和蒙恬死後，頭曼單于再次穿越黃河，取回鄂爾多斯領地。秦朝滅亡後，漢高祖劉邦曾對匈奴用戰，一度被逼入窘境，此後每年都要送年貢給匈奴。

匈奴的歷史與後來發展

■匈奴是騎馬遊牧民族

匈奴不使用文字，因此他們並未留下自身的資料。所有男性都必須投入戰爭，女性則隨著軍事行動而搬遷。

■戰爭的舞台——鄂爾多斯

照片提供：鶴間和幸

鄂爾多斯地區裡，大多是海拔1500公尺左右的高原，某些地方則是草原或沙漠。

■匈奴的重要歷史事件

前215年	蒙恬討伐匈奴，奪取鄂爾多斯
前3世紀末	冒頓單于統一所有部族，建立北亞第一個遊牧國家
前129年左右	匈奴屢遭漢武帝攻擊，愈來愈衰弱
前60年左右	分裂成南北匈奴

討伐百越

- 秦始皇鎮壓南方百越，增設桂林、象郡、南海三郡
- 在南海得到寶石等物資

為取得南海豐富資源，秦始皇派兵鎮壓百越

秦始皇除了對北方匈奴發動戰爭之外，也出兵征服南方的百越。百越並不是一個獨立的國家名稱，而是對居住於長江以南的南方民族的統稱。

蒙恬率領三十萬兵力攻打匈奴，而負責侵略百越的兵力規模則是五十萬軍隊。秦始皇將軍隊兵分五路，並且命軍隊在各自的駐點持續占領三年。秦始皇徵集無處可去的逃犯、不工作的贅婿以及商人，並在後來設置了桂林、象郡及南海等三郡。

北方的秦人難以適應南方高溫多雨的氣侯，再加上遷徙的秦人必須與南方的原住民越人一起生活，這對他們來說實在不容易。也因為如此，兩族之間似乎經常因文化與經濟方面的衝突而發生摩擦。儘管朝中有派遣官吏掌管當地，然而山陵地帶的居民卻大多反對秦朝的管理。

秦始皇如此執著於百越地區的理由是什麼呢？他的目的其實是為了得到百越豐富的金銀財寶。南海自古便盛產犀角、象牙、玳瑁、翡翠、珍珠、珊瑚等珍貴的資源。犀角是指犀牛的角，可以磨成粉，製成生藥或中藥材治病；象牙就是大象兩側的長牙，玳瑁則是指海龜的龜殼，可以製作成珍稀的飾品。翡翠、珍珠、珊瑚的價值則與今日無異，同樣也是製作寶石或飾品的材料。南海盛產美麗的事物，想必秦始皇也深受吸引吧。

秦朝統治百越

■百越的居住區域

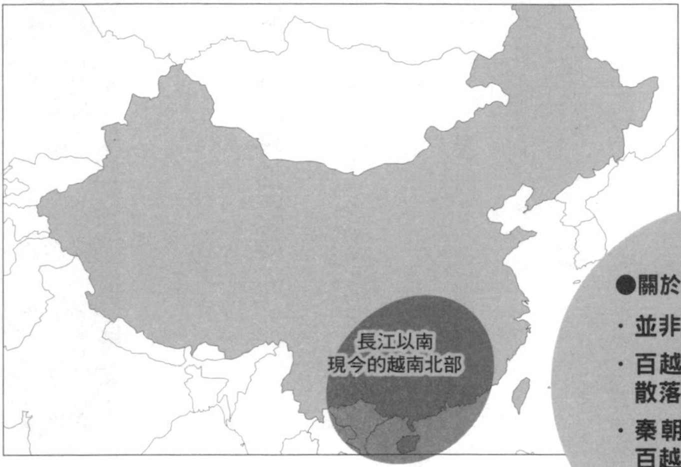

●關於百越…

- 並非一個完整的國家
- 百越是統稱，指在平地散落而居的人們
- 秦朝派50萬兵力鎮壓百越

■百越地區的南海，盛產許多貿易珍品

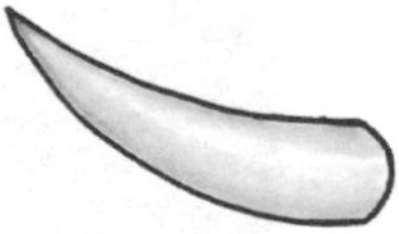

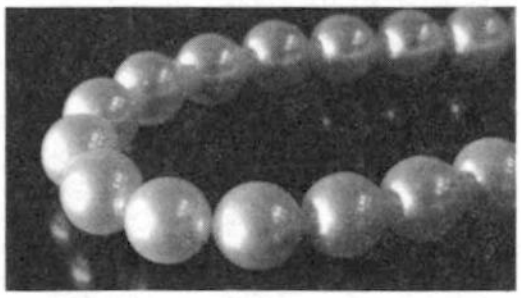

●南海有哪些珍品？

犀角	犀牛的角。古代中國會將犀角製成中藥
象牙	大象的長牙。可製成印章或飾品
珊瑚	海中生物，為一種寶石
玳瑁	海龜。龜殼可製成飾品
翡翠	一種寶石。可製成飾品

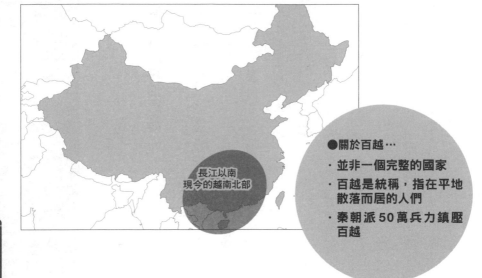

秦始皇求長生不死

．秦始皇追求長生不死，一心投入神仙思想
．方士徐福前往東方尋找長生不死藥，卻一去不返

渴望長生不老，一心沉醉於神仙思想

秦始皇統一全國，世間一切全都掌握在手之後，下一個目標自然就是追求長生不死。畢竟，為了使新造就的帝國持續發展，還有很多要務得推行，他必須讓生命永不停歇才能達到目的。當然，這或許也代表秦始皇十分懼怕人生終將迎接死亡。

秦始皇積極地和活躍於東方的方士交流。方士是一種修行者，他們透過冥想、氣功等方術以練就長生不老或重生的能力。

這些方士所傳遞的思想，便是所謂的神仙思想。神仙即是擁有法力與神通能力的神明。方士能施展各種法術，例如脫離肉體並將肉體留在地面的升天術，或是施展回春之術，將衰老的人骨換成新的人骨，以及溝通鬼神的通靈術等，他們施展各種法術，藉此成為愈來愈接近神仙的存在。

不過想當然耳，從現代科學的角度來看，這些神奇招數都是無稽之談。據說當時有不少方士其實一心想推銷自己，才會告訴有權勢的人一些怪誕神奇的事，藉此逢迎對方。

然而，秦始皇卻著迷於神仙思想。齊國方士徐福告訴秦始皇，他打算渡過東方的海洋，前往居住著神仙的蓬萊、方丈和瀛洲三神山，尋找長生不老的靈藥，為此需要資金贊助。秦始皇答應資助，於是徐福搭船出航。

秦始皇信奉神仙思想

■神仙思想的範例

靈魂脫離肉體升天

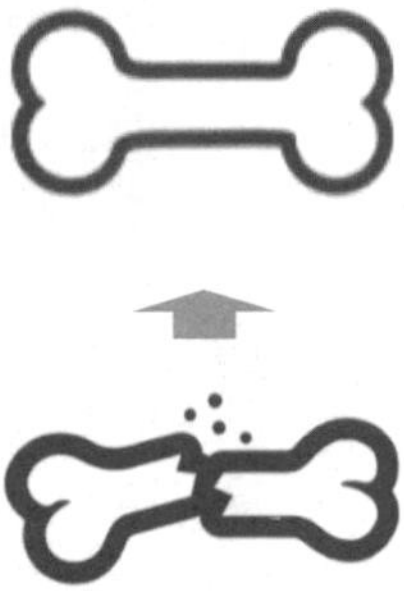

舊骨換成新的人骨，
返老還童

連結感應鬼神

■追求長生不死的結果

徐福	出航前往東方卻找不到長生不老藥，後來也沒有返回秦國
方士韓終、侯公、石生	批評秦始皇，後來消聲匿跡
諸生（學者）	460人因批判秦始皇而遭活埋
秦始皇	因迷信仙丹妙藥而飲用水銀，50歲去世

與徐福重逢，徐福再度出航

徐福東渡之後就一直沒有回到秦朝。據說秦始皇也曾和其他方士往來，他命令燕國盧生尋找仙人，指派方士韓終、侯公、石生尋找長生不老藥，不過前後時間不明。他們最後都沒有達成秦始皇的要求，反而批判起秦始皇，從此消聲匿跡。

後來，秦始皇在第五次出巡時和徐福重逢。想當然耳，徐福根本沒有取得長生不死的仙藥，所以他只好欺騙秦始皇。

徐福對秦始皇說：「我本來可以取得蓬萊的仙藥，但途中卻有一條鯨魚阻撓船隻前行，希望您能派傑出的弩弓手和我同行，命他們連續發射弩箭，以殺掉鯨魚。」秦始皇聽完，決定再給他一次機會。徐福就這樣帶著三千名童男童女、多名技術人員、五穀種子和金銀財寶，率領大批人員再次出海東渡。但徐福這次卻一去不復返。

有一種說法是，徐福後來抵達平原廣澤，留在此地稱王。平原廣澤是指黃河、淮水和長江下游流域的平原，以及散布於此的湖泊與沼澤。據說他在這裡全心栽種五穀。

還有另一種說法，就是徐福後來抵達日本。根據撰寫於十世紀的佛教相關書籍《義楚六帖》記載，「日本是東海上的倭國，秦朝時期徐福帶五百名男童及五百名女童停留於此地」。

目前還是沒有足以證明徐福在秦始皇時代前往日本的明確依據。不過，從這些史料中我們可以確定，秦始皇對後來的整個東亞帶來了巨大的影響。

不論如何，秦始皇最後還是沒有得到長生不老藥。而他對於方士的不信任與憤怒之情，也連帶影響到後來的坑儒（活埋諸生）事件。

徐福出海東渡，追求長生不老藥

徐福出海的畫作（歌川國芳繪製）

首次出港地是中國的河北省秦皇島市，第2次出港地則是浙江省寧波市慈溪市。徐福出港的地點眾說紛紜，這是目前最具說服力說法。

徐福

齊國方士，向秦始皇提出尋找長生不老藥的計畫。中國、日本、朝鮮半島各地都流傳著關於他的傳說。

●徐福出海

- 3000名童男童女及多名技術人員同行
- 帶著金銀財寶和五穀種子
- 並未成功抵達東方三神山

秦始皇冷知識

日本流傳的徐福傳說故事

傳說中，徐福為了尋找長生不老藥而抵達日本，他在日本的佐賀、京都、長野等地留下足跡。其中最有名的是位於三重縣熊野市波田須站附近的徐福宮。相傳徐福宮所祭拜的御神體「磨缽」曾是徐福的用具。除此之外，三重縣附近的和歌山縣新宮市還建立了徐福公園，公園的中心有徐福之墓。

秦始皇求長生不死

焚書坑儒

・頒布焚書令，下令焚燒特定書籍，違規者處以重刑
・活埋460多名諸生，史稱「坑儒」

秦始皇為何要頒布焚書令？焚書令有哪些內容？

若想理解秦始皇時代的焚書坑儒事件，就必須先了解儒家與法家思想的差別。

儒家以始祖孔子的思想與信條為思想體系，他們認為執政者應以德治天下，並且否定以武力統治人民。「禮儀」是儒家思想的基本信條，國家之間也應該以禮相待，維持和睦關係。

但法家思想的統治方針，並非儒家所宣揚的以德治理，他們主張以嚴格的「法」為基礎來統治國家。

儒家思想傳遍古代中國，深深影響許多國家的運作方式。然而，秦始皇時代是以徹底的「法」來治理國家，因此出現許多反對的聲音。

為了應對這些反對聲浪，丞相李斯在公元前二一三年向秦始皇提案，隨即開始執行焚書令。焚書令規定史官必須徹查所有非本朝記載的史書，一律燒毀，包括民間收藏的書經、詩經、諸子百家等書籍，全都要交付給郡守，並由郡尉統一焚毀。據說儒家六經之一的《樂經》便是在此時消失於世，因此漢代確立儒家經典時才會僅有五經。

李斯擔心讀過史籍的學者會提出政治性發言，批判現行體制，所以焚書令針對違法者處以重刑。倘若群聚討論詩書的內容，便會遭處死刑，並將屍體於市中心曝曬示眾；只要有人認為以往的執政比較好、批判現行體制，那麼全族都會連坐處刑。另一方面，執法

儒學遭壓迫

■法家與儒家的差異

法家	儒家
· 以法治理國家 · 以性惡說為思想基礎 · 守法者給予獎賞，違法者施以嚴刑 · 秦始皇推崇法家思想	· 創始人孔子的思想體系 · 以德治理國家 · 依派別不同，分為性善說與性惡說 · 注重仁義禮儀 · 漢代採用儒家思想

■何謂焚書坑儒？

焚書	坑儒
下令燒毀特定讀物	活埋坑殺 包含儒者在內的諸生

孔子

中國春秋時期的思想家，儒家創始者，擁有3000名弟子。秦朝時期，他的教誨依然代代相傳，生生不息。

官吏私下放過違法者也視為同罪；三十天內未焚燒禁書者，除了處以墨刑之外，還要服築城的勞役。

坑儒的真相為何？

秦始皇對諸生懷有不信任感

焚書令的目的是為了約束擾亂首都秩序的學者。這個法令的約束對象並不僅止於書籍讀物，連學者（諸生）、修行者（方士）都難以倖免。

方士們未替秦始皇取得長生不老藥，秦始皇的內心可能因此十分不信任徐福這群方士。再加上有些方士和諸生會批判秦始皇的執政，做出擾亂老百姓思想的舉動，所以秦始皇才會勃然大怒。

公元前二一二年，秦始皇將咸陽的四百六十多名諸生活埋撲殺，史稱「坑儒」。

事實上，「坑儒」的說法出自東漢時期，東漢是以儒家思想為中心的朝代。我們普遍認為秦始皇只會壓迫儒家學者，但其實這個時期不只有儒者遭到坑殺。焚書坑儒事件發生後，還是有儒者替秦朝效命，像是陳勝吳廣之亂爆發時，秦二世胡亥就曾尋求儒家學者叔孫通的建議。

如果我們將這些事實考慮在內，就會發現與其將此行為稱為「坑儒」，稱為「坑諸生」或許更為恰當。諸生受罰的原因並非信奉儒家思想，而是因為他們在戰時體制之下，做出容易讓人民感到不安的違法舉動。雖然焚書坑儒事件可以作為凸顯秦始皇暴君形象的故事，但其實我們也可以從另一種角度來端看這段歷史。

近代中國曾於一九六〇年代發生文化大革命，當時展開「批林批孔」運動的毛澤東，甚至曾經寫下一首讚頌焚書坑儒歷史的詩詞呢。

儒家信仰隨著時代的變遷，經歷過興盛、跨越了迫害，如今在中國人心中代代相傳。

焚書坑儒的結局

■被列為禁書的《書經》遭到焚燒

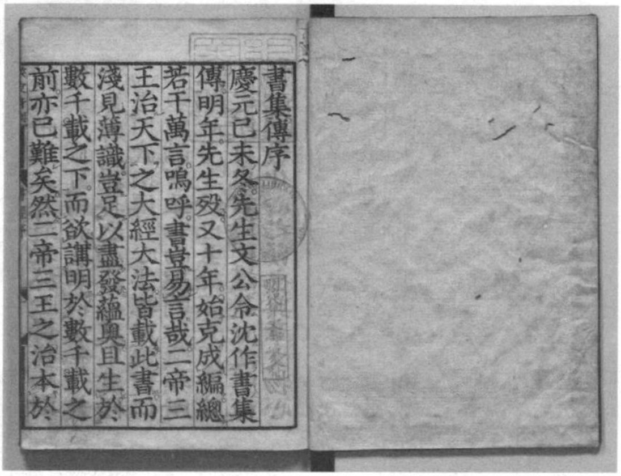

書集傳序
慶元己未冬先生文公令沈作書集
傳明年先生歿又十年始克成編總
若干萬言嗚呼書豈易言哉二帝三
王治天下之大經大法皆載此書而
淺見薄識豈足以盡發蘊奥且生於
數千載之下而欲講明於數千載之
前亦已難矣然二帝三王之治本於

《書經》（又稱《尚書》）是中國的歷史書。其中記載了從上古傳說的聖人到周朝以前的政治思想與訓誡等。

李斯

秦朝宰相，提出焚書令的建議。信奉法家思想，得到秦始皇的青睞。後來敗於權力鬥爭，遭趙高處刑。

■儒學的後續發展

戰國～漢初	秦朝政策削弱儒學的影響力
西漢～東漢	儒學影響力擴大，成為官學
隋代～唐代	儒學經典列入官吏資格考試「科舉」考題
現代	新文化運動時期反對儒家，但中國官方在21世紀後重新評價儒家思想

秦始皇離世

- 國內發生不詳事件
- 秦始皇在第五次出巡期間病倒身亡
- 秦始皇逝世一事受到保密

秦始皇去世的前一年 連續出現不祥徵兆

公元前二一一年，大秦帝國國內接連發生與預告秦始皇之死的不祥事件。

最先出現的徵兆，是火星停留在東方的心宿（位於天蠍座上）。火紅耀眼的火星一般認為是帶來災害或戰亂的行星，而位於天蠍座的一等星「心宿二」對應東方青龍的心臟，而這兩顆星距離十分靠近。

同一年，有一塊隕石在東郡地區墜落，有人在隕石上刻上「始皇帝死而地分」七字。「地分」是指隕石衝撞大地，使地表分裂，有領土分裂之意。

這句話也表現出當地民眾希望秦國覆滅，秦始皇得知後，隨即派御史尋找犯人，但是遍尋不得，最後便下令誅殺附近所有的居民，並焚燒隕石。

某天一名使者準備前往首都，其間有一名手持玉璧的人對使者聲稱「今年祖龍死」。這塊玉璧竟是秦始皇第二次出巡時投入江水的那塊玉璧。此人話中的「祖龍」就是指秦始皇。後來秦始皇請人算命，卜卦結果為「游徙吉」。「游」是指出巡，「徙」則意指搬遷。於是秦始皇動身出巡，並且下令國內三萬戶居民遷移至北方。

秦始皇在出巡途中夢見自己與海神戰鬥。同行的博士為其解夢：「如果大魚蛟龍出現，便是附近有水神的徵兆。」於是秦始皇拿連弩作為獵捕的工具，船行至之罘時出現大魚，秦始皇成功將其射殺。

秦始皇死於出巡途中

■秦始皇的逝世之地

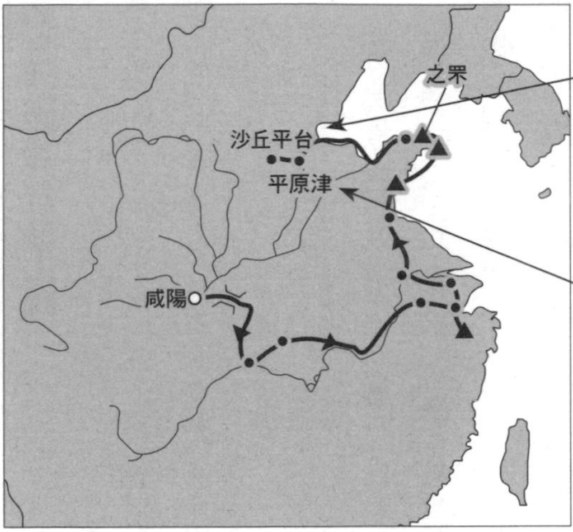

沙丘平台

秦始皇在此逝世。今河北省邢台市廣宗縣。

平原津

出巡途中在此發病。

秦始皇最後一次出巡。期間除了在琅琊台與徐福重逢，還在之罘夢見海神，並且射殺大魚。但他卻在平原津發病，最後死於沙丘平台。

■如今的沙丘平台

沙丘平台留下的小型遺址，位於現今的河北省廣宗縣大平台村。這裡的村民也相當熟悉遺跡的歷史。

照片提供：鶴間和幸

秦始皇葬於驪山陵（秦始皇陵）

驪山陵位於咸陽東方，秦始皇即埋葬於此。當時有許多人跟著陪葬，例如後宮當中未產子者。

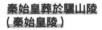

朝中臣子亦不得知死訊，秦始皇遺體葬於驪山陵

秦始皇在平原津病倒，病名不得而知，後來病情嚴重惡化，秦始皇因此留下遺言。從平原津前往沙丘平台的途中，秦始皇五十年的人生走到了終點。

然而，李斯一行人擔心秦始皇的死訊會造成天下大亂，他們決定將消息保密，就這樣返回咸陽。只有胡亥、李斯、趙高等少數人士知道此事，他們將遺體置於出巡期間搭乘的轀輬車裡搬運。

為了掩飾秦始皇的死訊，不論是供應膳食的時間、批改上奏文件的例行公事，全部都照常進行。屍體在路途中開始飄出屍臭味，他們把大量的鹹魚搬上車，混淆腐臭的氣味。

返回咸陽的路程上，秦始皇第一次使用他執政時所建造的直道。直道是秦始皇用來展示權威的道路，但他卻沒能在活著的時候使用。

秦始皇去世兩個月後，胡亥回到咸陽並繼承王位。秦始皇的遺體葬在驪山陵，當他還是秦王時就已經開始驪山陵的搭建工程，成為秦始皇之後，動用七十多萬名受刑人參與工程。驪山陵的興建規模相當浩大，工匠鑿穿三層地下水，灌注銅水以避免地下水滲入，建造房間並放滿宮中的珍品。

秦始皇的陵墓至今尚未被開挖，現在還保存著四角錐金字塔外型的墳塚，墳塚表層是硬化的黃土，頂端是一片平台。如今已經建造了通往陵墓山頂的階梯，頂端有瞭望台。

學者普遍認為，兵馬俑和驪山陵的建造目的都是為了用來守護皇帝。兵馬俑的發現時間是一九七四年，後來被列為世界文化遺產。兵馬俑坑距離驪山陵一．五公里，底下總共埋藏了八千多件士兵陶俑。所有文物都再再顯示，秦始皇的死亡意義重大。

秦始皇陵與兵馬俑

■秦始皇陵出土的各種文物

出土於秦始皇陵附近的銅馬車。尺寸約為秦始皇出巡專用馬車實際大小的一半，發現時已出現破損。

Photo by ©Tomo.Yun (http://www.yunphoto.net)

銅製四角形罐子，出土於銅馬車附近的文物。學者認為這是秦始皇出巡時使用的水壺。

■士兵人偶「兵馬俑」

秦始皇陵尚未被挖掘，但兵馬俑卻已經從歷史中出土。1974年居住於附近的居民在挖井時發現了兵馬俑，當時引起一陣轟動。原本兵馬俑的臉部也有彩色顏料。

秦始皇的遺詔

・秦始皇立遺詔，立扶蘇為皇位繼承人
・趙高偽造遺詔，謀策讓最小的皇子胡亥繼任

上述有關秦始皇的遺詔，以及繼承人問題的相關記述，皆是出自《史記》的記載。不過，學者在近年出土的漢簡《趙正書》中，卻發現了足可推翻前述記載的內容。根據《趙正書》所述，重病的秦始皇在出巡期間和身邊的臣子討論繼承人選的問題。丞相李斯和馮去疾認為他們一行人遠離國都，深怕朝中大臣得知消息後舉兵謀反，於是私底下向秦始皇進言，希望立同行的胡亥為太子，順勢返回咸陽即位。秦始皇接受他們的建議，胡亥隨後繼任。

至於哪一種說法最接近真實，我們實在難以得知。《史記》站在推舉扶蘇的蒙恬一族的角度，而《趙正書》則較傾向推舉胡亥的李斯與趙高；若我們從這兩種立場來思考歷史，便能接受這兩種說法的差異。

繼任人選眾說紛紜，關於假遺詔的來龍去脈

秦始皇臨終時寫下遺詔，並將將遺詔交付給趙高。他在遺詔中命令流放北方的長子扶蘇「返回咸陽，負責處理喪禮」。這封遺詔是用以確立太子的文件。

然而，趙高、李斯和胡亥（秦始皇最小的兒子）卻在這時展開行動。他們銷毀秦始皇的遺詔，重新擬了兩份假遺詔。其中一份立胡亥為太子，另一份詔書則下令將負責對抗匈奴的扶蘇與蒙恬處死。當時的扶蘇並不知道父親已死，他看了詔書後，認為曾經向父親諫言的自己十分不孝，如今父親要賜死自己，旋即自刎。但蒙恬卻對詔書內容存疑，因而被監禁於陽周。

偽造遺詔

■秦始皇的子嗣

秦始皇

- 胡亥：么子
- 男女加總約有20多名孩子
- 扶蘇：長兄

李斯

與趙高共同謀劃，假傳遺照。後來趙高設陷構害李斯，將他處死。

趙高

負責教導胡亥的官吏。胡亥登基為秦二世後，負責輔佐胡亥，從此掌握實權。

■趙高等人竄改遺詔

- 銷毀秦始皇生前交付的遺詔。
- 偽造兩件事，其一為「立胡亥為太子」，其二為「判扶蘇與蒙恬死刑」。
- 在造假的遺詔上蓋上印璽。
- 扶蘇自殺，蒙恬被監禁於陽周。

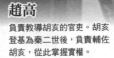

第5章
秦始皇死後的世界

插畫：劉邦（菊池鹿人）

插畫：項羽（藤川純一）

秦朝崩潰與農民起義

・胡亥繼任為秦二世後，完全順著趙高的意
・陳勝吳廣之亂爆發，反秦起義遍布全國

秦二世皇帝胡亥與幕後操手趙高

公元前二〇九年，胡亥即位為秦二世皇帝。對他繼任皇位一事抱有疑慮的皇族（包含手足）、重臣無一倖免，全都遭胡亥處死。

胡亥繼任時年紀尚輕，原本負責指導胡亥的趙高藉機掌權。趙高掌權後，謀害曾和他一同策劃計謀的李斯，他編造罪名將李斯處刑，大秦帝國幾乎被趙高玩弄於股掌之間。

胡亥繼續施行秦始皇時期的國策，興建秦始皇陵、阿房宮、萬里長城等大型建設，並且徵兵以防範匈奴侵襲。然而，這些政策大多都是由趙高在幕後操控。

秦朝持續施行嚴酷高壓的政策，民心逐漸背離。但是這些反對聲音全都被趙高擋在門外，完全傳不進身為皇帝的胡亥耳裡。

農民蜂擁起義，爆發陳勝吳廣之亂

秦二世胡亥即位時，全國各地發生叛變的氛圍高漲。公元前二〇九年七月，秦二世下令九百名農民前往戍守東北方的漁陽（靠近現在的北京），農民聚集於淮水北方平原一帶的大澤鄉，當時的陳勝和吳廣負責管理這批農民。

陳勝和吳廣皆出身自貧窮階級，他們似乎十分善於運用各種計策以掌握人心。

秦始皇的統治體制逐漸崩潰

■關於秦二世胡亥

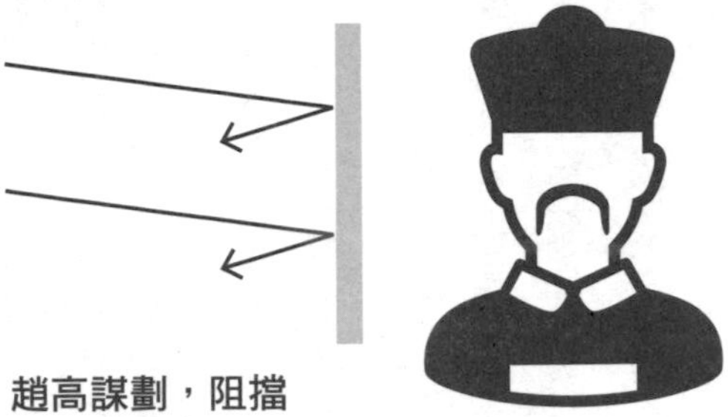

趙高謀劃，阻擋所有壞消息

處死所有對皇帝繼承問題有意見的人，包含皇族中的兄弟姐妹或重臣

推動大規模興建工程徵用大批勞動力

民心背離

■陳勝吳廣之亂發生地點

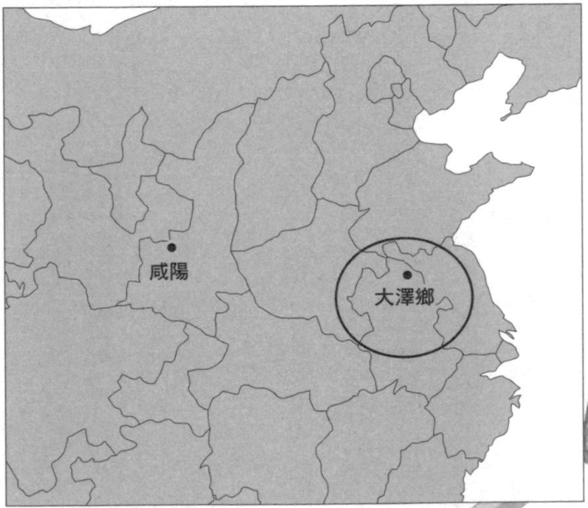

陳勝

沒有農地的貧窮階級。發動陳勝吳廣之亂，從此聲名大噪。後來在張楚建立國家，自立為王。

世界史記事本

日文的「馬鹿」一詞源自胡亥？

日文的「馬鹿」意指笨蛋或愚蠢之人。關於「馬鹿」一詞的由來，其中一說就是源自「指鹿為馬」的歷史故事。相傳某天趙高帶著一頭鹿進宮，他對胡亥表示「這是一匹稀有的馬」。胡亥反問趙高：「這不是一頭鹿嗎？」懼怕趙高的家臣在一旁指稱為「馬」，不畏懼趙高的家臣則指稱為「鹿」。趙高藉此區分敵我，只要回答「鹿」的人，全都遭趙高殺害。

本應前往漁陽的一行人卻碰上大雨淹沒道路，無法如期抵達目的地。

秦朝奉行嚴刑峻法，不論理由為何，只要沒有如期抵達目的地，就會遭到斬首。

遲到是死路一條，逃跑也是死路一條。陳勝和吳廣認為既然都要死，那乾脆起兵誓死一戰。

其中一名統領部隊的將尉喝醉了，吳廣故意上前激怒對方，多次表示他想逃跑，將尉氣得開始鞭打吳廣。不知不覺間，周圍的士兵紛紛聚集，他們對將尉感到愈來愈反感。後來，吳廣見將尉拔劍失利，趁機奪刀斬殺對方。而陳勝也殺了另一名將尉，起義就此展開。

陳勝在起義時期高喊：「王侯將相，寧有種乎！」這句話的意思是，君王、諸侯、將軍、丞相的地位並非天生擁有，高貴的地位可以靠奪取而來。展現出決心的陳勝振奮了農民的心。

陳勝等人決心戰鬥，點燃燎原之火

為了得到人民支持，陳勝和吳廣分別打著秦始皇長子「扶蘇」，以及楚國英雄「項燕」的名號。陳勝就這樣成了將軍，而吳廣成為都尉（郡的武官）。

他們先占領了大澤鄉，接著逐一進攻各縣。起義軍攻入陳縣時，已有戰車六七百乘，騎兵千餘人，以及步兵幾萬人。陳勝隨後宣布復興楚國，自稱陳王，各地人民呼應起義。然而，陳勝自立為王後僅過六個月便遭殺害。

成語故事筆記本

揭竿而起

本指秦末陳勝、吳廣倉促起義，反抗暴秦的史事。後來比喻起義舉事。

農民起義規模擴大

■農民起義的時空背景

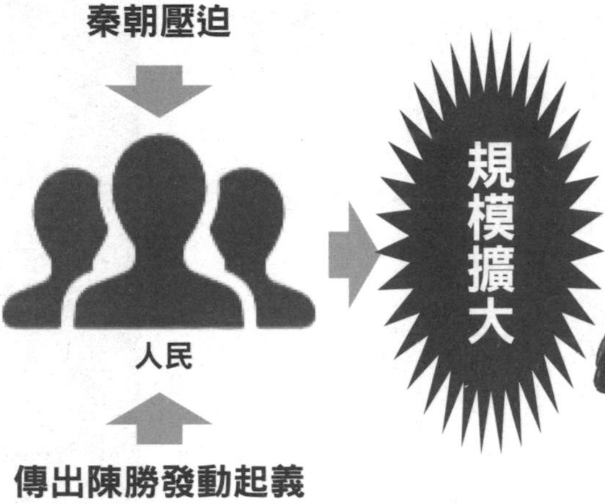

吳廣

和陳勝一樣出身自貧苦階級，據說深受部下愛戴。吳廣發動起義後，與陳勝一起建立張楚，立為假王並管理諸將。但最後卻遭部下田臧殺害。

■陳勝和吳廣的後續經歷

陳勝

- **宣布復興楚國並自立為王，自稱陳王。**
- **敗給秦朝的章邯軍。**
- **被自己的車夫莊賈所殺（前後只經過6個月）。**

吳廣

- **成為楚國的假王（代理君王），負責管理諸將。**
- **包圍三川郡的滎陽，但並未攻陷城池。**
- **被自己的部下田臧將軍所殺，田臧將吳廣的首級獻給陳勝。**

反秦聯軍崛起

・劉邦和項羽在抗秦起義期間崛起
・劉邦出身自東方農民階級，項羽則出身楚國將軍世家

劉邦的經歷與其周遭人物

抗秦起義規模逐漸擴大，劉邦和項羽也在這段期間嶄露頭角。

劉邦出身自東方的農民階級，他在年輕時便厭倦了家業，成天過著沉迷於酒色的生活。他在因緣際會之下，擔任沛縣泗水的亭長職務，但劉邦卻不是一個勤於完成任務的官員。劉邦在這個時期目睹秦始皇的威儀之後，說了這麼一句話：「男子漢就該像他那樣（大丈夫當如此也）！」

某天劉邦負責押送服勞役的人前往驪山，然而這些人卻在押送途中接連逃跑。劉邦於是自暴自棄地喝起酒來，並釋放所有服勞役的人。秦國奉行嚴刑峻法，劉邦知道自己肯定會被處以極刑，於是決定逃亡。

過了不久，陳勝和吳廣起兵發動叛亂，抗秦的時機到來。蕭何與曹參曾和劉邦一同在沛縣擔任官吏，兩人提議受歡迎的劉邦擔任首領，劉邦就這樣被擁立為沛縣的縣令。直到劉邦成為漢王前，都被稱為沛公。

成為縣令的劉邦高舉抗秦的紅旗，帶兵起義。這時加入義軍的成員中，除了蕭何、曹參等下級官員，還有來自各行各業的人響應。例如，樊噲以屠宰、販售食用的狗肉為業，周勃則是靠編織蠶絲維生。

起義軍開始攻下附近地區，逐漸擴大勢力。而後來成為參謀的張良，便是在這時和劉邦相遇。或許正是因為劉邦受人信賴又好親近，而且擁有相當吸引人的

關於劉邦

■劉邦家譜圖

- 劉太公
  - 劉邦
  - 劉喜（次兄）
  - 劉伯（長兄）

劉邦

出身自沛縣的農民，曾擔任亭長。後來被其他官吏推舉為抗秦首領，投身抗秦之戰。成為漢王後，和項羽展開激烈的戰鬥，最後建立漢朝，成為漢朝首位皇帝。

■劉邦的人生經歷

出生於沛縣豐邑中陽里。

年輕時愛好酒色，過著充滿俠義的生活。

蕭何、曹參等人推舉劉邦為沛令。

於鴻門會見上將軍項羽。

與項羽競爭，比項羽先開咸陽城門。

在西方的巴蜀、漢中之地成為漢王。

向東進攻以討伐項羽，建立西漢，為漢朝開國皇帝

蕭何

在沛縣擔任官吏時與劉邦相識，持續協助劉邦發展。主要負責掌管內政，有些人認為他的名望與實力都高於劉邦。

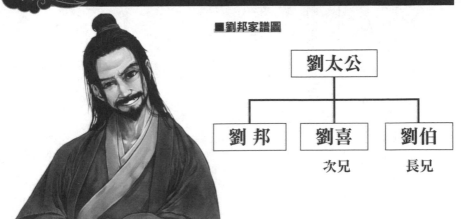

人格魅力，所以才會有這麼多人加入他的行列。

項羽的經歷與抗秦行動

項羽和劉邦不同，他出身自楚國的將軍世家。他的祖父項燕持續和秦國戰到最後一刻，是個相當著名的人物。項羽的雙親在他年幼時去世，他是由叔父項梁拉拔長大的。

項羽個性倔強，身高超過八尺（約一八〇公分），身旁的年輕人都十分畏懼他。項羽在學習方面總是半途而廢，他曾說：「讀書只要能記住姓名就夠了，而學習劍術也只夠抵擋一個人，我想學習的是能夠敵萬人的本事。」

項羽曾在年輕時目睹秦始皇巡遊，當時他說：「我可以取代他（彼可取而代也）。」此話一出，嚇得項梁連忙遮住他的嘴。

劉邦想成為像秦始皇一樣的人，項羽則想靠自己的力量奪權；這兩人的後續人生發展，確實和他們當時所說的話互相對照。

公元前二〇九年，陳勝吳廣起義，各地燃起抗秦的怒火。項羽也聽從叔父項梁的指示起兵，他集結了八千兵力開始進攻西方。這時項梁齊下有陳嬰、英布、蒲將軍、范增等人。范增在作戰會議時說道：「秦國滅六國之際，楚國對秦國最沒有罪過，卻必須承受秦國的殘忍無道。楚國人對此充滿憤恨之情，十分憐憫楚懷王。我們應該立楚王的後代為王。」於是項梁接受了范增的提議。

後來，有一個人率領少數兵力和項梁軍會合，而這個人便是後來與項羽爭天下的劉邦。就這樣，項梁率領的軍隊和打著反秦旗幟的義軍組成反秦聯軍。

雖然主將項梁不幸在進攻途中戰死，但聯軍的表現仍然十分亮眼，而核心隊伍就是項羽率領的楚軍。

項羽的經歷

■項羽家譜圖

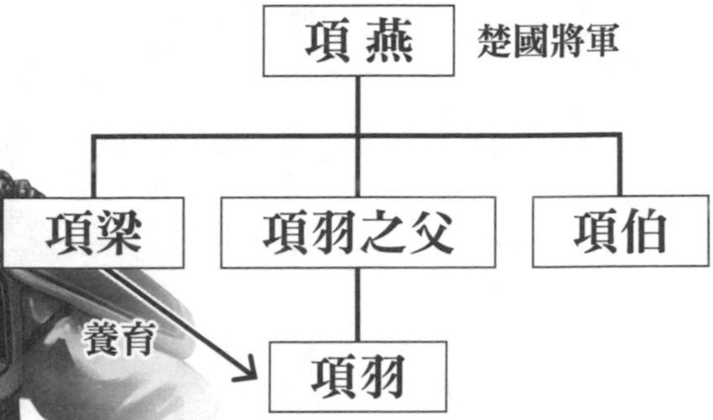

項羽

出身於楚國將軍世家的武將。和劉邦同為抗秦聯軍的核心人物。滅秦後分封18諸侯王，自稱西楚霸王。在楚漢戰爭中遭劉邦軍攻破，楚國滅亡。絕望的項羽最後自刎身亡。

■項羽的人生經歷

出生於楚國將軍世家。

叔父項梁養育項羽。

項梁起兵後，擔任軍隊副將，與參謀范增等人加入抗秦勢力。

劉邦搶先打開咸陽城。

原本決定處死劉邦，劉邦向項羽謝罪後選擇原諒（鴻門宴）。

處死秦王子嬰。焚燒阿房宮。

敗於漢軍，自刎身亡。

范增

侍奉項家的參謀。項梁（項羽的叔父）召開抗秦作戰會議之際，范增已經70歲。楚漢戰爭時期，屢次對項羽提出建議與勸告，是十分重要的人物。

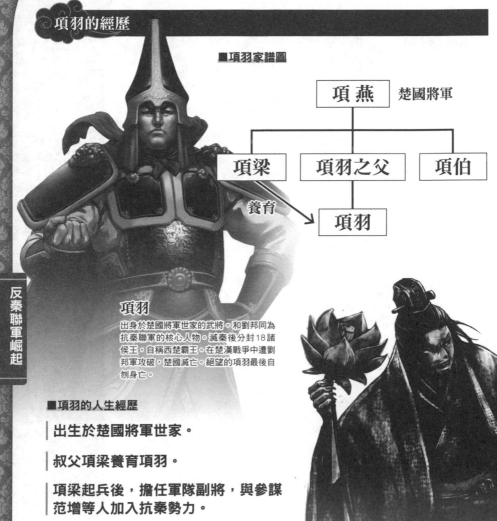

咸陽淪陷與大秦滅亡

- 秦二世胡亥遭殺害，胡亥的姪子子嬰繼任秦王
- 劉邦和項羽攻陷咸陽，大秦帝國僅維持15年便滅亡

趙高的謀略與淪陷的咸陽

秦朝在與反秦聯軍的對峙下趨於劣勢，與此同時，秦朝宮內狀況也發生變化。公元前二〇八年李斯遭處刑後，丞相趙高隨即掌管政治實權。

趙高認為交出皇帝的項上人頭是擺脫當下難題的最佳策略。他派出一千多名士兵逼死秦二世，秦二世最後被逼至自殺。

秦二世死後，趙高似乎曾考慮自己當皇帝。可是即便朝中有很多人懼怕他的權勢，卻沒有人願意承認他的出身足以為皇帝，趙高只好出面迎請秦二世的姪子子嬰即位。然而這時的秦朝，已經不是天下統一的治世局面，皇帝之位早已失去實質意義，因此子嬰是以秦王的身分繼任王位。

趙高憑著逼死皇帝的成果，派遣密使悄悄聯絡正在前往咸陽的劉邦，並且向劉邦提議「沛公與秦王兩人一起在關中之地稱王」。但是劉邦拒絕趙高的提議，持續向咸陽進軍。子嬰感到威脅倍增，於是殺害趙高並對劉邦軍投降。

劉邦和項羽兩人的目標都是取得關中之地，這是因為楚懷王之孫熊心（仍號懷王）曾對他們下令：「誰先攻入關中，誰就在關中封王。」

項羽率領四十萬大軍與秦軍對峙，大肆殺戮，搶奪財寶。而另一方面，劉邦僅有十萬兵力，他避開不必要的戰鬥，反而比項羽先入關中。

秦二世死亡，咸陽淪陷

■秦朝內部發生變化（望夷宮之變）

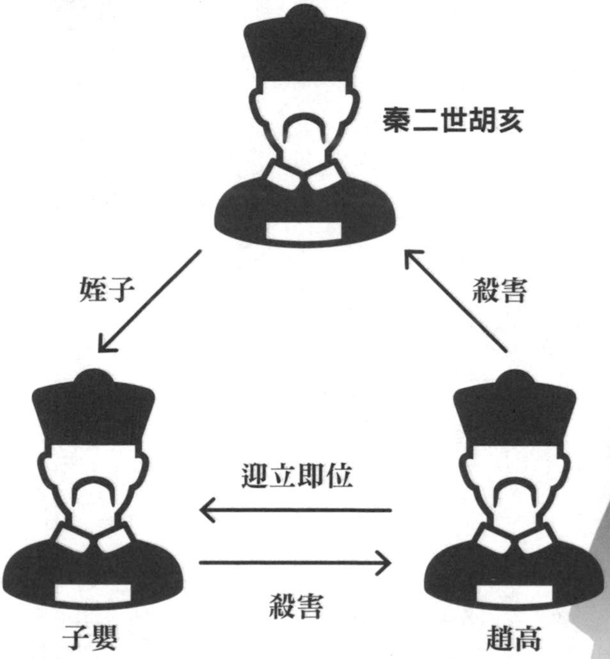
秦二世胡亥
姪子
殺害
迎立即位
殺害
子嬰
趙高

趙高

負責教導秦始皇最小的兒子胡亥。胡亥對趙高言聽計從，趙高施計讓胡亥即位為皇帝，從此確立魁儡政權。他不斷地殺害與自己為敵的人。

■咸陽淪陷

楚懷王（熊心）約定「先入關中者（咸陽中心一帶），便能在關中稱王」。

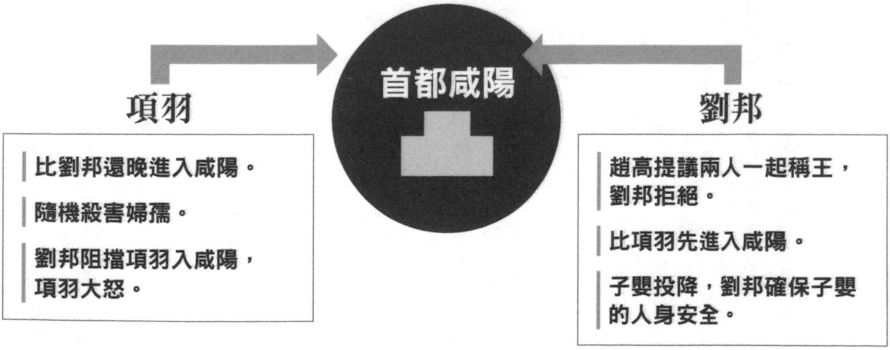
首都咸陽
項羽
比劉邦還晚進入咸陽。
隨機殺害婦孺。
劉邦阻擋項羽入咸陽，項羽大怒。
劉邦
趙高提議兩人一起稱王，劉邦拒絕。
比項羽先進入咸陽。
子嬰投降，劉邦確保子嬰的人身安全。

大秦帝國天下一統，僅維持短短十五年

子嬰自即位起，僅過了三個月便向劉邦投降。據說子嬰投降時坐著白馬駕駛的白色馬車，身穿喪禮時死者所穿的白色裝束，並且在脖子上綁上繩子，帶著皇帝御用印章的玉璽。由此可知子嬰已經做好覺悟，決心投降。

劉邦進入咸陽城後，命令部下不得任意殺人或強取竊盜居民財物；而對於乞求饒命的子嬰，劉邦也出面保證他的人身安全。

針對咸陽城內，劉邦採取相當簡單的執法方針。秦朝一直以來奉行嚴刑峻法，劉邦一聽，決定只用三條法律「約法三章」——殺人者處死，傷害他人及盜取財物者給予和罪行相應的刑罰。他頒布的法令得到愈來愈多民眾的支持。

項羽比劉邦晚一步進入關中，他與劉邦相約會面的場合即是鴻門宴。范增等人打算在鴻門宴期間刺殺劉邦，劉邦在部下的應變之下成功地逃過一劫。

幾天後，項羽進入咸陽，不斷地攻擊老百姓，並且強行將子嬰從宮中帶出來，殺害子嬰一族。項羽放火燒毀宮殿，據說足足燒了三個月才停止。此外，他還開挖秦始皇的墳墓，盜取所有金銀財寶，據說當時動用三十萬人力，花了三十天還是搬不完。

雖然身旁的人建議項羽成為關中首都的霸主，但項羽卻想返回東方的故鄉，他在彭城建都，建立起新的國家體制。

成語故事筆記本

忠言逆耳利於行

劉邦進入宮中後，見宮室華麗而深受吸引，決定住下來享受一番。他的部下張良見狀便對劉邦說：「毒藥苦口利於病，忠言逆耳利於行，請沛公聽樊噲言。」於是劉邦聽從張良的建議，趕緊離開宮殿。

秦朝一統僅維持15年

■子嬰向劉邦投降時的裝扮

照片提供：鶴間和幸

攜帶玉璽

繩子套住脖子

白色裝束

白馬

白色馬車

做好一切覺悟，向劉邦投降

■秦朝一統後的歷程

公元前221年
建立統一王朝

公元前210年
秦始皇去世 胡亥即位

公元前207年
子嬰即位

公元前206年
秦朝滅亡

前後僅過15年

■首都咸陽的結局

- 項羽在劉邦之後進入咸陽，殺害子嬰。
- 火燒宮殿3個月。
- 項羽挖掘秦始皇陵。
- 30萬人花上30天，還是搬不完。
- 項羽奪走寶物和女人，返回江東之地。

楚漢爭霸

項羽整頓國家體制

公元前二〇五年，項羽開始主導新的國家體制。不過項羽並未稱帝，而是回到西楚領地，自號為西楚霸王。這段時期項羽分封十八位立下軍功者，又稱十八諸侯，其中最先進入關中的劉邦卻僅得到巴、蜀與漢中，是為漢王。

漢國的都城是南鄭，距離秦朝舊都咸陽約有兩百公里，如果以直線距離來看，從地圖上看來距離很近，但其實中間需要穿越海拔高達三七六七公尺的太白山等連綿山峰。劉邦燒毀了溝通兩地的棧道，藉此向項羽表示自己無意東出攻打西楚。

項羽雖然尊崇楚懷王為「義帝」，但實權依然掌握在自己手中，義帝只是徒有尊位。後來項羽把義帝流放至偏僻的郴縣，並在途中殺害義帝。

劉邦得知這個消息後，便以此為進攻項羽的正當理由，出兵關中占領秦朝降將的三秦封地。就在此時，曾經效命於項羽的韓信強烈建議劉邦朝東方進攻。於是劉邦依序攻陷魏、河南、韓、殷等地，最後終於進逼項羽所在的西楚首都彭城。楚漢爭霸之戰也正式拉開了序幕。

曾經一同對抗秦朝的兩人就此展開生死殊鬥。此時，以韓信為首的多名武將早已從項羽軍轉而投靠劉邦麾下。這些武將十分了解項羽的個性與楚國相關情報，在戰爭中扮演著相當重要的角色。

・西楚霸王項羽和漢王劉邦之間爆發戰爭
・戰況陷入膠著，最後劉邦取勝。項羽遭追擊，自刎身亡

項羽自立為西楚霸王

■項羽十八諸侯位置圖

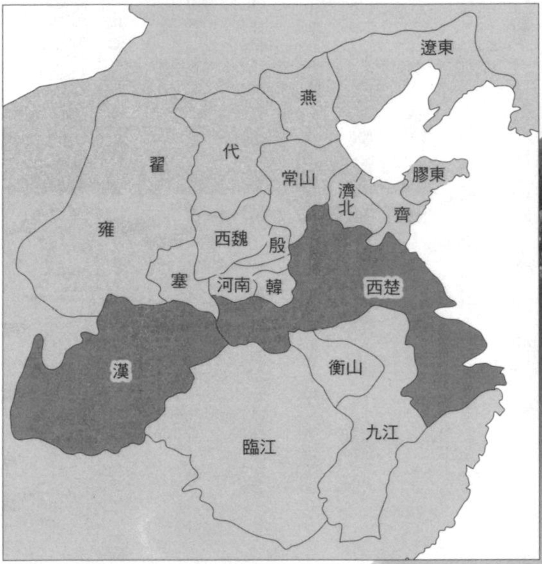

項羽以戰功作為分封十八諸侯的標準，但他也會考量對方與他關係親近的程度。這樣的分配標準讓許多諸侯感到忿忿不平。

項羽

楚漢戰爭中代表楚國的一方。實力強大，被稱為常勝將軍。原本在戰爭中占有優勢，卻因為有能力的諸侯紛紛離去，被逼得走投無路，戰敗後自刎結束生命。

韓信

劉邦軍的將軍，被譽為國士無雙。原本效忠項羽，但因不受重用而投奔劉邦軍。劉邦聽取韓信的建議，決心與項羽一戰。

■從項羽投奔劉邦的武將

韓信

項羽對他待遇不佳，
後來擔任劉邦的侍從官。

英布

原是項羽的副將，
後來投奔劉邦。

陳平

觸怒項羽，
後來成為劉邦的參謀。

楚漢戰爭持續三年，最終結果如何？

一開始劉邦的攻擊較占優勢，他率領聯軍五十六萬人，攻陷了項羽的根據地彭城。然而，劉邦軍卻因為拿下勝利而掉以輕心，連續多日舉辦宴會，忙著搜刮掠奪，三萬項羽軍趁機擊敗劉邦軍。劉邦勉強逃過一劫並返回關中，在蕭何的幫助下重整旗鼓。

另一方面，韓信也在此時於劉邦麾下大顯身手。韓信負責攻打北方一帶，接連攻下西魏、代國，以及復興的趙國等地。韓信累積的種種戰功，使他成為足以鼎立天下的勢力。

劉邦整頓好之後，再次出關，命令彭越等人從項羽後方進攻。他們趁項羽攻打彭越時，斷絕項羽軍的糧食。後來雙方持續陷入苦戰，於是簽訂休戰條約。雙方以滎陽為界，將天下一分為二，約定西邊為漢、東邊為楚，雙方就此收手。但是，劉邦軍的張良和陳平建議劉邦趁項羽收手時襲擊對方。劉邦採納他們的建言，決定襲擊楚軍。韓信、彭越等軍隊隨後與劉邦軍會合，一行人把項羽追趕至垓下。項羽在這時聽到四面傳來漢軍高唱的楚歌。據說這是漢軍為了欺騙項羽而採取的作戰；另一種說法則是，楚國人向漢軍投降後高唱楚歌。

項羽帶著八千士兵南下，項羽軍通過淮水時，僅剩千人兵力。逃到東城時僅剩二十八個人。項羽在長江渡船場烏江與漢軍對戰，最後用盡氣力，自刎而亡。楚漢戰爭由漢軍取得勝利。

成語故事筆記本

四面楚歌

漢軍追擊項羽之際，項羽聽到四面的漢軍都唱著楚人的歌曲。後用以比喻周遭都是敵人，所處環境艱難困頓，危急無援。

楚漢戰爭的結局

■楚漢戰爭的英雄

張良

著名軍師，多次為劉邦軍獻策。

灌嬰

劉邦命灌嬰追擊逃亡的項羽。

彭越

劉邦軍的將軍，從後方擾亂項羽並攻破楚軍。

張良

漢軍的軍師。受劉邦的個性吸引，於是效忠劉邦。建議劉邦從後方襲擊項羽軍。和韓信、蕭何同為「漢初三傑」。

彭越

原本以捕魚為生，據說他還曾當過盜賊。加入劉邦軍之後，與楚軍對戰時從後方擾亂項羽，表現十分活躍。

■楚漢戰爭的始末

前206年
秦朝滅亡。項羽自立為西楚霸王

前205年
劉邦從漢中出發

前203年
楚漢達成休戰協議

前202年
垓下之戰過後，項羽死亡。 漢軍得勝，戰爭結束

漢朝建立與後續發展

・劉邦稱帝，漢朝開始並延續400餘年
・秦始皇對現代帶來的影響

劉邦成為開朝皇帝，史稱漢高祖

劉邦在楚漢爭霸的交鋒中取勝，並於公元前二〇二年稱帝，為漢朝的開國皇帝。

劉邦登基成為皇帝後，開始分封天下給立下軍功的諸侯。尤其是立下大功的韓信被封為楚王，彭越則成為粱王，共計七名將領受封為異姓諸侯王。

另一方面，劉邦也任用許多有實力的人才為漢朝官員，主持朝中大事。他啟用沛縣豪傑王陵為右丞相，而在戰爭期間和戰後立下大功的蕭何，則擔任朝廷大臣的最高職務相國。

劉邦起初決定在雒陽（洛陽）設立首都，但有些臣子認為雒陽地勢狹小，倘若敵人從四面攻擊時難以防守，於是劉邦決定遷都至長安（現在的西安市），在長安建城。

漢朝初建國時，國家尚未能即時恢復穩定。內政方面，諸侯王屢屢發動叛變；對外方面，劉邦出兵北伐時則敗給匈奴，維持著不得已的外交關係。

公元前一九五年，劉邦以六十二歲之齡逝世，兒子劉盈成為第二任皇帝。劉盈即位時只有十七歲，他的母親呂后才是真正握有實權的人。相傳呂后個性心狠手辣，曾做出各種殘忍行徑，接連殺害劉邦的側室及他們的孩子。

漢朝在呂后死後不久便發生政變，呂后全族遭到殺害。後來的漢武帝推動漢朝走向興盛的時代。

漢朝初建

■漢高祖劉邦時期的郡國位置圖

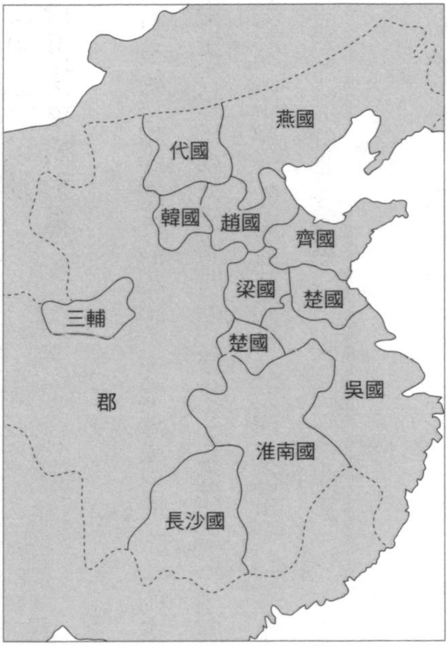

劉備成為皇帝後，分封異姓諸侯王給立下戰功的人，並且在首都附近設立直轄地的郡。

呂后

漢高祖劉邦的正室。西漢第二任皇帝劉盈的母親。在戰亂時期支持著劉邦的賢妻良母。劉盈即位後，替他處理國政並手握大權，有如女皇帝。

■漢朝的後續發展

前195年

劉邦去世

前180年～前141年

文帝、景帝在位期間，史稱文景之治

前141年

漢武帝即位，漢朝迎來最興盛的時期

後8年

西漢滅亡

■如今的西安（長安）

西安市曾經是西周、漢、隋、唐等朝代的首都。這裡承載了二千數百年的歷史。

關於《史記》以及對後世帶來的影響

我們現今對秦始皇相關歷史的認識，大部分來自於《史記》。《史記》是由西漢武帝時的史學家司馬遷所撰寫。一般認為《史記》的完成時間是公元前九〇年左右，也就是說，大約是在秦始皇去世一百年多年之後才完成。

司馬遷的父親司馬談曾出任朝中官員，他在司馬遷二十歲左右時，建議他到各地遊歷。司馬遷在旅途過程中造訪許多歷史發生的地點，增廣見聞。這段經歷想必對《史記》的撰寫帶來很大的影響。

後來，司馬遷也出仕朝中，多次跟隨漢武帝一同巡遊。公元前一〇四年，司馬遷著手撰寫《史記》。他在寫書期間被捲入李陵之禍，後來關進牢獄，處以重罰。雖然經歷千辛萬苦，但司馬遷還是耗費十五年的光陰，完成了這部史冊。

我們不能忘了，司馬遷是以漢武帝臣子的身分撰寫《史記》，著書的最終目標，是為了記錄漢武帝及當時的事物。或許司馬遷眼中的漢武帝，會和秦始皇的印象有所重疊。

事實上，許多歷史事件不禁讓人認為，漢武帝似乎深受秦始皇的影響。例如漢朝和北方匈奴、南方南越的戰爭，或是修築萬里長城、出巡全國，以及在泰山封禪等作為，似乎都有秦始皇的影子。歷史上不少君王會抱持否定態度來看待前朝，但如果說到漢武帝，他似乎非常在意秦始皇。

雖然大秦帝國僅維繫十五年，但秦始皇在後來兩千多年的中國歷史當中，以驚人的影響力牽動著這個世界。如今各種勾勒秦始皇時代的電影或漫畫撼動許多人的內心，令人嘖嘖稱奇。回首秦始皇所處的年代，或許可以現代的我們了解人類力量的偉大與無常。

秦始皇帶來的影響

司馬遷

司馬遷的家族代代都是擔任掌管天文的職位。司馬遷著手撰寫史書的原因，除了家族傳承以外，也是為了完成他父親司馬談的遺志。

■記載秦始皇歷史的《史記》

西漢漢武帝時期，由史學家司馬遷撰寫的史書。

公元前90年左右完成。完成時間為秦始皇死後100餘年。

《史記．秦始皇本紀》記載秦始皇的相關歷史。

現存最早的《史記》，是1196年的版本。

秦始皇

如今，有些學者認為秦始皇是暴君，有些則認為他是一名能幹的君王。正因為秦始皇在歷史上擁有如此強烈的存在感，我們才能從不同觀點來評價這位歷史人物。

■秦始皇在現代留下哪些足跡？

大型建築物

・萬里長城
・兵馬俑
・直道

君主專制

漢、隋、唐等朝代都沿用君主專制的治國觀念，一直到清代為止約持續2000年。

統一文字與單位

現今使用的漢字，是在秦始皇時期統整而成的。

許多史書或傳說故事

秦始皇的相關作品眾多，有些作品站在批判的立場，有些則把秦始皇視為英雄。

日本秦漢研究者・鶴間和幸 特別訪談

秦始皇最新研究

秦始皇的形象一直在改變。本書的監修鶴間和幸教授，要和我們聊聊最新的秦始皇研究情況，以及他所看到的秦始皇真實面貌。

出土文獻的內容和《史記》有明顯的出入

——您的著作《人間・始皇帝》出版至今，有哪些關於秦始皇的新發現？

說到新發現，就不得不提到地底出土的史料了。雖然《人間・始皇帝》裡有列出文獻目錄，但其實有些文獻的內容我們尚未完全釐清。例如《里耶秦簡》、《嶽麓秦簡》、《北京大學所藏漢簡》，還有《北京大學所藏秦簡》。每當有新的文獻出版，我就會和研究生一起研讀。尤其是《嶽麓秦簡》第四卷和第五卷的內容很有趣，裡面記載了秦朝的律令和條文。

《趙正書》撰寫於漢代，這本書也是非常重要的史料。我撰寫以前的著作時，還只能得知《趙正書》的部分內容，如今這本史料的內容已經完全公開了。我對兵馬俑博物館的新展品「百戲俑」很感興趣，百戲俑是古代馬戲團的人偶，其中還有一些非常特別的百戲俑呢。還有很多類似這樣的新發現。

——有發現任何顛覆以往研究的真相嗎？有其他讓你特別感興趣的新發現嗎？

根據《史記》記載，秦始皇二十八年（前二一九年），秦始皇第二次出巡時，曾經砍光湘山的樹木。湘山有一座祭拜湘君的祠堂，湘君就是舜的妻子。秦始皇要前往湘山，卻遇上大風無法抵達，氣得他下令把湘山砍成一座禿山。但是後來出土的史料完全顛覆了這個故事。

新研究發現，秦始皇統一天下之後，他在秦始皇二十六年（前二二一年）四月造訪湘山，當時他將周邊地區納入國有土地，下令守護這片樹林。秦始皇根本沒有砍光樹林。因為如此，司馬遷記載的內容真實性也開始逐漸動搖。

——為什麼會從保護大自然改寫成砍光樹木呢？

秦始皇征服過許多國家，被他征服的一方會對秦朝有所反彈，所以未必會服從秦始皇的命令。秦始皇來到湘山後，在憤怒之下砍光樹木，應該是當地人流傳出來的故事。其實各地有很多類似這樣的故事。

——針對已公開全數內容的《趙正書》，有沒有什麼新的研究發現？

例如關於秦二世（胡亥）的記載，據說秦二世重新整頓秦始皇的政策，像是廢除所有秦始皇在位期間頒布的律令，或是排除所有效忠秦始皇的臣子等等。這些事情都蠻有可能發生的，不過關於「社稷」（君王的祭壇）的部分卻讓我很在意。《趙正書》記載秦二世破壞了秦始皇的社稷。但社稷是一個國家的象徵，皇帝或君王維護社稷才是一般常理，這讓我不禁懷疑這樣的解讀是否正確，我現在對這個部分感到有點頭痛。

此外，《趙正書》對子嬰的描寫也相當有趣，裡面記載他是個非常賢明的人。再加上《史記》對他的描述，子嬰應該曾經非常冷靜地批評秦二世。

——我們真的愈來愈了解各種歷史內幕了。

我們至今大多是透過司馬遷撰寫的《史記　秦始皇本紀》或列傳來想像秦始皇的形象，但是我們卻可以透過兵馬俑等考古資料，或是剛才提到的出土文獻，發現到不同於《史記》的歷史記載。當然，這些史料也會出現和《史記》吻合的內容。但針對完全相異的部分，我們都還是會以同一個時代的文獻為優先依據。還有一點我們必須特別留意，相同時期的史料都是以秦朝的角度撰寫而成。但是，目前很難找到被秦朝征服的一方所撰寫的文獻。

李斯施行焚書令的首要目標，其實就是六國的歷史書，他想利用焚書令來抹除其他國家的歷史紀錄。我們現在讀不到其他六國記載的史書，想必當時真的燒得很徹底。所以司馬遷是以秦朝史書為依據來撰寫六國歷史。

近年來，學者在楚墓中發現楚簡，楚簡不屬於行政文件，而是一般書籍。以《老子》（又名《道德經》）為例，我們目前讀到的內容，都是漢代以後的版本。自從楚簡出土後，我們就可以回溯到戰國時期的版本，真的很有意思呢。

——戰國時期的《老子》與漢代之後的版本有何不同？

《老子》著名的「小國寡民」一詞，其中的「國」字，在楚簡裡卻成了「邦」字。這個「邦」就是劉邦的「邦」，所以漢代人把「邦」改成「國」。「無為自然」的「無」，變成「亡」。還有一個字我覺得很有意思，就是江海的「海」，楚簡上寫著「浻」；《老子》中出現過「天下母」一詞（※譯註：全句為「天下有始，以為天下母」），而「海」就是所謂的「母」親啊。可以從中得知原本的文字樣貌，真的非常有趣。

秦始皇靈活地吸收各式各樣的思想

——近年來，秦始皇在形象上改變最大的地方是？

秦始皇並非只是崇尚法治主義，他也吸取先秦各種不同的思想。李斯之所以推行焚書令的背後原因，是因為秦朝開始對匈奴和百越發動戰爭，戰爭期間必須進行思想統一的緣故。秦朝民間百姓閱讀詩經和書經，進而將以前的思想理想化，用以批判當今的國家政治體制。中央為了壓制這些聲音，就連史書都成了銷毀的目標。

焚書事件約發生於秦朝完成大一統的六年後，那麼秦始皇在此之前，又是怎麼看待儒家思想的呢？這要從秦始皇出巡全國各地時立下的刻石說起。刻石上寫著父子關係、男女分居十分重要等訓誡文字，這些內容其實和儒家的倫理主張十分相似。近年來出土的〈為吏之道〉（※譯註：為睡虎地秦墓竹簡之一）竹簡當中，也有多處記載《論語》裡的句子，例如「君君，臣臣，父父，子子」等。也就是說，秦始皇絕對不是從一開始就排斥儒家，焚書坑儒的對象也並非只針對儒者。李斯焚書的用意，是為了暫時性地鎮壓那些批評朝中的學者。

——以前秦始皇的形象是一個徹底的法治主義者。

其實秦始皇的思想理念相當靈活多變。他曾到東方海洋出巡，當時遇上了方士，開始傾心於長生不老思想；而且他也相信鄒衍的五德終始說。除此之外，秦始皇也接受了東方的齊國思想及老子思想。他建造陵墓時，在地宮裡以水銀為百川江河大海，模擬黃河與長江，這正是對於《老子》思想的體現。陵墓中畫有星星、太陽、月亮，水銀代表自然河川，而人活在這些萬物中，這就是老莊思想。雖然李斯企圖禁止詩書或百家語，但秦朝一直以來都在吸取這些思想知識，而秦始皇本身也接受了許多思想的洗禮。

——秦始皇嚮往長生不死，是一種靈活變通的表現嗎？

我認為是的。我這次在中國做研究時，去了一個叫作秦山島的島嶼。這個島非常小，一退潮就會出現道路，是個不可思議的小島。至於我為什麼會對這座島很感興趣呢？因為說不定這種神祕的島嶼就是仙人的居住地。北魏的地理名著《水經注》中也有記載「秦山島有秦始皇刻石」一事，漲潮時石碑會被淹沒，退潮時則會露出石碑上半部。雖然現在的秦山島當然沒有秦始皇刻石，但既然文獻都記載得這麼清楚了，那原本應該真的有刻石才對。秦始皇總共立有七個刻石，說不定其實還有第八個。秦始皇曾因東方蔚藍的海洋而深受感動，於是在琅琊台、碣石建造離宮。那麼，也許他也造訪過像秦山島這樣神祕的小島。

秦始皇是展現東西文化交流的人物？

——除了秦始皇之外，還有其他形象不同於以往的人物嗎？

李斯。我有去參觀李斯墓。李斯出生於蔡國的上蔡，蔡國後來被楚國消滅，李斯墓就位在上蔡。不過目前並沒有文獻提到「李斯的遺體被送回故鄉」，而且他的墓地也沒有被挖掘。

李斯為秦始皇效命，逐漸爬上最有權力的地位，但最後卻因為和趙高對立而遭處刑。在李斯確定要被處死之際，離開牢獄的他對二兒子說：「我想回故鄉，我還想在故鄉上蔡的東門獵兔子。」東門是許多人聚集的場所，他應該曾經和很多人聚在東門從事狩獵活動。狩獵活動是蔡國的文化，雖然李斯一開始是在楚國當地方官吏，但他身上所吸收的文化養分並非來自大國楚國，而是來自蔡國這個小國。我造訪當地時這麼想著：「李斯就算是既冷靜又冷酷的政治家，但仍是個人啊。」

——李斯總會讓人聯想到馬基維利主義的權術，正是因為這種形象，才能襯托出他令人意外的一面。

提到馬基維利主義就會聯想到韓非。其實焚書事件最早是出現於《韓非子》一書。根據《韓非子．和氏篇》記載，秦國商鞅曾經燒毀詩書，但《史記》並沒有提及這件事；《史記》最早發生的焚書事件，就是李斯的焚書令。雖然我們無法得知商鞅是否真的燒過書，但秦始皇讀過《韓非子》，而且李斯也很了解《韓非子》的內容，所以我認為焚書令有可能是從《韓非子》發想出來的法令。

——你認為秦始皇的哪一項事蹟最應該受到關注？

秦國稱中原以西的地方為「戎」，當時有許多文化從西方進入秦國。畢竟是第一個接觸外來文化的國家，所以秦國絕對不是落後國。我認為秦始皇之所以會下令製作兵馬俑，是因為受到西方文化影響，因為西方文化擅長雕塑等身大的雕像。亞歷山大大帝時代已經東征到古印度西北部，所以也有人認為他一定是受到古希臘文化的影響。雖然後來西方並未和中國有聯繫，但或許只是文獻沒有記載下來而已，畢竟古希臘曾透過月氏與中國進行貿易。

戰國時期秦國的殉葬物品中，有一款菱形的陶器裝飾品，上面畫的人物很像希臘神話中戴歐尼修斯和阿里阿德涅。西方經常繪製這兩個神話人物，並且把圖案用在許多物品上。說不定戰國時期的秦國也曾以希臘神話人物為題材來實際製作物品。所以有沒有可能，秦始皇第一次出巡時選擇巡視西方，也是出於對於西方文化的關注呢？如果考慮到這層意義，秦始皇不僅接觸了秦山島、海洋世界等東方文化，也曾和西方文化交流，或許他真的是一名體現東西文化交流的人物。

——今後想著重於哪一方面的研究？

我想先研讀目前已經公開發表的出土文獻，裡面有非常多新的歷史資料。還有我也想鑽研剛才提到的東西文化方面的問題。我以往的著作應該也會出現愈來愈多需要更新修改的地方。我還想繼續為大家揭露這些新的歷史資訊。

秦始皇事件年表

年號	公元紀年	年齡	事件
昭襄王47	前260	—	白起於長平戰勝趙國
昭襄王48	前259	1歲	秦始皇趙正於趙國邯鄲誕生 秦國討伐趙國武安君，逼近趙國
昭襄王50	前257	3歲	白起自刎身亡 秦軍進攻邯鄲失敗，撤退至汾城郊外 秦始皇的父親子楚逃出邯鄲，返回秦國
昭襄王52	前255	5歲	秦昭襄王任命楊摎滅西周國
昭襄王56	前251	9歲	秦昭襄王去世
孝文王元	前250	10歲	秦孝文王繼任為秦王，即位3日後去世，由子楚繼任
莊襄王元	前249	11歲	呂不韋成為相國 呂不韋滅東周國，設立太原郡 蒙驁攻韓，奪取成皋和滎陽
莊襄王2	前248	12歲	蒙驁攻克魏國高都和汲。接著攻打趙國榆次、新城及狼孟
莊襄王3	前247	13歲	信陵君率領五國聯軍攻秦，聯軍在河外攻破蒙驁率領的秦軍 秦莊襄王去世，趙正即位秦王
秦王政元	前246	14歲	晉陽發生叛亂，蒙驁出兵平定 鄭國進入秦國，開始興建鄭國渠
秦王政2	前245	15歲	麃公攻打卷城，斬殺3萬人 蒙驁攻打趙國，奪37城

年號	公元紀年	年齡	事件
秦王政3	前244	16歲	蒙驁攻打韓國，奪13城。王齮去世
秦王政4	前243	17歲	蒙驁攻陷魏國暘城和有詭
秦王政5	前242	18歲	蒙驁伐魏，平定酸棗、燕、虛、山陽等地 將衛國濮陽編入東郡
秦王政6	前241	19歲	魏、韓、趙、衛、楚五國合縱攻秦，奪取壽陵 趙國的龐煖率領趙、楚、魏、燕四國合縱均，進攻秦國蕞地
秦王政7	前240	20歲	蒙驁去世 彗星在西方出現（哈雷彗星）
秦王政8	前239	21歲	王弟長安君成蟜謀反 嫪毐被封為長信侯
秦王政9	前238	22歲	奪魏國垣城和蒲陽 發生嫪毐之亂，昌平君和昌文君鎮壓叛亂，嫪毐處以車裂之刑 皇太后遷至雍城 楊端和攻打魏國衍氏
秦王政10	前237	23歲	呂不韋相國遭免職 桓齮成為將軍 皇太后從雍城返回咸陽 採納李斯的進言，撤除逐客令 尉繚出訪秦國，秦始皇與尉繚會面
秦王政11	前236	24歲	王翦、桓齮、楊端和攻打趙國鄴地
秦王政12	前235	25歲	呂不韋自盡
秦王政13	前234	26歲	桓齮進攻趙國平陽

秦王政14	前233	27歲	桓齮取平陽、武城，敗於李牧 韓非遭李斯陷害，死於雲陽
秦王政15	前232	28歲	攻打趙國，取太原郡的狼孟等37城 秦軍在趙國的番吾敗給李牧軍 在秦國當人質的太子丹返回燕國
秦王政16	前231	29歲	韓國獻出南陽地，內史騰被指派為代理郡守 下令男性申報年齡 魏國獻土地給秦國，秦國在此設立麗邑
秦王政17	前230	30歲	內史騰攻韓，俘虜韓王安（韓國滅亡），韓國舊地設置潁川郡 華陽太后去世
秦王政18	前229	31歲	秦國派大軍攻趙。王翦攻克井陘，楊端和包圍邯鄲，羌瘣攻打代地 趙幽繆王聽信郭開的讒言，殺害李牧
秦王政19	前228	32歲	王翦、羌瘣平定趙國。在平陽俘虜趙幽繆王，攻燕國時駐屯中山（趙國滅亡） 秦王在邯鄲捉拿與母親有仇的人並將其活埋，途經太原郡，返回秦國 皇太后去世 趙國公子嘉於代地稱王
秦王政20	前227	33歲	荊軻刺秦王失敗 王翦和辛勝攻打燕國，攻破燕、代聯軍
秦王政21	前226	34歲	王賁攻克燕國薊城 王翦稱病辭去將軍職務，返鄉隱居 魏國舊都新鄭發生叛亂 昌平君被派至楚國舊都郢
秦王政22	前225	35歲	王賁攻打魏國。水淹魏國大梁，降伏魏王假（魏國滅亡） 李信和蒙恬率20萬兵力攻楚，在城父慘敗
秦王政23	前224	36歲	復用王翦，攻打楚國。攻破楚國項燕軍，包圍壽春（楚世家、白起王翦列傳等） （秦始皇本紀記載楚王負芻遭俘虜後，項燕擁立昌平君，在淮南發動叛變） 秦王趙正前往郢地、陳地
秦王政24	前223	37歲	王翦、蒙武俘虜楚王負芻（楚世家、白起王翦列傳等）（楚國滅亡） （秦始皇本紀記載，王翦等人擊敗昌平君，昌平君戰死，項燕自殺）
秦王政25	前222	38歲	王賁率大軍攻燕、代。俘虜燕王喜和代王嘉（燕國滅亡） 王翦平定江南之地，設立會稽郡 滅五國，同意舉辦慶祝宴會
秦始皇26	前221	39歲	王賁攻齊，俘虜齊王建（齊國滅亡），秦國完成天下一統 秦王改稱皇帝。廢除謚法制度，稱號為「始皇帝」 聽取李斯的進言，建立郡縣制 沒收全國兵器，統一度量衡、車軌及文字
秦始皇27	前220	40歲	巡遊隴西和北地，出雞頭山，過回中（第一次出巡） 以咸陽為中心，修建馳道
秦始皇28	前219	41歲	巡視東方地帶（第2次出巡） 讓徐市（徐福）帶著童男童女，出海尋找仙人 在長江的湘山祠遭遇大風，船隻翻覆。進行治水工程，禁止進入湘山

秦始皇29	前218	42歲	再次巡視東方區域（第3次出巡）
秦始皇31	前216	44歲	臘祭改名為「嘉平」。賞賜百姓每里6石米、2隻羊 秦始皇與4名武士私下察訪，卻在蘭池遭遇刺客
秦始皇32	前215	45歲	前往碣石，要求燕人盧生尋找羨門高仙人，在碣石門上刻下文字（第4次出巡） 盧生返回，上奏錄圖書（預言書）「亡秦者胡也」 蒙恬率30兵力攻打北胡，取河南地
秦始皇33	前214	46歲	占領陸梁，設立桂林、象、南海三郡 驅逐西北方的匈奴，自榆中至陰山設立33縣（或說44縣） 蒙恬占領黃河北部土地。趕走戎人，流放罪人，並且設縣
秦始皇34	前213	47歲	修建長城和南越要塞 淳于越建議採封建制，分封子弟功臣，李斯反對並提出焚書令（焚書）
秦始皇35	前212	48歲	動用70萬罪犯建造驪山陵和阿房宮 盧生和侯生批評秦始皇並逃亡。秦始皇於咸陽活埋460多名諸生（坑儒） 秦始皇長子扶蘇批判坑儒事件，被派至蒙恬駐守的北境
秦始皇36	前211	49歲	隕石掉落，有人在隕石上刻下「始皇死而地分」的文字。秦始皇處死所有住在隕石附近的居民，並且焚燒隕石 在華陰的平舒道上，一名持璧的男人預言「今年祖龍死」
秦始皇37	前210	50歲	秦始皇和李斯、小兒子胡亥等人出巡，馮去疾留守國都（第五次出巡）

秦始皇37	前210	50歲	秦始皇在平原津病倒，寫遺詔給長子扶蘇（立胡亥為繼承人） 7月丙寅日，於沙丘平台駕崩（學者認為實際上是8月丙寅，丙寅為21日） 趙高、李斯謀策讓胡亥繼承皇位 扶蘇、蒙恬被賜死（以秦始皇的名義） 秦始皇的遺體抵達咸陽。公開秦始皇的死訊，胡亥繼任為秦二世 秦始皇葬於驪山
二世元	前209	—	發生陳勝吳廣之亂 項羽、劉邦等人紛紛起義
二世2	前208	—	鎮壓陳勝吳廣之亂
二世3	前207	—	李斯被趙高陷害，遭處死 趙高殺害秦二世，擁立子嬰為王，反遭子嬰暗殺
漢元	前206	—	子嬰向劉邦投降（大秦帝國滅亡） 項羽和劉邦於鴻門會面 項羽自稱西楚霸王 劉邦命韓信為將軍，逃出漢中，平定三秦（楚漢戰爭開始）
漢4	前203	—	劉邦和項羽在廣武對峙。雙方約定將天下一分為二，保持和平
漢5	前202	—	劉邦毀約，於垓下包圍楚軍，項羽自盡，劉邦稱帝

相關歷史人物

從秦始皇誕生到西漢建立這段期間，除了秦始皇外，還有哪些表現活躍的歷史人物呢？

子楚（秦莊襄王）　秦

（前２８１年～２４７年）秦始皇的父親，諡號為莊襄王。公元前２５０年～前２４７年在位。秦昭襄王的太子安國君的其中一個兒子，曾在趙國邯鄲作人質。在趙國期間被呂不韋看上，在呂不韋的策劃之下成為安國君的繼承人，隨後從邯鄲返回秦國，即位為秦王，而呂不韋則擔任丞相。上任僅僅3年就去世，享年35歲。

子嬰　秦

（？～前２０６年）秦二世胡亥的哥哥的兒子。根據《史記・李斯列傳》記載，子嬰是秦始皇的弟弟，但此說被認為有誤。曾勸告胡亥不要殺害蒙恬和蒙毅，但胡亥不接受他的建議。胡亥被迫自殺後，被趙高擁立為秦王，但他卻感覺生命受到威脅，於是殺害趙高及他的家族。後來劉邦逼近咸陽，子嬰投降，最後被進入關中的項羽斬殺，全族遭處刑。

內史騰　秦

生卒年不詳。原為韓國將領，後降於秦。相關史料甚少，姓氏不詳。公元前２３０年率領十萬兵力攻打韓國，俘虜韓王安，韓國滅亡。為秦王趙正的天下一統事業做出許多貢獻。公元前２２１年，內史騰負責公布各個郡的法律相關文件，協助傳播法律資訊。

太子丹　燕

（？～前２２６年）燕王喜的太子。秦王趙正年幼時期，兩人曾一起在趙國作人質。趙正成為秦王後，太子丹在秦國作人質，因趙正對自己態度冷淡而懷很在心。返國後感受到秦國的威脅性，於是派刺客荊軻前往秦國，打算阻止秦國侵略燕國，但最終計畫失敗。燕國隨後遭秦國攻擊，太子丹逃亡。燕王喜為向秦王請求原諒，斬殺太子丹並將首級獻給秦國。

王賁　秦

生卒年不詳。王翦之子。公元前２２７年攻打燕國，父親王翦擔任主將，王賁在此戰役中攻克燕都薊城，這是他在歷史記載中首次登場。公元前２２５年攻打魏國，引黃河河水，水攻魏都大梁。後來俘虜逃往遼東的燕王喜。和李信、蒙恬等人攻打齊國，包圍齊都臨淄，齊王建投降。傑出的表現不亞於父親。大秦帝國建立後，成為通武侯，公元前２１９年和秦始皇一同出巡東方。和兒子王離一起在琅琊台刻石上留名。

王綰　秦

生卒年不詳。政治家，擔任秦始皇的丞相。度量衡標準器上的權量銘，或是琅琊台刻石上，都有記載王綰的名字。秦朝完成天下一統後，秦王趙正命其制定新的名號，王綰與馮劫、李斯等人一起提議「泰皇」尊號。提議將諸公子分封為各地的諸侯王，以維持燕、齊、楚等遠方土地的穩定，但該提案卻遭李斯反對。

王翦　秦

生卒年不詳。著名的秦國名將。公元前２３６年秦國攻打趙國鄴地，王翦擔任主將；前２２８年正式消滅趙國。公元前２２７年和辛勝攻燕，在易水西方攻破燕、代聯軍。此時將攻打燕都的任務交付給兒子王賁。結束對趙戰爭後，以年老病衰為由引退。後來，擔任主將的李信在對楚作戰中慘敗，秦王趙正請回王翦，王翦回歸。取代戰敗的李信，擔任主將進攻楚國，楚國滅亡。之後出兵進攻東越，東越王投降，設立會稽郡。

王離　秦

生卒年不詳。王賁之子，王翦為其祖父，家中三代皆效忠於秦。前２１９年秦始皇出巡東方，和父親一起同行。受封武城侯，和父親一起在琅琊台刻石上留名。秦始皇死後，與反秦勢力對戰，王離和章邯皆是在戰役中大顯身手的將領。攻打趙王歇和張耳的藏匿地鉅鹿城，在即將攻克城池之際，項羽率楚軍支援敵軍，敗於楚軍。

王齕 秦

生卒年不詳。為秦昭襄王、秦孝文王、秦莊襄王效命的秦國武將。在長平之戰擔任白起的副將。後來取代白起成為主將，出兵攻趙並擊敗趙國武安君。侵略邯鄲失敗，後來大勝魏國。公元前248年攻打韓國上黨，設立太原郡等，立下許多軍功。後續經歷不明，《史記・秦始皇本紀》中完全沒有提到此人，因此普遍認為王齕和王齮為同一人。

王齮 秦

（?～前244年）秦國將軍。趙正繼任秦王的那一年，和蒙驁、麃公一起被任命為將軍，但在2年後去世。王齮曾經有過哪些軍功，至今仍不明。《史記・秦本紀》記載著秦始皇即位為王以前的秦國歷史，但裡面也不曾出現過王齮的名字。有一說是，活躍於秦昭襄王時期的王齕就是王齮。

司馬尚 趙

生卒年不詳。趙國武將。秦始皇去世後各地發生叛亂，他的兒子司馬卬在此時和其他武將起兵抗秦。公元前229年王翦、楊端和、羌瘣等人率秦軍進攻趙國，司馬尚和李牧一同迎擊。雖然趙軍抵擋住秦軍的攻擊，但郭開卻被秦國收買，他向趙王進讒言，李牧遭處死，司馬尚也被解除將軍職務。

田光 燕

（?～前227年）知識豐富的燕國人，被尊稱為田光老師。燕太子丹針對日益壯大的秦國一事，詢問田光因應策略，田光向太子丹推薦荊軻。田光將太子丹的委託傳達給荊軻後便自刎而死。荊軻刺秦王事件就是他們對抗秦國的策略。

白起 秦

（?～前257年）出身秦國的將軍。為秦昭襄王效命，前278年攻陷楚國首都郢，受封武安君。在多場戰役中表現淋漓盡致，如活捉韓、魏、趙國將軍，攻韓之戰斬殺5萬人，還有封鎖太行山軍事要道，阻斷韓國的國土等事蹟。公元前260年長平之戰，范雎放出的流言奏效，趙將趙括放棄守城，白起配合計畫接替王齕為主將。趙括決意率趙軍突擊，白起命秦軍佯裝敗退；趙軍乘勝追擊，秦昭襄王從後方突襲，瓦解趙軍。趙括和部分軍隊逃往長平城，秦軍截斷糧道，趙軍被逼得投降，秦軍取得勝利。據說白起在這場戰役中活埋40萬名俘虜。

成蟜 秦

（?～前239年）秦始皇的弟弟，被封為長安君。公元前239年，原本帶秦軍攻打趙國，卻在趙國率領屯留人起兵謀反。然而政變迅速被鎮壓，成蟜遭殺害。

吳廣 楚

（?～前208年）秦始皇死後發動叛變的領袖。公元前209年被秦朝派往邊境保衛國境，他與同伴一同前往漁陽，途中因遇上豪雨而無法如期抵達。如果遲到了，肯定會遭重罰，於是他和夥伴陳勝一同起兵。後來他們征戰各地，集結了數萬反秦勢力。吳廣成為假王後攻打滎陽，久攻不下，田臧等部下對此感到不滿。田臧擔心戰況情勢對起義軍不利，於是背叛並殺害吳廣。

呂不韋 趙↓秦

（?～前235年）以韓、衛、趙國為據點從事商業活動，財力雄厚的大商人。遇上趙國質子的子楚，策劃讓其登上秦王位。安排華陽夫人收子楚為養子，子楚32歲即位為秦王，呂不韋擔任相邦。趙正繼任後，得到仲父的稱號，替年輕的秦王治理國政。

呂公 漢

（?～前203年）魏國汝南新蔡人。呂公宴請劉邦時，很喜歡劉邦的面相，於是把女兒呂雉（後來的呂后）嫁給劉邦。

扶蘇 秦

（?～前210年）秦始皇的長子。秦始皇將信奉孔子思想的學者活埋，扶蘇針對此事向秦始皇提出諫言，因而觸怒秦始皇，後被發派至北方，負責監督並守備國境。秦始皇死後，胡亥、趙高製作假遺詔直指扶蘇不孝又不忠，賜死扶蘇。蒙恬認為此為假遺詔，勸扶蘇不要相信，但扶蘇還是選擇了自殺。

李牧 趙

（?～前228年）戰國末期的趙國名將。利用戰略消滅北方異族匈奴的數十萬兵力。公元前243年攻打燕國，擴張趙國領土。阻止正朝天下一統之路邁進的秦國，李牧分別在公元前235年和前231年，攻克宜安和番吾。秦國散播李牧的流言蜚語，趙王信以為真，判李牧叛國罪，李牧遭處死。

李信 秦

生卒年不詳。燕太子丹為了阻止秦國持續擴張，派荊軻行刺秦王趙正，然而計畫失敗。憤怒的秦王趙正派王翦攻打燕國。王翦攻克燕國首都薊城，主導行刺計畫的燕太子丹企圖逃亡。李信僅帶1000名少量兵力，成功地俘虜燕太子丹。得到秦王的信任後，李信負責領軍征討楚國，但卻大敗給項燕的楚軍，觸怒秦王。後來秦王改派王翦出兵，成功地俘虜了楚王負芻。後來參與討伐齊國的戰役，幫助秦國完成天下大一統。

李斯 秦

（?～前207年）原本是楚國的地方官。師從儒家荀子學習帝王之術，對秦昭襄王有所期待，因此前往秦國成為呂不韋的食客。後來成為秦王趙正的客卿，受到禮遇。秦始皇頒布逐客令時，李斯上〈諫逐客書〉，被秦王所採納。天下一統後成為丞相，提議執行焚書坑儒。在秦始皇第五次出巡時，以左丞相的身分同行。秦始皇死後，與趙高共謀讓胡亥成為繼承人。胡亥繼任為秦二世後，被趙高冠上謀反罪，遭處極刑。

昌文君 楚→秦

（?～前224年）和同為楚國人的昌平君一起輔佐秦王趙正。嫪毐謀反之際，秦王命令昌文君與昌平君鎮壓嫪毐。〈編年紀〉記載，昌文君於公元前224年去世，當時王翦和蒙武正率領秦軍攻楚。

昌平君 楚→秦

（?～前224年）楚國公子，姓名不明。擔任秦國丞相，公元前238年發生嫪毐之亂，接受秦王的命令，和昌文君在咸陽擊敗嫪毐軍。藉著這次事件，秦王的軍隊力量也隨之提升。公元前226年，秦王派其遷往楚國舊都郢，原因不明。《史記．秦始皇本紀》記載，昌平君俘虜楚王負芻後，昌平君被項燕擁立為楚王，背叛秦國後戰敗而死。

羌瘣 秦

生卒年不詳。秦國武將。與王翦、楊端和等人攻打趙國、討伐代國。和王翦一同平定趙國，在平陽俘虜趙幽繆王。在進攻燕國時駐屯中山。後來似乎沒有太多特別表現，自此未再出現有關羌瘣的記載。

信陵君 魏

（?～前243年）魏昭王之子，名魏無忌。戰國四公子之一。秦國包圍趙邯鄲，平原君向他求助，於是打算趕往趙國救援。但他的哥哥魏安釐王因畏懼秦軍而不願出兵，信陵君決定擅自出兵拯救趙國。公元前247年率領五國聯軍攻克秦軍，卻遭兄王疏遠，最後抑鬱而終。

春申君 楚

（?～前238年）楚國政治家，名黃歇。戰國四公子之一，沒有王族血統。楚頃襄王時期出使秦國，說服秦昭襄王停止侵略趙國。楚頃襄王死後，擔任楚考烈王的宰相。門下有3000名食客，勢力甚至超越楚王。公元前214年率領五國聯軍攻打秦國，進攻函谷關失敗。自此失去楚考烈王的信任，後來遭妹夫李園殺害。

胡亥 秦

（?～前207年）秦朝第二任皇帝，公元前209～207在位。秦始皇最小的兒子。普遍認為胡亥得以繼承皇位的原因在於，宦官趙高和丞相李斯竄改秦始皇遺詔；不過也有學者認為立胡亥為繼承人，是出於秦始皇的遺志。即位後成為趙高的魁儡，由於過度壓迫各個郡縣，導致民心背離。即使後來發生陳勝吳廣之亂，胡亥依然沒有反省國政的治理方式，最後被趙高逼至自盡。

英布 楚→漢

（?～前196年）秦末至西漢初期的武將。因犯法而受黥刑（將墨刺入臉部皮膚），又稱黥布。起兵響應陳勝吳廣之亂。隸屬於項梁軍，項梁死後則效忠於項羽。在項羽旗下立下許多軍功，大秦帝國滅亡後，被封為九江王。楚漢戰爭爆發後，離開項羽並加入劉邦陣營。項羽遭滅後，傑出的表現受到認可，獲封淮南王。擔心漢高祖劉邦殺害自己而謀反，與劉邦軍奮力對戰，最後戰敗而亡。

范增 楚

（前278年～204年）在楚漢戰爭期間協助項羽的參謀。項羽的亞父（對父執輩的尊稱），極受尊崇。公元前206年，劉邦把進攻咸陽的功勞讓給項羽，范增看了劉邦的作為後，認為劉邦是個危險人物，勸項羽消滅劉邦。然而鴻門宴的暗殺計畫卻失敗了。楚漢戰爭白熱化後，依然在一旁協助項羽，但後來卻遭陳平（劉邦的參謀）離間，因而離開項羽。最後於返鄉途中病死。

徐市（徐福） 齊→秦

生卒年不詳。出身自齊國的方士，《史記‧淮南衡山列傳》中稱其為徐福。公元前219年秦始皇第二次出巡，徐市謁見秦始皇，告訴他三神山中住著仙人的故事。秦始皇命他尋找仙人，徐市帶著數千名未婚男女出航，相傳後來他在某地稱王。然而徐福並未找到仙人，他在公元前210年在琅琊台謁見秦始皇，謊稱本來可以在蓬萊取得神藥，卻因大鮫出現而無法前行。

桓齮 秦

生卒年不詳。秦國武將。公元前237年秦王趙正尚未親政前，被任命為將軍。前236年擔任攻趙的副將，王翦擔任主將，攻克趙國鄴城。公元前234年擔任主將，攻打趙國平陽，擊敗敵將扈輒。同年10月再次攻趙，攻克平陽和武城。接著攻打宜安，敗於趙國將軍李牧，自此經歷不明，有這麼一說，從秦國逃亡至燕國的樊於期就是桓齮。

秦孝文王 秦

（前303年～251年）秦始皇的祖父，即位前的稱號為安國君。膝下有20多個孩子，華陽夫人接受呂不韋的提議，收子楚為養子，秦孝文王同意夫人的請求，立子楚為太子。53歲終於即位，但即位3日後便去世。遺體葬於壽陵。

秦昭襄王 秦

（？～前251年）秦始皇的祖父，又稱昭王。公元前307年～251年在位。曾在燕國作人質，因秦武王（同父異母的哥哥）膝下無子，於是秦昭襄王返回秦國，繼任秦王。最初是由母親宣太后以及她的族人掌管國政，後來秦昭襄王終於拿回實權，任用范雎、白起、司馬錯等人才。積極外征以擴大勢力，秦國版圖拓展至東方，為秦始皇天下一統打下基礎。

荊軻 衛→燕

（？～前227年）衛國出身的遊說家。擔心秦國勢力持續擴大，接受太子丹的指派，帶著秦國逃將樊於期的首級，以及作為伴手禮的燕督亢地圖謁見秦王趙正。荊軻拿出藏在地圖中的匕首，威脅秦王答應不再攻打燕國，然而秦王成功逃脫，計畫失敗。

高漸離 燕

生卒年不詳。荊軻的摯友，擅長擊筑（一種樂器）。秦始皇得知他是荊軻的好友，弄瞎他的雙眼，但因愛惜他的才藝而未取其性命。繼承荊軻的遺志，將筑灌了鉛，擲向秦始皇，行刺失敗而遭誅殺。

尉繚 魏→秦

生卒年不詳。出生於魏國大梁。據說他是兵法書《尉繚子》的作者，關於作者身分眾說紛紜，有人認為另有其人，也有可能是與尉繚有血緣關係的人，真相不明。公元前237年造訪秦國。謁見秦王趙正，提出打破諸國合縱的策略，得到趙正的青睞，被任命為尉（軍事長官）。曾形容秦始皇外貌與為人：「鼻梁高，眼睛細長，擁有鷙鳥般的雞胸，聲音如豺狼般嘶啞，刻薄寡恩，心如虎狼。」這段描述相當著名，奠定後世對於秦始皇的印象。

張良 韓→漢

（？～前189年）協助劉邦的大功臣，神機妙算的軍師。家族代代都擔任韓國宰相，為了對滅韓的秦國報一箭之仇，在博浪沙襲擊秦始皇未遂。後來響應陳勝吳廣之亂，起兵抗秦。為了復興韓國而四處奔走，和劉邦相遇後從旁協助。原本是韓國的臣子，剛開始被劉邦當作客卿，劉邦決定在漢中起義後，正式任命張良為參謀，表現相當活躍。楚漢戰爭中幫助劉備取得勝利，天下統一後被封為留侯。

張唐 秦

生卒年不詳。活躍於秦昭襄王時期的武將。公元前258年攻打魏國之際，張唐領軍包抄魏軍後路，由於部下棄城不守，張唐旋即率軍返回斬殺該部下。公元前257年攻克鄭國首都，並和王齕一同攻下寧新中。

扈輒 趙

（？～前234年）趙國武將。公元前234年桓齮率秦軍攻打趙國平陽，扈輒戰敗而死。據說桓齮在這場戰役中斬殺了10萬首級。

淳于越 齊→秦

生卒年不詳。出身於齊國的學者。公元前213年咸陽宮舉辦酒宴，向秦王上奏，建議學習殷商的封建制度，分封子弟或功臣為諸侯以保護皇室。然而李斯卻提出異議，他認為學者不以現代為師，反而學習古法，毀謗當代制度，這樣只會讓百姓感到困惑。李斯向秦始皇提議焚燒非今的書籍，引發後來的焚書事件。

章邯 秦

（前325年～205年）秦國將軍。陳勝起義軍進攻咸陽，章邯率領驪山陵的囚犯擊敗起義軍。與司馬欣、董翳一同擊退陳勝，並在定陶擊敗楚國項梁。攻打趙國張耳，卻徹底敗給項羽，最後投降。根據《趙正書》記載，章邯殺害了趙高。秦朝滅亡後，缺乏亮眼的表現，雖然獲封秦朝舊有領土，成為雍王，但後來卻敗於韓信指揮的劉邦軍。

郭開 趙

生卒年不詳。導致趙國滅亡的奸臣。和廉頗關係不佳，趙悼襄王打算將魏國客將廉頗請回趙國。郭開賄賂出使魏國的使者，讓使者告訴趙悼襄王：「廉頗已年老不中用。」公元前229年，李牧擋下侵略趙國的秦軍，郭開卻向趙王進讒言，表示李牧已被秦國收買，打算背離趙國。趙幽繆王聽信讒言，下令處死李牧，導致趙國滅亡。

陳平 楚→漢

（？～前178年）陽武戶牖鄉人。外表高壯且長相清秀，家裡十分貧窮，兄長陳伯在陳平年輕時鼓勵他讀書。長大成人後，娶了地方上的富豪之家張氏的孫女。後來發生陳勝吳廣之亂，因而有機會替君主效命。他曾效命於魏王魏咎、項羽，最後加入劉邦的漢營並擔任都尉，身為參謀的陳平曾多次為劉邦軍取得勝利。在滎陽之戰中施以離間計，放出「項羽的重臣打算背叛楚軍」的讒言，同時讓楚軍掉以輕心，用金蟬脫殼之計讓漢軍脫離險境，突破楚軍包圍。

陳勝 楚

（？～前208年）點燃反秦戰火的領導者。被派至北邊擔任守衛兵，途中發現無法在指定時間內抵達漁陽。他知道如果未準時抵達目的地就會被斬首，所以決定和同伴吳廣一起發動叛變。各地響應叛亂，反秦勢力擴大，陳勝的軍隊愈來愈壯大。後來自己稱王，在攻陷的陳地建立張楚國。陳勝軍前往咸陽，卻大敗於章邯將軍率領的秦軍。這次事件造成反叛軍內部頻繁產生摩擦，陳勝最後遭車夫莊賈殺害。

華陽太后 楚→秦

（？～前230年）楚國貴族之女。秦始皇的祖父安國君（秦孝文王）的夫人。雖深受安國君寵愛，但卻無法產子。後來接受呂不韋的推薦，收子楚（秦莊襄王）為養子。

項羽 楚

（前232年～202年）楚將項燕的孫子。名籍，字羽，一般稱他為項羽。響應陳勝吳廣之亂，與叔父項梁起兵抗秦。叔父死後成為楚軍主力，擊敗章邯的秦軍。在關中殺害投降的子嬰。焚燒咸陽城以洩楚人對秦國的心頭之恨。秦朝滅亡後，自稱西楚霸王，劉邦與其對立。自此與劉邦爭天下，多次將劉邦逼至絕境。然而最後劉邦取得優勢，項羽於垓下戰敗。竭盡全力戰到最後一刻，自刎而亡。

項梁 楚

（？～前208年）楚將項燕之子，項羽的叔父。曾犯殺人罪，帶著項羽逃往江南；陳勝吳廣之亂爆發之際，響應起義，殺害會稽郡太守，與項羽一同起兵抗秦。後來在楚軍中成為盟主般的存在，聽從軍師范增的建議，擁立楚懷王的孫子為楚王。自號武信君，於東阿大破秦軍，最後在定陶遭章邯的襲擊，項梁戰敗而死。

項燕 楚

（？～前224年）楚將項羽的祖父。在蘄水迎戰王翦的秦軍，王翦施計讓楚軍掉以輕心，項燕中計而戰死。俘虜楚王負芻後，擁立昌平君為楚王，並且一同抗秦。

馮去疾 秦

（？～前208年）秦始皇離開首都第五次出巡時，右丞相馮去疾負責在咸陽留守。秦二世時期也擔任右丞相，並與左丞相李斯一同輔佐秦二世。秦始皇七刻石上的加筆，或是用來作為度量衡基準的權量銘上，都刻有丞相馮去疾的名字。陳勝吳廣之亂爆發，秦朝各地發生叛亂，馮去疾和李斯一起向秦二世上奏：「兵役、勞役和稅賦過重是促使人民叛亂的原因。」然而秦二世聽不進去，將馮去疾、李斯、馮劫關進牢獄。

馮劫 秦

（？～前208年）秦王趙正時期成為副丞相。和李斯等人向秦王提案新稱號「泰皇」，以取代秦王稱號。提出君王自稱為「朕」，命為「制」，令為「詔」的上奏。除了泰皇的提案外，其他提案皆被秦王採納，後來秦王改稱始皇帝。

廉頗 趙→楚

生卒年不詳。和藺相如一起為趙國效命的將軍。公元前260年發生戰國時期最大戰役「長平之戰」，廉頗在戰役中負責指揮趙軍。為了消耗秦軍的士氣，廉頗採取堅守城池的策略。雖然秦軍真的逐漸疲乏，但秦國范雎卻施計讓廉頗被撤換，改由年輕又毫無經驗的趙括統帥趙軍。最後趙軍在長平之戰慘敗。

楊摎 秦

生卒年不詳。秦國將軍。公元前256年攻打韓國，奪取陽城、負黍，斬殺4萬敵兵。對趙侵略戰中取得20餘縣的領土。西周文公率領聯軍攻秦之際，楊摎攻打西周，西周文公被逼至投降。公元前254年侵略魏國，奪取吳城，擴大秦國的勢力範圍。

楊端和 秦

生卒年不詳。效忠於秦王趙正的秦國將軍。公元前238年攻打魏國，2年後的前236年，和王翦一同攻克趙國鄴地（前239年魏國割讓給趙國之地）。公元前229年，和王翦圍攻趙邯鄲，隔年和王翦、羌瘣攻陷邯鄲，趙國滅亡。

楚王負芻 楚

生卒年不詳。楚國最後的君王，楚哀王（前任君王）之庶兄。公元前228～223年在位。楚幽王去世後由楚哀王繼位，但2個月後，支持負芻的派系殺害楚哀王，並擁立負芻為楚王。公元前223年遭秦軍俘虜，楚國滅亡。

嘉 趙→代

生卒年不詳。趙悼襄王的長子。本來應該繼任趙王之位，但趙悼襄王卻更寵愛倡姬王后，於是廢嫡並讓他們的兒子遷繼承王位。公元前228年趙國遭秦國平定，嘉逃至代地，自稱代王，並聯手燕國持續抗秦。然而，燕、代聯軍卻敗於王翦率領的秦軍。燕公子丹曾企圖暗殺秦王，逃到遼東的燕王決定獻上丹的首級，以向秦國求和。王賁消滅燕國後，於公元前222年攻打代國，嘉遭俘虜，代國滅亡。

嫪毐 秦

（?～前238年）原為呂不韋的食客。擁有堅挺巨大的陽具，可以支撐並旋轉馬車車輪。呂不韋派他作趙太后（趙正之母）的男寵。嫪毐假扮宦官，潛入男性不得進入的後宮，與趙太后私通並生下兩子。擔心秦王趙正親政後會東窗事發，因此發動政變。昌平君與昌文君鎮壓叛亂，嫪毐遭處車裂之刑。

蒙武 秦

生卒年不詳。蒙驁之子，蒙恬和蒙毅的父親。公元前224年擔任王翦的副將，擊敗進攻秦國的項燕楚軍，王翦、蒙武率秦軍乘勝追擊，侵略楚國。楚王負芻遭俘虜，楚國被逼入絕境。項燕擁立出身自楚國的昌平君為王，隔年王翦領軍，蒙武擔任副將，再次攻打楚國，楚國滅亡。

蒙恬 秦

（?～前210年）蒙武之子，秦國將軍。和王賁、李信一同滅齊，完成天下一統。公元前215年，率領秦軍30萬人在鄂爾多斯征伐匈奴。留在北方邊境地帶，修築長城以抵禦北方匈奴等異民族。弟弟蒙毅也受到秦始皇重用，他們立下的功績幫助秦國走向繁榮。秦始皇死後，趙高陷害蒙恬，蒙恬被逼至自殺。

蒙毅 秦

（?～前210年）秦國大臣。父親是蒙武，兄長是蒙恬。曾經判趙高死刑，秦始皇赦免其罪。趙高從此對蒙毅懷恨在心。公元前210年遭趙高殺害。

蒙驁 秦

（?～前240年）從秦昭襄王時期至秦王趙正時期，一直侍奉著秦國的將軍。公元前249年攻打韓國，取得成皋和滎陽。隔年攻打趙國，攻下37座城池，立下大功。和王翦一同迎戰李牧五國聯軍，最後戰敗。後來在攻韓、魏的戰役中，攻下許多城池，為秦國戰到最後一刻。

趙幽繆王遷 趙

生卒年不詳。趙悼襄王之子，第10任趙王。公元前234年平陽和武城遭奪取，在武遂痛失10萬兵力。趙幽繆王於隔年任命李牧為大將，開始對秦反擊。趙軍擊敗桓齮，展現出抗秦的決心。然而，趙幽繆王卻因聽信流言蜚語而處死李牧。公元前228年王翦秦軍占領邯鄲，趙幽繆王企圖逃亡，卻仍遭俘虜。

趙姬（皇太后） 趙→秦

（?～前228年）秦始皇的母親。名不詳，出身趙國，被稱為趙姬。原本是呂不韋的姬妾，但呂不韋十分關照的子楚看上了趙姬，趙姬在公元前２５９年生下趙正，趙正後來成為秦始皇。趙正成為秦王後，趙姬愈來愈寵愛嫪毐。嫪毐因犯謀反罪而遭處死，趙姬則被幽禁於雍城。秦始皇認為將母親安置於城外會被認為不孝，於是讓趙姬返回咸陽。公元前２２８年去世。

趙高 秦

（？～前２０７年）因趙姓而被認為和趙國有親緣關係。秦始皇看重他的能力，讓他擔任左右手。秦始皇死後，和李斯合謀擁立胡亥成為秦二世。除掉李斯並逼胡亥自殺。最後卻被繼任的子嬰殺害，全族遭滅。

趙悼襄王 趙

（前２４５年～２３６年）趙孝成王之子，趙國第９任君王。在長平之戰慘敗後，趙國開始走下坡，國家停滯不前。李牧從趙孝成王時期起便表現十分傑出，為了讓趙國恢復成以往的強國，趙悼襄王任用李牧為將軍。同時也命龐煖為將軍，龐煖從趙武靈王時期就是一名著名的兵家。公元前２３６年，王翦率秦軍攻趙，趙悼襄王失去大片領土。同年駕崩，由趙幽繆王繼任。然而趙國卻在趙幽繆王時期滅亡。

齊王建 齊

生卒年不詳。田齊最後的君王，公元前２６５～２２１年在位。雖與秦國約定維持和平，但五國遭滅之後，開始和秦國斷絕往來，並且加強西方邊境的軍事戒備。此舉觸怒秦王趙正，公元前２２１年王賁等人率領秦軍包圍齊都臨淄，齊王建放棄戰鬥並投降。

劇辛 趙→燕

（？～前２４２年）出身於趙國的武將。燕昭王為對抗齊國而廣招人才，劇辛在此時進入燕國。與趙國的龐煖將軍交情很好，燕王喜曾詢問劇辛關於龐煖的情況，他表示龐煖很容易對付。燕王喜於是任劇辛為將，出兵攻打趙國，趙國則派龐煖迎戰。最終大敗於趙軍，劇辛戰死。

劉邦 漢

（前２４７年～１９５年）沛縣有名的地痞俠客。從漢王登上皇帝之位。響應陳勝吳廣之亂而起兵抗秦，張良等人陸續加入，劉邦持續進攻，後與項梁楚軍會合。和項羽軍競爭先入咸陽，將秦朝逼至滅亡。後來發生楚漢戰爭，漢王劉邦和項羽對立。公元前２０２年漢軍在垓下之戰擊敗項羽，漢王劉邦在同一年成為皇帝，建立漢朝。

慶舍 趙

生卒年不詳。趙國武將，為趙孝成王與趙悼襄王效命。公元前２５６年，和趙將樂乘攻克秦國的信梁軍；前２４０年擔任將軍，在東陽布陣，率兵守衛黃河的橋梁。

樊於期 秦→燕

（？～前２２７年）曾經是秦國將軍，後來得罪秦王而出逃燕國。逃至趙國後，燕太子丹將他藏匿起來。為了對秦王趙正復仇，將自己的首級交給荊軻，從旁協助秦王刺殺計畫，然而計畫卻以失敗告終。目前有一說，樊於期其實就是秦趙對戰中敗給李牧的桓齮，不過目前真相仍不明。

蔡澤 燕→秦

生卒年不詳。出身於燕國的政治家。在流浪於各國期間造訪秦國。故意散布消息，稱自己是個非常有能力的人，以流言引起范雎的注意，藉此得到見面的機會。告訴范雎出處進退的重要性，建議他引退。范雎接受蔡澤的進言，向秦昭襄王推薦蔡澤，蔡澤受到重用。蔡澤十分受秦王信賴，後來成了宰相，然而他發現周圍的人十分嫉妒他，於是辭職離去。號綱成君，辭職後仍留在秦國。曾為秦王趙正出使故鄉燕國，並迫使燕太子丹到秦國作人質。

鄭國 秦

生卒年不詳。水利工程師。韓國懼怕秦國持續擴張勢力，於是派鄭國到秦國當間諜。間諜任務是讓秦國進行大型水利工程，藉此消耗軍事力量。秦國依照韓國的計畫，真的在鄭國的主導下開始進行水利工程，然而鄭國卻在過程中被秦國發現間諜身分，秦國決定將他處刑。鄭國這時反而坦承身分，並且表示：「水渠修成之後，秦國會變得更加富饒。」被說服的秦王決定取消處刑。灌溉用水渠完成後，正如鄭國先前所說的，秦國土壤變得更肥沃，再也沒有饑荒。為了讚頌立下功勞的鄭國，水渠被稱為「鄭國渠」。

麃公 秦

生卒年不詳。在秦王趙正即位的時期成為將軍。公元前２２４年攻打韓國，斬殺３萬趙軍首級，為秦國擴張領土。

燕王喜　燕

生卒年不詳。燕國最後的君王，公元前254～222年在位。為了避免與秦國一戰，獻出兒子太子丹作為人質。丹返回國後，計劃刺殺秦王趙正。燕國派刺客荊軻前往秦國行刺卻失敗，這次事件觸怒了趙正。王翦、王賁率領秦軍攻陷燕都薊城，燕王喜逃至遼東。後來獻丹的首級給秦王趙正以表謝罪之情，然而趙正並未接受。前222年燕王喜遭到王賁率領的秦軍攻擊，最後遭俘虜。

盧生　秦

生卒年不詳。曾和秦始皇談論長生不老藥的話題。盧生和侯生批評秦始皇的個性之後，上呈「亡秦者胡也」的預言書。

蕭何　漢

（？～前193年）與張良、韓信同是劉邦的功臣。曾是沛縣的下級官吏，協助同鄉的劉邦起兵抗秦。負責處理劉邦軍的內務。劉邦軍進入咸陽後，其他將領被金銀財寶迷得眼花撩亂，只有蕭何保護了秦朝的文書檔案。蕭何在韓信還默默無名時便看出他的能力，於是向劉邦推薦韓信擔任將軍。楚漢戰爭時，他留守關中，從後方支援劉邦。西漢建立後，依然為漢高祖劉邦鞠躬盡瘁，擔任朝廷最高職務相國。

頭曼單于　匈奴

（？～前209年）冒頓單于的父親，匈奴的單于（匈奴中的王）。被秦朝的蒙恬奪走鄂爾多斯，秦朝末期局勢混亂，頭曼單于趁機南下取回鄂爾多斯。

韓王安　韓

（？～前226年）韓國最後的君王，公元前238年～230年在位。秦國對韓國展開激烈攻勢，韓王安派韓非出使秦國，希望讓秦王改變心意。不料韓非卻遭李斯陷害，最後在獄中自殺。獻南陽之地，想盡辦法阻止秦國持續進攻，但卻在前230年遭秦國的南陽太守內史騰俘虜，韓國自此滅亡。後來，韓國舊都新鄭發生叛變，韓王安被迫遷居他地，並在此離世。

韓非　韓

（？～前233年）戰國時期思想家。與韓國公子李斯一起在荀子門下學習。韓國遭秦國打壓，為韓國現況感到擔憂，向韓王提出書面諫言卻未受重視。百般無奈的韓非將想法撰寫成冊，完成〈孤憤〉、〈五蠹〉、〈內儲說〉、〈外儲說〉、〈說林〉等著作。其著作將法家思想系統化，秦王趙正深受其影響。受韓王安命令，出使秦國，卻遭師出同門的李斯陷害而入獄。韓非向秦王趙正請求解釋的機會，卻遭拒絕。最後喝下李斯送上的毒酒自盡。

韓信　楚→漢

（？～前196年）效忠於劉邦的稀世名將。據說年輕時曾受他人的侮辱，迫他由胯下爬出。秦始皇死後各地爆發起義，韓信加入項羽麾下，卻因不受重用而投奔劉邦。蕭何推薦他擔任大將。在對楚戰役中率領別動隊，攻克趙、燕、秦。被劉邦封為齊王，雖擁有足以對抗楚漢的勢力，但不打算獨立稱王。漢朝建立後獲封楚王，劉邦質疑韓信謀反，韓信被降為淮陰侯。後企圖背叛漢朝，遭逮捕並處以死刑。

龐煖　趙

生卒年不詳。取代出奔魏國的廉頗成為趙將。也是個縱橫家，撰寫縱橫家及兵家文章，是個文武雙才的優秀人物。朋友劇辛逃至燕國，兩人成為敵對關係，然而龐煖並未因此躊躇，依然將劇辛逼入死路。後來擔任大將，率領趙、楚、魏、韓聯軍攻打秦國。雖然攻打秦國失敗，但隨後奪取齊國領地，立下戰功。

藺相如　趙

生卒年不詳。原為趙國宦官繆賢的食客。秦昭襄王打算用15座城換取趙國寶物「和氏璧」，藺相如擔任趙國使節，出使秦國。藺相如斥責秦昭襄王打算違背諾言，並將和氏璧帶回趙國。藺相如斥責秦昭襄王的樣子，為成語「怒髮衝冠」的由來。公元前279年，秦和趙為慶祝彼此維持和睦關係，舉辦黽池之會。但是，秦國卻在會上不斷做出輕視趙國的言行，藺相如當下臨機應變，為趙惠文王保住了顏面。成為上卿的藺相如和廉頗關係不佳，但他卻認為「兩人相爭會導致他國趁虛而入」，廉頗聽了藺相如的想法後，隨即向他負荊請罪。兩人自此成為為對方刎頸也在所不惜的「刎頸之交」。

【參考文獻】

●人間・始皇帝（鶴間和幸著／岩波書店）
●始皇帝的遺產：秦漢帝國（鶴間和幸著／臺灣商務）
●秦始皇的地下帝國（鶴間和幸著／講談社）
●秦始皇帝　傳說與真相之間（鶴間和幸著／吉川弘文館）
●春秋戰國時代　合戰讀本（鶴間和幸監修／寶島社）
●圖解秦始皇帝　最強研究（「歷史的真相」研究會著／寶島社）
●從簡要插圖讀懂秦始皇歷史（平勢隆郎監修／寶島社）
●秦始皇與中國古代史（寶島社）
●漫畫學世界歷史3　佛陀與秦始皇　古代亞洲與漢帝國
（平勢隆郎監修、波多野忠夫編寫、野澤真美繪／集英社）
●秦始皇　中華統一思想（渡邊義浩／集英社新書）
●春秋戰國500年興亡（渡邊義浩監修／洋泉社）
●史記（司馬遷著／小竹文夫、小竹武夫譯／筑摩學藝文庫）
●史記事典（青木五郎、中村嘉弘編著／大修館書店）
●從零開始學習史記（渡邊精一監修、橫山光輝繪／幻冬社）
●中國思想Ｉ　韓非子（西野廣祥、市川宏譯／德間書店）
●解讀史實：「王者天下」中的英雄人物（古代中國歷史研究會著／三榮書房）
●歷史群像系列44　秦始皇：建立中國的重要人物（學研）
●歷史群像系列78　春秋戰國爭霸：五霸七雄，五百年的興亡（學研）

※本書亦參考許多網路資料或文獻紀錄

【監修】

鶴間和幸

1950年出生。東京大學大學院人文科學研究所博士課程學分修畢。文學博士。
曾任茨城大學教養部助教授，1985年於中國社會科學院歷史研究所擔任外國研究員，在地進行研究與調查。1996年擔任學習院大學文學部史學科教授。專攻中國古代史、秦漢史、中國文明史。負責《王者天下》電影版的中國史監修。著有《人間·始皇帝》、《始皇帝的遺產：秦漢帝國》（臺灣商務）等多本著作。

【STAFF】

企劃・構成・編輯 ———— 株式会社ライブ（竹之内大輔／畠山欣文）

文字 ———— 仁志 睦／市塚正人／村田一成

插畫 ———— 諏訪原寬幸（秦始皇）
桑乃あやせ（桓齮、蔡澤、成蟜、蒙驁、聶政、李信）
aohato（王翦、陳勝、吳廣、子楚、莊襄王、孟嘗君）
so-da（春申君、荊軻、文侯、蒙恬、徐福、范增）
せいあ（趙太后）／とよ（張良、司馬遷、莊子、荀子）
もか（趙高、彭越）／菊地鹿人（劉邦）／池田正輝（昭襄王、項燕）
中山けーしょー（武靈王、燕昭王、蕭何、張儀）
長內佑介（田單、嫪毐）／藤川純一（桓公、穆公、項羽、孔子、老子）
武彥（樂毅、李斯、楚莊王、韓信）
野垣スズメ（信陵君、李牧、平原君、韓非）
腑貌篤史（呂不韋、藺相如、孫臏、呂后、商鞅、趙括、廉頗、白起、范雎）

設計 ———— 寒水久美子

版型設計・製作 ———— 寒水久美子／內田睦美

秦始皇全史

出　　版／楓樹林出版事業有限公司
地　　址／新北市板橋區信義路163巷3號10樓
郵政劃撥／19907596　楓書坊文化出版社
網　　址／www.maplebook.com.tw
電　　話／02-2957-6096
傳　　真／02-2957-6435
翻　　譯／林芷柔
監　　修／鶴間和幸
責任編輯／江婉瑄
內文排版／謝政龍
港澳經銷／泛華發行代理有限公司
定　　價／380元
初版日期／2021年4月

國家圖書館出版品預行編目資料

秦始皇全史 / 鶴間和幸監修 ; 林芷柔翻譯. -- 初版. -- 新北市 : 楓樹林出版事業有限公司, 2021.04　面 ;　公分

ISBN 978-986-5572-13-6（平裝）

1. 秦始皇 2. 傳記

621.91　　110001374